비주얼로 공부하는
MZ세대 영문법

비주얼로 공부하는 MZ세대 영문법

1판1쇄 발행 2022년 7월 10일

지은이 이승범, 반영주
발행처 보글리쉬 출판팀
삽화 배철웅
표지 디자인 이승현
발행인 이승범

주소 경기도 남양주시 다산중앙로20번길 7
전화 070 7550 7777
이메일 boglish2@gmail.com
출판등록 2020년 4월 16일 제399-2020-000020호
ISBN 979-11-970393-3-1(03740)

이 책은 저작권법에 보호를 받는 저작물이므로 무단 복제와 전재를 금합니다.
잘못 만들어진 책은 구입한 곳에서 교환해드립니다.

도형 보는 법: 눈으로 영어를 이해할 수 있다고?　　　　　1

1부

동사와 그 영향력: 동사를 바라보는 올바른 자세

1. 문장구조의 시작은 'what'과 'that'으로부터	4
2. 'which'와 'who'는 뭔가를 좀 알고 있을 때 쓸 수 있는말	16
3. 동사를 영어식으로 받아들이는 간단한 방법	28
4. 영어에서 동사가 이렇게 쓰이는 건 몰랐을 걸?	40
5. 동사 뒤에 두 박자로 노래하듯이 따라오는 것들	54

2부

BE동사와 BE동사가 숨어있는 구조: 너와 나의 연결고리

6. BE동사를 흉내내는 일반 동사들	68
7. BE동사 뒤에 따라오는 '~ing'와 'P. P.'	80
8. 'to~'와 '~ing' 앞에 숨어 있는 BE동사	104
9. BE동사가 숨어 있는 또 다른 느낌	120
10. 규칙대로만 말하는 원어민들이 쓰는 동사	132

3부

조동사와 다양한 시제: 보여줄게 완전히 달라질 내 영어

11. '조동사'는 '동사의 성격'을 부여하는 말	148
12. 세상을 '이원화'시키는 원어민들	160
13. 우리말에는 없는 'have P. P.'	174
14. 고유한 의미가 있는 '동사의 성격(조동사들)'	190

4부

형용사, 부사 그리고 그들의 덩어리들: 붙이고 보니 고급영어

15. 모든 형용사 덩어리 한 방에 끝내기	204
16. 부사의 자유로움을 이해하자	226
17. 의문사를 통해 문장의 빈자리를 느껴보자	246
18. 문장인 줄 알았더니 그냥 하나의 부사	266
19. 가정법에서 알아야 하는 건 딱 두 가지!	284
20. 이제 (고급스럽게) 문장끼리 연결만 시키면 끝!	300

도형 보는 법: 눈으로 영어를 이해할 수 있다고?

영어는 '단어들의 순서'로 문장의 뜻이 완성되는 언어라고 불린다. 본 책은 여기에 추가적으로 영어 **문장 구조에 대한 짜임새**(메커니즘)를 시각적으로 보여준다. 기본적으로 아래의 세 가지 도형으로 설명하는데, 이는 영어 단어들이 나열될 때 그 단어가 문장에서 어떤 역할을 하는지 명확하게 이해를 돕는 것이다.

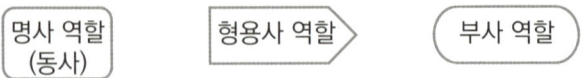

이 도형들을 이용하여 영어 문장이 구성되는 과정을 살펴보겠다. 영어 문장의 구성은 명사 (☐)를 기반으로 (나열하면서) 시작된다.

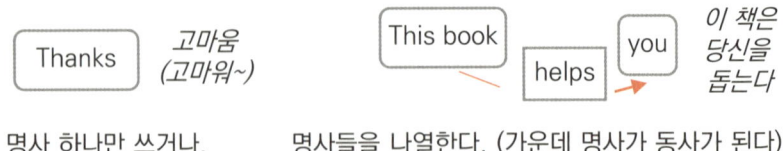

명사 하나만 쓰거나,   명사들을 나열한다. (가운데 명사가 동사가 된다)

문장의 기본적인 틀을 이루는 명사에, 형용사 역할을 하는 단어를 붙여 명사의 의미를 확장한다.

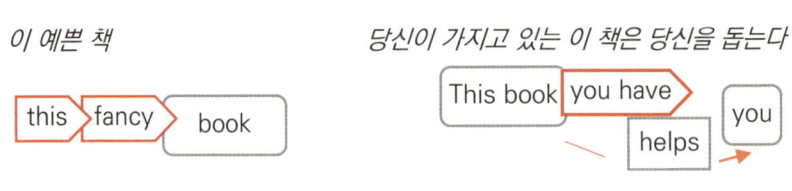

명사 앞에 형용사(들)를 꼽거나,   형용사 덩어리를 명사 뒤에 붙인다.

그리고 명사를 제외한 (동사나 형용사 등) 단어들이나 혹은 문장 전체에 부연 설명하는 것은 부사의 역할이다.

위와 같이 한 단어('helps'라는 동사)에 부가적인 의미를 부여할 수도 있고, 아래와 같이 문장 전체에 부가적인 의미를 부여할 수도 있다.

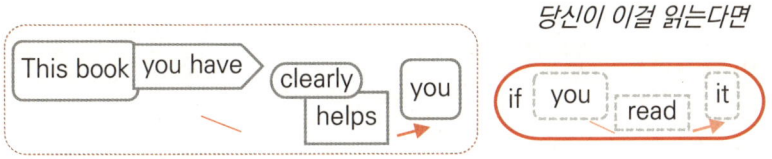

위의 'if구문' 안에는 문장의 형태(you read it)이지만, 이 덩어리는 결국 문장 전체에 부가적인 의미를 부여하는 '부사의 역할'이다.
이렇게 이 책을 통해 차근차근 도형으로 공부를 하다 보면, 어려운 문장들도 쉽게 이해가 될 것이다(아직 배우지 않은 아래의 문장도 쉽게 보인다).

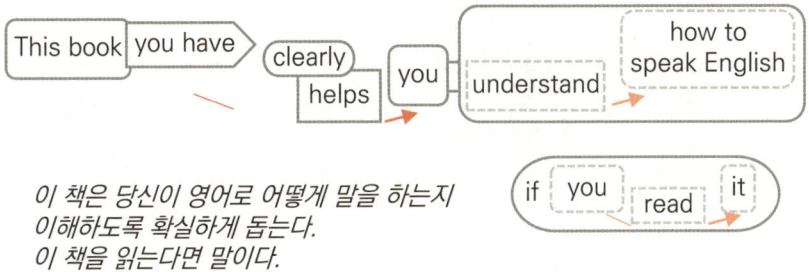

이 책은 당신이 영어로 어떻게 말을 하는지 이해하도록 확실하게 돕는다.
이 책을 읽는다면 말이다.

1부

동사와 그 영향력
: 동사를 바라보는 올바른 자세

Chapter 1. 문장 구조의 시작은 'what'과 'that'으로부터

1-1. 과연 우리는 영어 문장 구조(주동목)에 익숙할까?

우리는 흔히 영어를 '주동목(주어+동사+목적어)'의 문장 구조를 가진 언어라고 말한다.

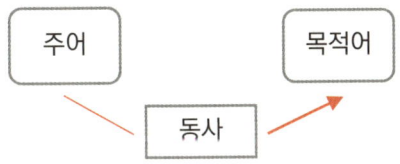

이를 모르는 사람은 극히 드물 것이다. 하지만 우리는 과연 이 사실을 충분히 잘 받아들이고 있는가?

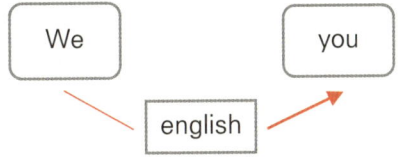

만약 위와 같은 문장(We english you)이 어색하다면(정확히 표현하면, 어색한 것은 맞다. 흔히 쓰이는 표현은 아니니 말이다), 혹은 무슨 의미인지 바로 이해하지 못한다면 우리는 사실상 영어의 문장 구조를 제대로 받아들이지 않고 있는 것이다.

우선 우리말로 '영어(명사)'에 해당되는 English가 동사로 쓰인 것이 어색할 것이다(동사로 썼기 때문에 대문자(English)가 아닌 소문자로(english)로 썼다). 뒤에 자세히 더 설명하겠지만 영어문장에서 '명사'와 '동사'의 구별하는 근거는 사실상 문장에서의 자리(위치)로 결정된다.

물론 영어에도 '명사형 어미', '동사형 어미' 등이 따로 있지만 이런 단어들은 해외로부터 유입되어 뒤늦게 영어가 된 단어들이다. 결국 영어의 이런 특징으로 본 책에서도 명사와 동사를 모두 같은 '네모' 모양을 쓰고 있다.

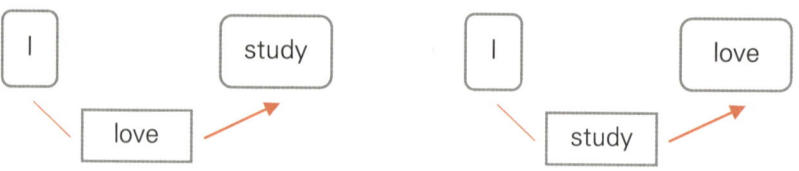

기본적으로 영어는 위와 같이 똑같은 모양의 단어(love, study)가 명사 자리에 위치하는가, 동사 자리에 위치하는가에 따라 문장에서의 그 역할이 결정된다.

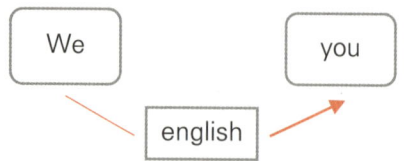

물론 명사가 동사로 사용이 되려면 그 단어에 대한 이미지의 '사회적 공감대'가 자연스럽게 형성되어 있어야 쓸 수 있는 것이다. 'english'가 동사로 쓰이면 '어떤 것(주로 단어 등)을 영어화 하다' 혹은 '영어식으로 바꾸다'의 의미가 된다.

아직 'We english you.'라는 표현은 다소 억지스러울 수 있을 것이다. 하지만, 이 책에서 "우리는 여러분을 영어화('영어를 잘하게' 혹은 '영어식 사고를 하도록') 시킵니다"라는 표현으로 나타내 보고자 한 것이다.

실제로 우리가 아주 흔하게 명사로만 쓰는 영어단어들도 사전을 찾아보면 대부분 모두 동사로 쓴다는 것을 쉽게 알 수 있다. 지금 당장 dog, water, table, flower 등을 동사로 쓰는 예시를 (사전 등을 통해) 찾으면 수긍이 될 것이다.

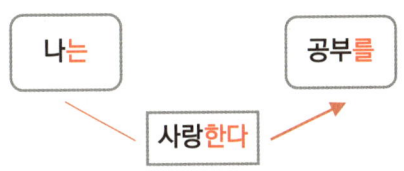

영어의 기본 문장 구조에 더 익숙해져 보자. 위와 같이 우리말을 그대로 써도 좋지만 영어에는 <u>우리말 조사가 없다</u>(이제는 문장에서의 <u>위치가 우리말의 조사</u> 역할을 한다는 것을 이해했을 것이다). 물론 영어의 의미를 정확하게 우리말로 표현해야 할 때는 올바른 조사를 넣어서 해석해야 하지만, 지금은 영어문장 구조에 익숙해지는 시간이니 아래와 같이 우리말을 써서라도 영어식 문장 구조에 익숙해지자. 실제로 아래의 그림을 보며 (우리말일지라도) 소리를 내면서 그 감각을 더 만들어 보자.

위의 두 문장을 비교하며 읽다 보면(실제로 우리말 조사 없이, 의미를 인지하면서 크게 읽어보라), 영어문장에서 단어의 순서가 얼마나 중요한지 더 느낄 수 있을 것이다. 이런 문장 구조는 앞으로 영어를 학습하는 데 근간을 이루기 때문에 추가적으로 설명을 더 해보겠다.

이제 영어로 말장난을 한번 해보자(그대로 해 볼 것을 추천한다).
영어단어나 구문의 의미는 주로 문장에서의 자리(위치)로 정확한 역할(뜻)이 결정되는데, 동사의 경우는 조동사(본 책에서는 뒤에서 다른 용어로 바꿀 것이다)를 붙여야 동사 역할을 한다.

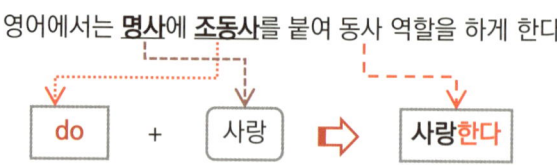

그리고 이 '조동사'를 아래와 같이 세 종류(do, does, did)로 나누는 습관을 들이면 된다. 평상시에 자주 아래와 같은 말장난을 하게 되면 정말로 영어식 문장 구조가 들어오게 될 것이다. 특히 초보자라면 (우리말) 단어를 바꿔보며 많이 연습해보자.

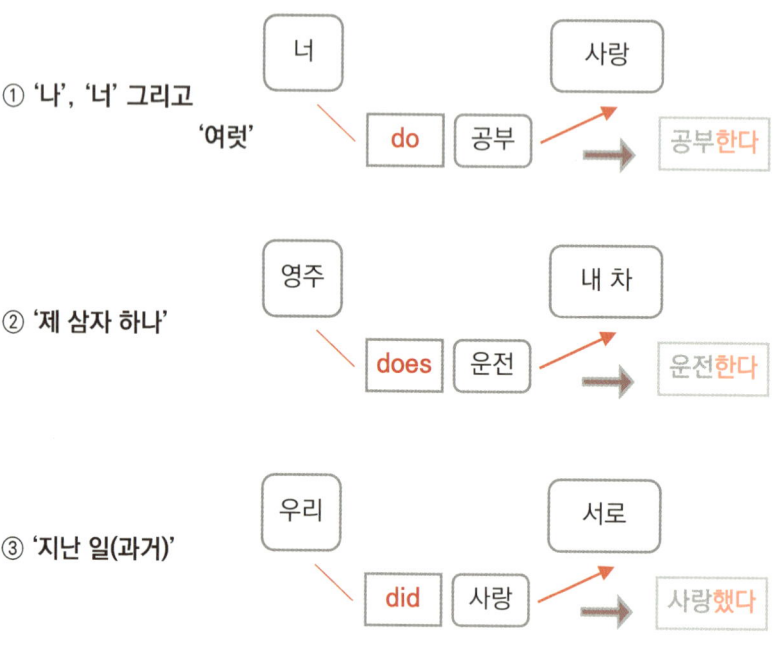

1-2. 문장 구조에 빈자리가 있음을 미리 알려주는 what

앞에서 설명된 문장 구조가 기본이지만, 영어는 아래와 같이 ①번과 ②번과 같은 두 가지의 문장 형태로 나누어진다(우리가 흔히 '타동사'와 '자동사'라는 용어를 쓰지만 본 책에서는 좀 다른 시각으로 설명할 것이다).

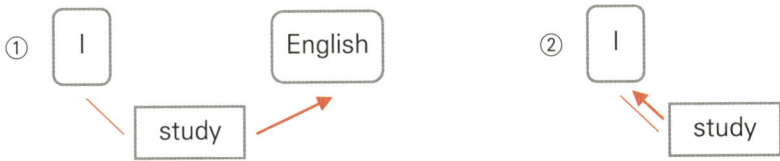

위의 'study'와 같은 동사는 두 가지 형태로 모두 쓰이지만(의미를 구분하는 법은 나중에 자세히 살펴볼 것이다), 아래의 'love', 'need'와 같은 동사들은 좀 다르다.

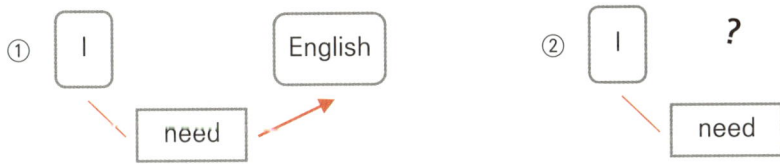

원어민들에게 ②번과 같이 'I need~'라고 말하면 무척 어색함을 느낀다. 'need'의 의미상(필요하다) 어떤 것이 필요한지 반드시 'need'라는 동사 뒤에 따라와야 한다. 즉 'need'는 대부분 ①번의 문장 구조의 모습(형식)을 띤다. 만약 원어민들에게 'I need~'라는 말만 하게 되면, 아마 '왜 말을 끝까지 안 해?'라는 생각과 함께 기다리다 못해 "What?"이라는 말을 뱉을지 모른다.
따라서 아래와 같이 'I need~' 뒤에 'it'이라도 습관적으로 붙여야 한다.

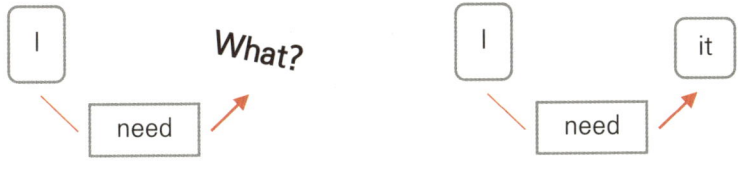

이렇게 문장 구조에 빈자리(구멍)가 있는 경우는 'what' 등이 들어갈 것이고, 이 'what'이 무엇인지는 모르지만(그래서 'what'이다), 'what'에 대한 단서는 제공이 된다. 바로 'I need'이다. 이 구문은 'what' 뒤에 배치가 된다(영어식 어순이다). 아래의 그림과 같이 'what'을 앞으로 이동시킨 모양으로 생각해도 좋다.

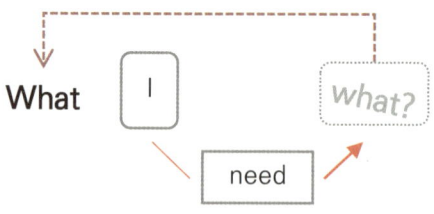

이런 식으로 'what I need'라는 구문이 완성된다. 'what'이 무엇인지 설명해 주는 말인 'I need'를 'what' 뒤에 붙여서 아래와 같이 표현할 수 있는데(마치 형용사가 명사를 설명하는 모양, 본 책에서 이렇게 표현할 것이다), 이 구문은 여러 번 읽고 연습해야 한다.

이를 연습해야 하는 이유는 명백하다. <u>우리말과 어순이 반대이기 때문</u>이다. 즉 '생각의 순서'를 영어식으로 만든다는 의미이다. 쉽게 말해, 'what I need'를 보고 굳이 '나에게 필요한 무언가'라는 우리말을 떠올리지 않아도 될 때까지 소리 내어 읽으면 된다. 이 연습이 앞으로 우리말과 반대인 영어식 어순에 익숙해지는 첫걸음이 될 것이다. 그렇게 되면 나중에 아래와 같은 구문들도 쉽게 사용할 수 있게 된다(해석은 나중에 해도 된다).

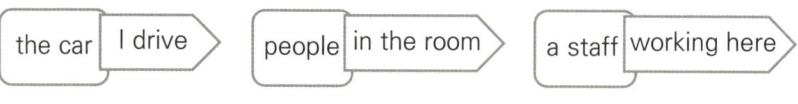

특히 what으로 시작하는 구문을 아래와 같이 마치 한 단어처럼 인식되도록 연습하자.

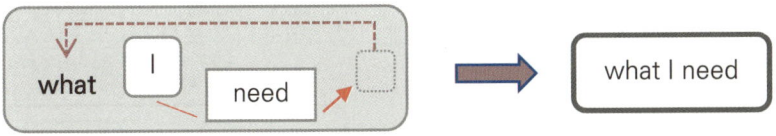

(소리 내어 읽기) 연습을 통해 'what I need'가 마치 하나의 '명사'처럼 느껴지면, 아래와 같이 문장에 가볍게 넣어주면 된다.

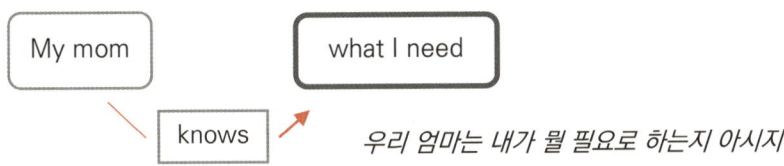

우리 엄마는 내가 뭘 필요로 하는지 아시지

위의 문장 역시 여러 차례 읽어보자. 이 'what I need' 구문은 영어식 어순에 적응하기 위함이 되기도 하지만, 문장을 길게 늘여 주기 위한 **시작점**이 되기도 하기 때문이나.

아래의 구문과 문장을 반복해서 읽으며 익숙하게 만들어 보자(1번을 반복한 후에 2번을 반복하면 된다).

1. 빈자리 구문연습 → 2. 빈자리 구문을 문장에 넣어서 연습

<u>what you want</u> → Your teacher knows <u>what you want</u>.
선생님은 알고 계셔. 네가 원하는 걸

<u>what you mean</u> → I understand <u>what you mean</u>.
난 이해해. 네 말이 뭘 의미하는지

<u>what he used</u> → I need <u>what he used</u>.
난 필요해. 그가 사용했던 것이

<u>what they know</u> → I don't know <u>what they know</u>.
난 모르겠어. 그들이 무엇을 알고 있는지

1-3. 동사 자리가 비어도 what

앞의 예시들은 문장 구조에서 동사의 뒤(명사) 자리가 빈자리였다. 물론 동사의 앞인 주어 자리가 빈자리일 수도 있는데 이건 뒤에서 다시 보자.

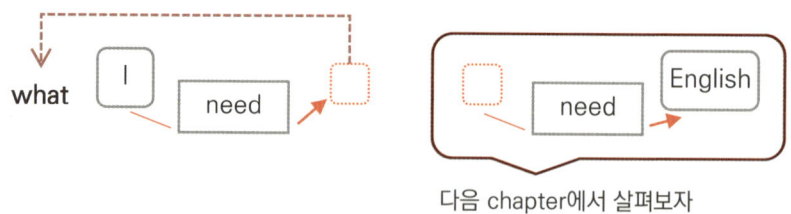

다음 chapter에서 살펴보자

이번엔 '명사' 자리가 아닌 '동사' 자리가 비면 어떻게 되는지 보자. 동사 자리가 비어 있다면, 뒤에 따라오는 말(목적어)이 있을 수가 없다.

동사를 모르니 어떤 말이 따라올지 모른다

사실 영어에서 <u>동사는 일종의 '합성어'</u>처럼 여겨야 한다. 아래와 같이 동사원형(명사)에 DO동사의 종류(do, does, did)를 합쳐서 동사의 역할을 한다고 생각하면 된다.

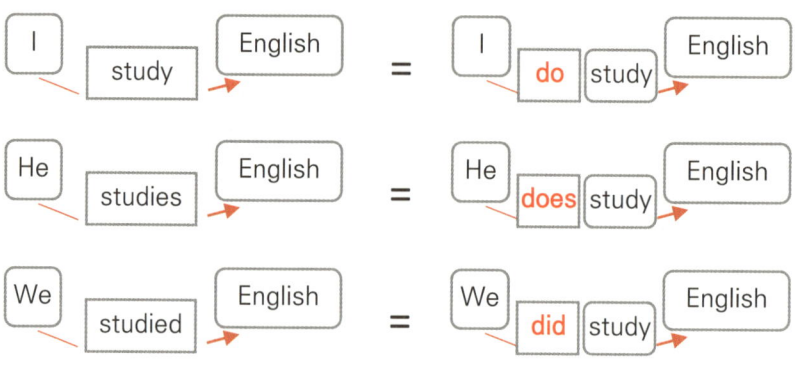

앞의 그림을 보면 '조동사'를 꺼냈다는 것을 알 수 있었을 것이다. 조금 더 구체적으로 설명을 해 보겠다.

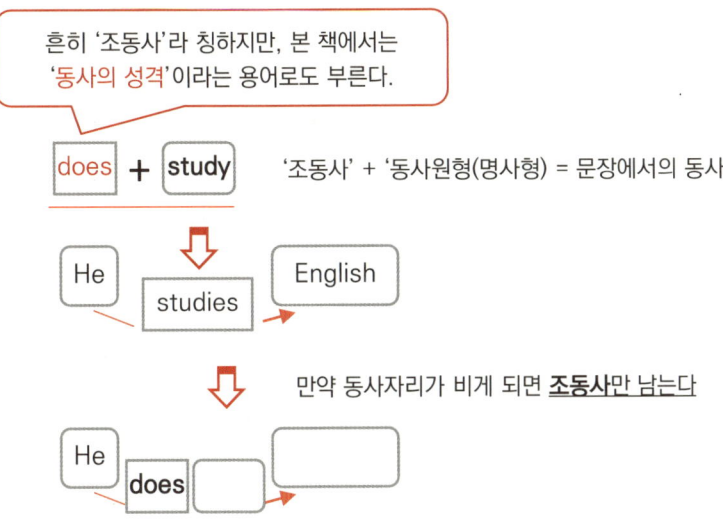

동사에는 그 '동사의 성격(시제나 인칭 등)'이 'do', 'does', 'did'의 형태로 들어 있다. 문장을 만들 때 동사가 무엇인지 몰라 'what'으로 처리하고 싶으면 이 '동사의 성격'만 남는 것이라 생각하면 된다.

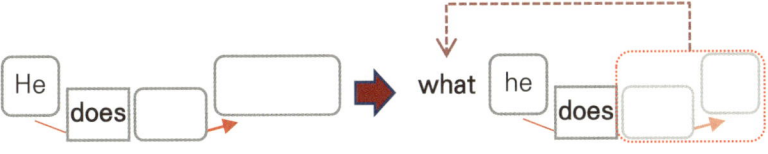

DO동사 계열은 아래와 같이 단 세 종류(do, does, did)에 익숙해 지기만 하면 된다. 지금 여러 차례 읽고 지나가자.

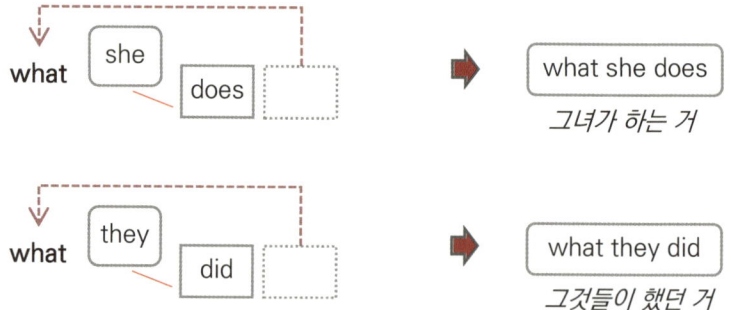

이 구문들 역시, 하나의 단어처럼 취급되도록 연습하고 아래와 같이 문장에 넣으면 된다.

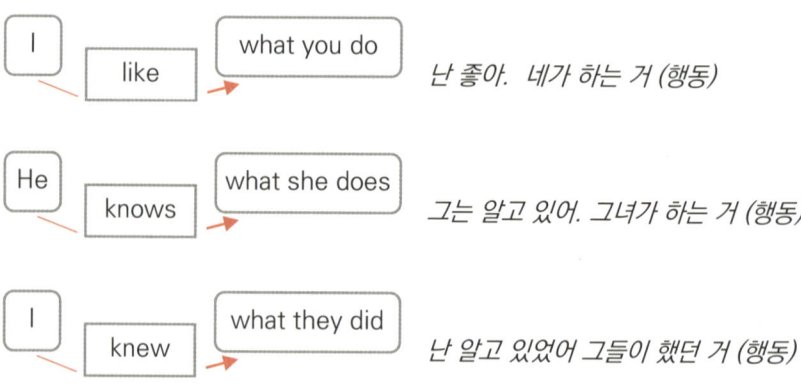

특히, 아래와 같은 표현들은 (영어식 사고의 부족으로 인해) 우리가 잘 쓰지 않는 표현들이지만, 이제는 이해를 할 수 있을 것이다.

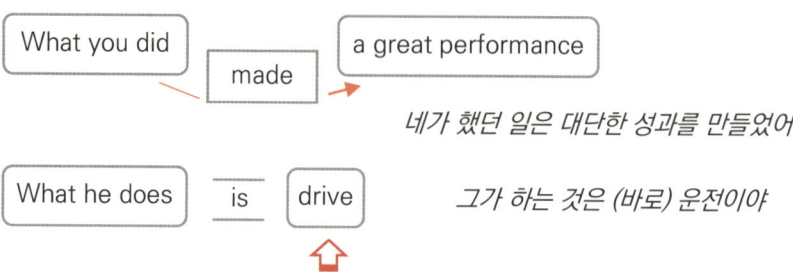

이제 동사의 모양(drive)이 명사처럼 쓰여도 어렵지 않을 것이다.

1-4. 빈자리가 없는 문장 구조를 묶어주는 that

이번 chapter의 목적은 아래와 같다.

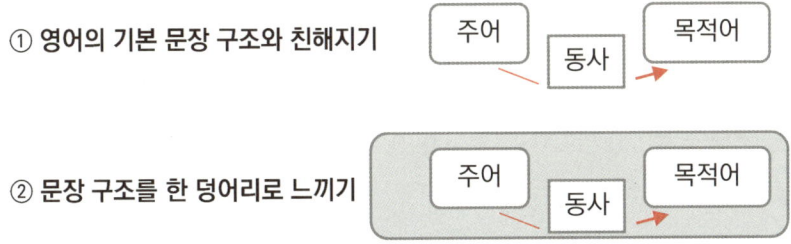

문장 구조의 빈자리가 없는 경우는 'that'을 이용하여 아래와 같이 한 덩어리로 묶을 수 있다.

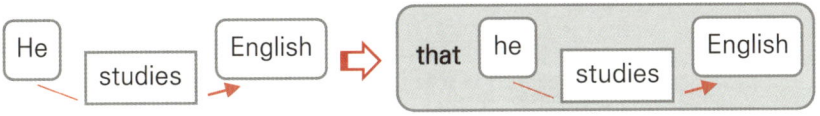

영어문장의 기본 구조에 충분히 익숙해지면 아래와 같이 하나의 명사처럼 취급하여 새로운 문장을 만들어 낼 수 있다.

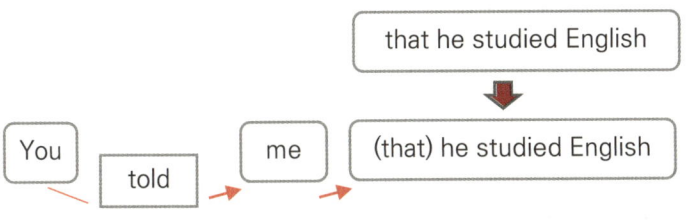

네가 나에게 말했잖아. 그가 영어공부를 했었다고

위와 같이 묶어주는 역할을 하는 'that'이 생략될 때가 많다. 'that'의 활용은 앞으로도 많이 언급될 것이다.

"You become what you believe"

– Oprah Winfrey

– Oprah Winfrey

Chapter 2. 'which'와 'who'는 뭔가를 좀 알고 있을 때 쓸 수 있는 말

2-1. 'who'는 무엇인지 모르지만 사람이다

여기서 다루는 문장 구조의 빈자리는 앞의 경우와는 달리 약간의 정보가 있는 경우이다. 아래와 같이 '나는 제이슨을 좋아한다'라는 말에서 'Jason' 자리를 빈자리로 한다면, 누구인지 모르지만 '사람'이라는 정보가 들어가야 한다.

이 경우는 'what'이 아니라 'who'를 넣는다.

이 역시 여러 번 반복해서 읽으며 한 덩어리로 인식하면 된다. 그리고 아래와 같이 문장에 넣어보면 된다.

그녀는 좋아하지 않는다.
내가 좋아하는 누군가를

이번엔 동사 뒤가 아닌 '주어 자리'가 비어 있는 문장 구조를 보자. 즉 ①번과 ②번의 경우를 자세히 비교하고 구분해야 한다. ②번에서는 특별히 자리 이동이 없다.

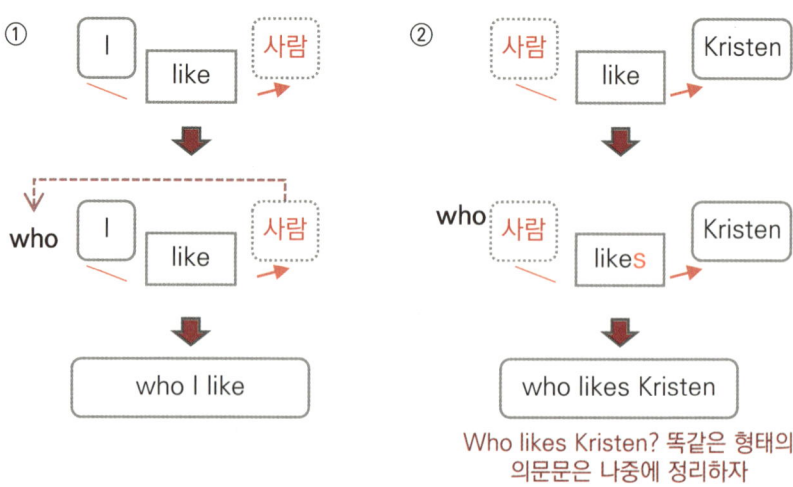

Who likes Kristen? 똑같은 형태의 의문문은 나중에 정리하자

특히, ②번의 경우는 주어가 '1인칭(나, I)'도 아니고 '2인칭(너, you)'도 아니기 때문에 기본적으로 3인칭 취급을 한다(동사에 '~s'를 붙인다). 이 역시 하나의 덩어리(하나의 명사처럼)로 인식하며 문장에 넣어보자.

나는 어제 봤어 크리스틴을 좋아하는 그 누군가를

참고로 ①번의 경우는 'who'는 'whom'으로 바꿔 쓸 수 있다.

(뒤에서 다시 다룬다)

주어자리가 아닌 곳에서 온 who는

영어 문장에서 'what'이나 'who'가 나오면 그 뒤 구문(문장)에 비어 있는 자리가 있다고 생각하면 된다. 이 개념을 이해하는 것은, '영어의 문장 구조'가 익숙하지 않은 우리들에게 무척 유용하다(영어를 제대로 시작하기 위해 꼭 필요하다).

I found what you lost yesterday.

예를 들어 위와 같은 문장을 접할 때, 아래의 문장 구조가 느껴져야 한다. 많이 연습하게 되면 궁극에는 '무의식적'으로 받아들일 수 있게 된다.

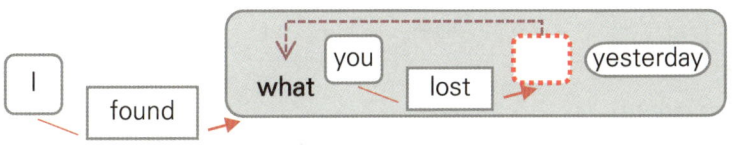

나는 발견했어. 네가 어제 잃어버린 거

익숙해지면 '주어'나 '목적어' 자리가 아닌 (아래와 같이) 전치사 뒤의 명사 자리도 느껴지게 될 것이다(이런 문장들은 뒤에서 다시 살펴보자).

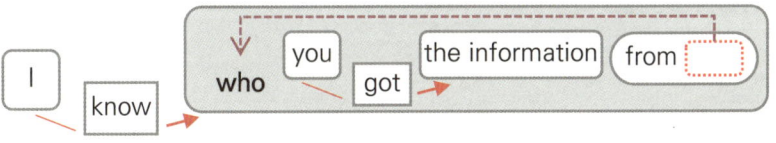

나는 알아. 네가 그 정보를 누구로부터 받았는지

이렇게 되면 전치사로 끝나는 문장도 전혀 어색하지 않게 된다.

2-2. 'who'는 앞에 있는 명사를 설명할 수도 있다

'who'가 들어간 구문(덩어리)이 <u>명사(덩어리)</u>처럼 사용되기도 하지만 <u>형용사(덩어리)</u>처럼 또 다른 명사를 설명하기도 한다. 이 경우 해당 명사의 바로 뒤에 붙인다. '명사(덩어리)의 역할'과 비교하면 된다.

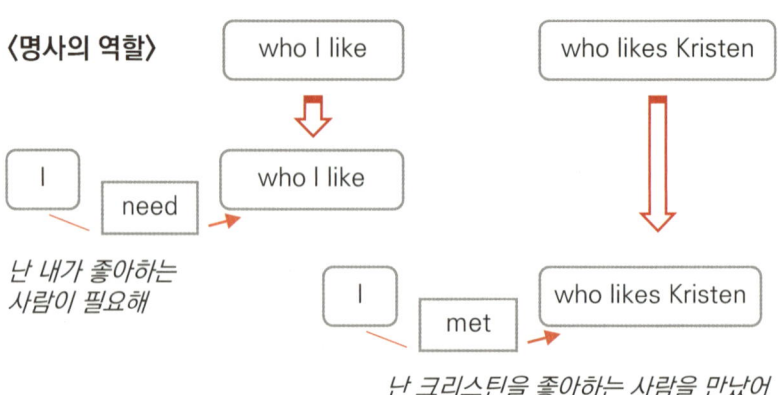

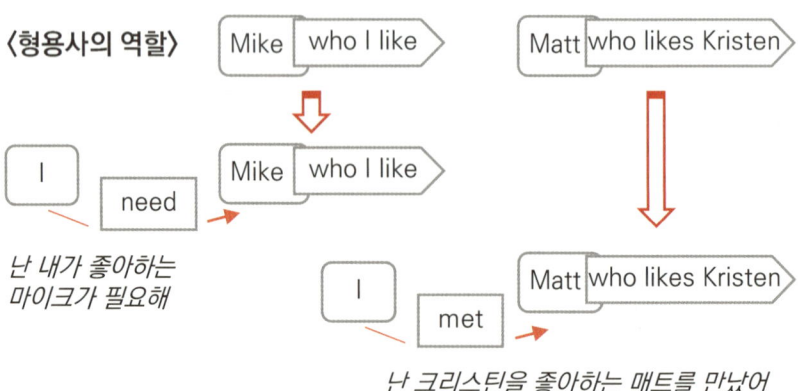

위와 같이 'who구문'이 '명사' 역할을 하는 경우와 '형용사'의 역할을 하는 경우를 동시에 보면 그 비교가 쉬워진다.

2-3. 'what'은 앞에 있는 단어를 설명할 수 없다. 그래서 'which'를 쓴다

아래는 'what구문'을 명사로 사용했을 때를 다시 한번 살펴본 것이다.

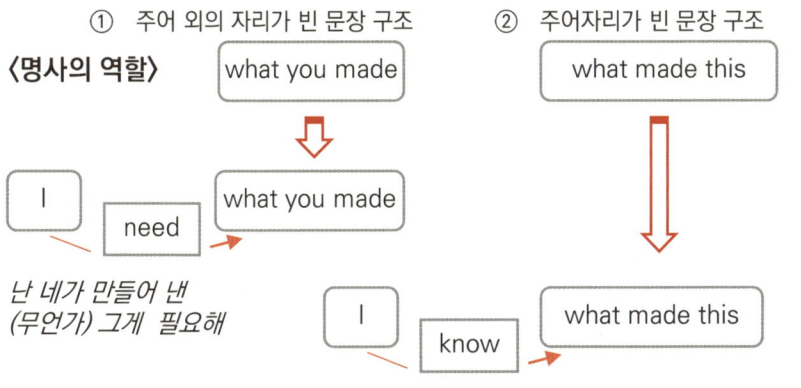

앞에서 다룬 'who구문'은 명사와 형용사처럼 두 역할을 모두 할 수 있었지만, 'what구문'은 형용사처럼 다른 명사를 설명할 수 없다. 따라서 아래와 같이 'what' 대신에 'which'를 써야 한다.

〈형용사의 역할〉

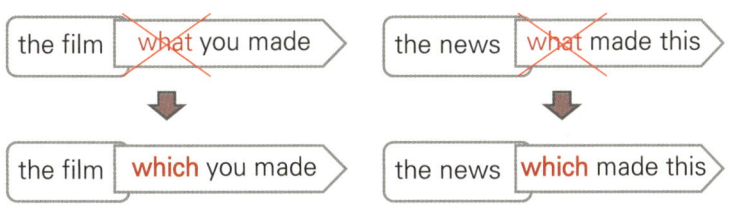

그 형용사 구문(which you made 등)을 아래와 같이 문장에 넣을 수 있다.

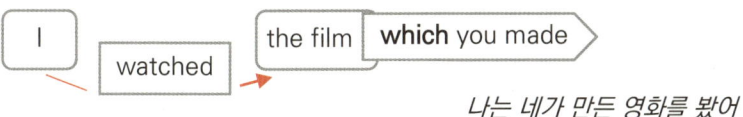

'which'라는 단어는 영어 문장 구조를 이해하는데 많은 도움을 주는 단어가 될 수 있기 때문에 조금 더 자세히 알아 둘 필요가 있다.

what	무엇 ?	← 정보가 전혀 없다
who	무엇(?)인지는 몰라도 '**사람**' (누구인지 알 때도 쓸 수 있음)	← 약간의 정보는 들어감

'what'과 'who'의 차이점은 'what'에는 대상에 대한 정보가 들어 있지 않은 반면에 'who'에는 '사람'이라는 정보는 들어 있다는 것이다. 그래서 아래와 같은 의미로 받아들이면 된다.

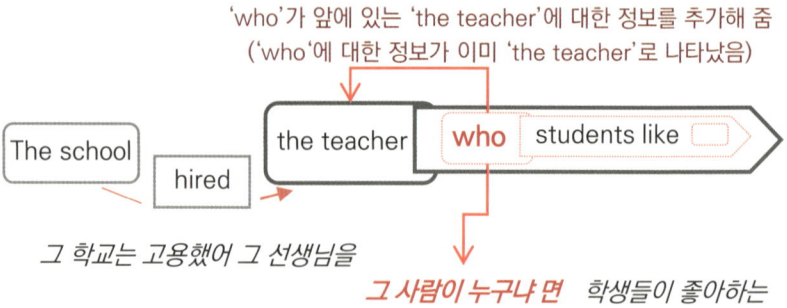

밑에 표현한 'which'도 마찬가지이다. 앞에 있는 단어를 지칭한다.

which	무엇인지 (정확히) 몰라도 '**그거**'	← 약간의 정보는 들어감

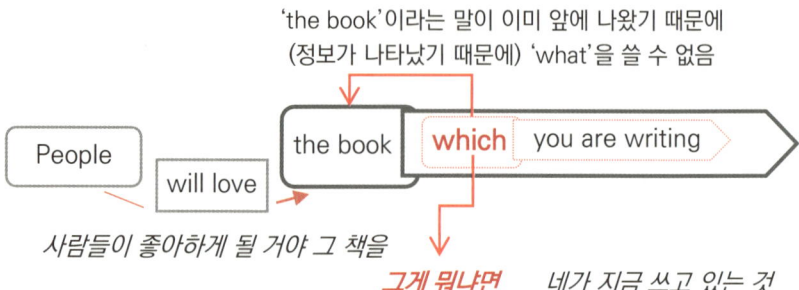

2-4. 'who, which, that'은 도대체 언제 생략되나?

'빈자리가 있는 문장 구조'를 두 가지로 나누어 다시 보자. 아래의 두 종류를 잘 구별하는 감각을 가져야 한다(이 내용은 뒤에서 많은 부분들로 이어진다).

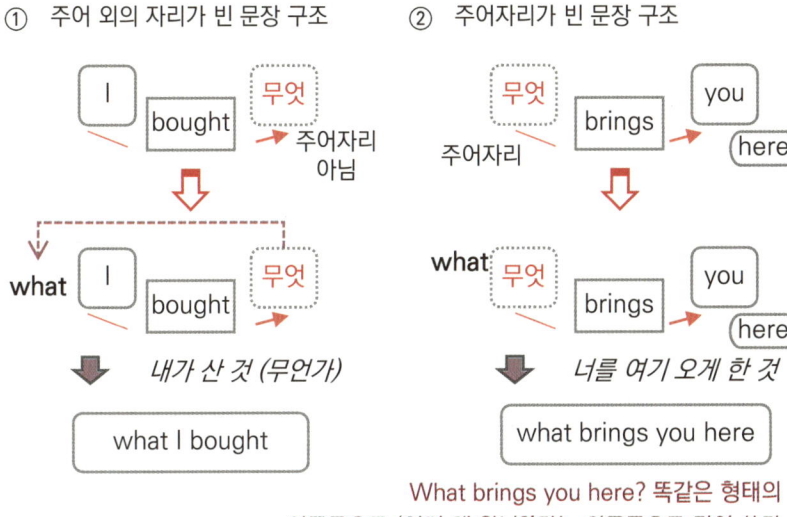

What brings you here? 똑같은 형태의 의문문으로 '여기 왜 왔니?'라는 의문문으로 많이 쓴다

위와 같은 구문들을 명사와 같이 쓰면 아래와 같이 문장에 넣을 수 있다.

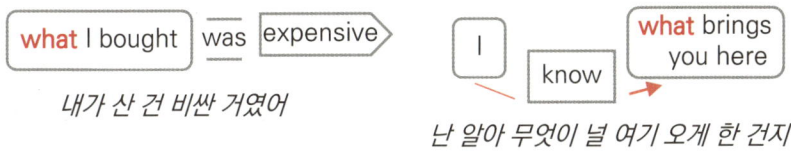

다시 한번 정리하면 위의 구문들이 (형용사처럼) 앞의 명사를 설명할 때는 'what'이 'which'로 바뀐다.

아래와 같이 기본 문장 구조에 형용사(덩어리)가 추가되는 개념으로 받아들여도 좋다. 명사가 어느 자리에 있든 형용사처럼 추가 설명이 가능하다.

그렇다면 여기서 'which'라는 단어를 생략할 수 있는지 생각해보자. 별로 중요하지 않다고 여길 수 있으나, 이를 따져봐야 하는 이유는 명백하다. 바로 영어식 문장을 감각적으로 받아들이는 데 도움이 되기 때문이다(영어식 어순으로 생각하는 것도 포함).

위의 ①번의 구문(which I bought)과 ②번의 구문(which brings you here)을 더 자세한 그림으로 그려보면 다음과 같다.

Ch 2. 'which'와 'who'는 뭔가를 좀 알고 있을 때 쓸 수 있는 말

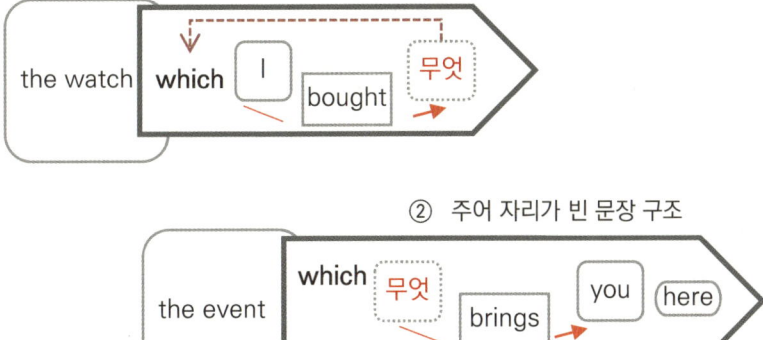

이제 위의 그림을 보고 각각의 'which'를 생략해보자.

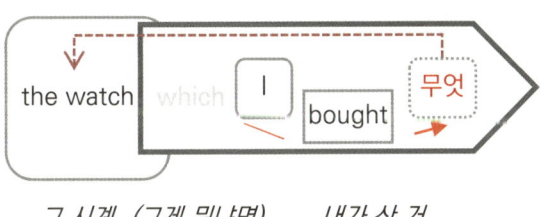

그 시계 (그게 뭐냐면)   내가 산 거

먼저 ①번의 경우를 보자. 뒤에 따라오는 'I bought(내가 산)'가 'the watch'를 직접 설명할 수 있기 때문에 'which'를 생략해도 상관이 없다. 우리말로 생각해도 'which'라는 단어에 해당되는 우리말 '그게 뭐냐면'이라는 말은 생략해도 무방하다(오히려 생략하면 간편해지고 더 좋다). 하지만 ②번의 경우는 어떨까?

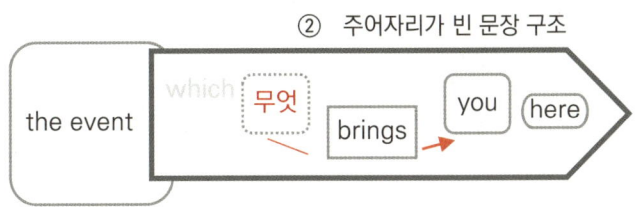

생략을 하게 되면 구조가 바뀌어 버려 구문이 아닌 문장이 되어버린다('the event' 뒤에 동사 'brings'가 따라오기 때문이다).

② 주어자리가 빈 문장 구조

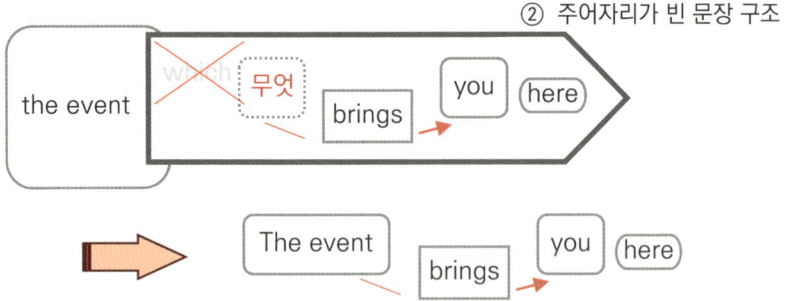

따라서, 생략할 수 없다. 만약 생략하고 싶다면 아래와 같이 '동사(bring)'의 형태를 '~ing' 등 다른 형태(bringing)로 바꿔야 한다. 이 부분도 후에 자세히 설명될 것이다.

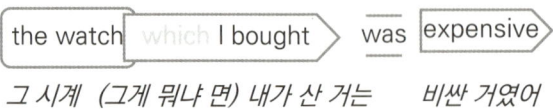

따라서 ①번 같은 경우에만 생략이 가능하다. 오히려 생략하는 것이 더 간편하고 좋다. 그렇다면 ①번과 같은 경우임에도 불구하고 생략을 하지 않는 경우는 언제 일까? 두 가지의 경우로 나눠질 수 있다.

the watch | which I bought | was | expensive

그 시계 (그게 뭐냐 면) 내가 산 거는   비싼 거였어

첫 번째의 경우는 그 구문의 '길이'이다. 위의 경우는 생략해도 문제가 없으나 아래의 경우를 보자.

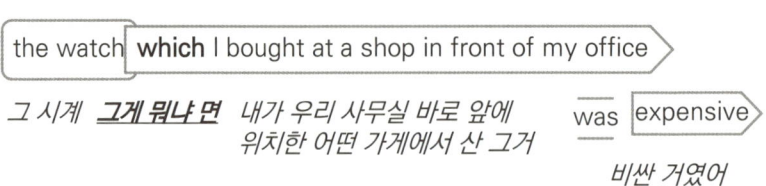

그 시계 <u>그게 뭐냐 면</u> 내가 우리 사무실 바로 앞에
위치한 어떤 가게에서 산 그거   was expensive
                                         비싼 거였어

이렇게 'which구문'이 길어질 경우에, 만약 'which'를 생략하면 문장이 난해해질 수 있다. 바로 문장의 호흡과 관련이 있는 것이다. 아래와 같이 우리말로 생각을 해도 이해가 될 것이다(여기서는 아직 긴 영어문장을 다루지 않기 때문에 이해를 돕고자 우리말을 사용했다).

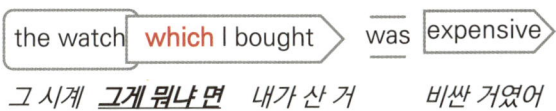

두 번째의 경우는 '**강조**'이다. 짧더라도 그 구문을 강조하고 싶을 때는 생략을 하지 않는다. 우리말의 개념과 같다고 생각하면 된다.

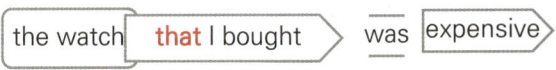

그런데, 이런 경우 'which'보다는 'that'이 더 선호될 수 있다(특히, 일반적인 구어체에서). 'that'의 어감이 'which'보다 더 강하기 때문이다.

the watch that I bought was expensive

'which'와 'that'의 차이는 뒤에 더 설명하기로 하고, 여기서는 'which(혹은 that)'의 역할과 의미를 정확히 이해한 상태에서 영어문장의 호흡을 살려가며 연습하면 된다. 영어도 결국 '언어'이기 때문에 우리의 자연스러운 (언어적) 감각으로 이해할 수 있다.

"Life is a succession of lessons which must be lived to be understood."

– Ralph Waldo Emerson

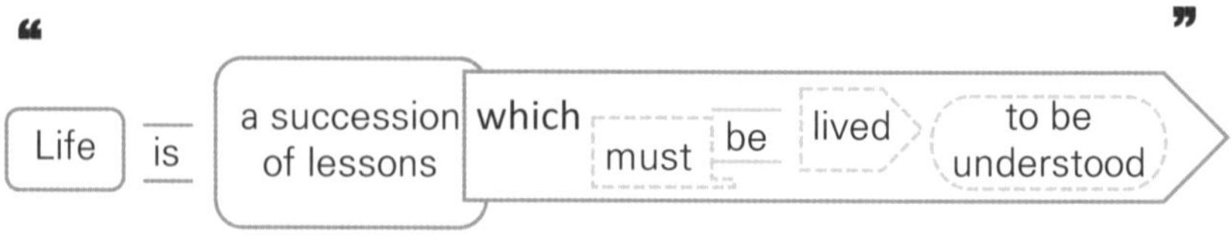

– Ralph Waldo Emerson

Chapter 3. 동사를 영어식으로 받아들이는 간단한 방법

3-1. 자동사와 타동사를 구분하는 것은 무의미하다

영어와 우리말은 근본적으로 다르기 때문에 문장을 접할 때 완전히 <u>다른 시각으로 접근해야</u> 한다. 특히 '동사'가 더욱 그렇다. 문법 용어로 사용하는 '자동사', '타동사'의 개념을 조금은 바꿀 필요가 있다.

우선 'run'이라는 단어를 생각해보자. '달린다'라는 우리말이 떠오를 것이다.

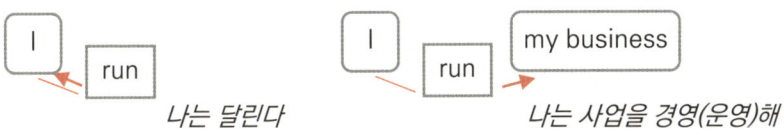

왼쪽의 문장(I run)에서 'run'은 '달린다'이다. 하지만 오른쪽 문장(I run my business)에서는 '운영하다'의 의미가 된다. 이렇게 'run'에는 다양한 뜻이 존재한다고 생각할 것이다.

즉, 우리는 아래와 같이 영어의 동사를 접하고 있을지 모른다.

1. 한 영어단어(동사)에는 여러 가지 뜻이 있다.
2. 자동사로 쓰일 때와 타동사로 쓰일 때 뜻이 달라지기도 한다.

이제 차근차근 설명을 들어보고 위와 같은 생각이 <u>어떻게 **바뀌는지**</u> 느껴보도록 하자. 기존의 영문법을 벗어나 올바르게 영어식으로 동사를 받아들이는 법을 살펴보겠다. 간단히 이해하기 위해 'move'라는 동사를 먼저 이용해보자.

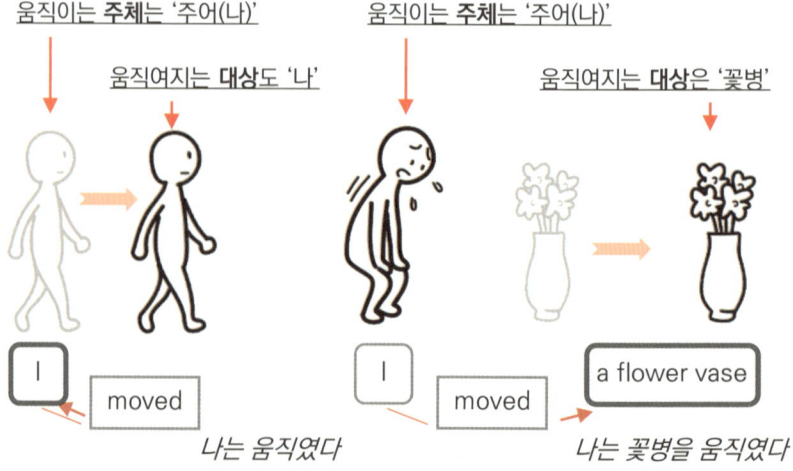

'move'를 위와 같이 받아들이는 것은 너무 당연해 보인다(그래서 'move'라는 동사로 시작하는 것이다). 앞으로 <u>이 **'당연한 느낌'**</u>을 계속 적용하면 된다. 자동사 타동사를 구분하기보다는 아래와 같이 화살표의 방향으로 구분해 보자.

3-2. 자동사와 타동사의 뜻이 달라 보이는 것은 결국 우리말 해석 때문이다

앞에서 동사 'move'를 활용한 느낌('움직이다'와 '움직이게 하다')을 가지고 'stay'라는 동사에 그대로 적용해 보자. 아마도 우리는 'stay'를 '머무르다'로 알고 있으니, 아래와 같이 동사 뒤에 따라오는 말(following verb)이 있을 때는 '머무르게 하다'로 적용할 것이다.

'(보트를) 머무르게 했다'라는 말을 들었을 때, 이해가 어렵지 않지만, 우리말로 받아들이기에는 다소 어색하다. '세워 놨다' 혹은 '정박했다'라는 다른 우리말로 바꿔서 해석하는 것이 더 자연스럽다('정박하다'는 'anchor'가 더 어울릴 순 있다). 결국 같은 개념이지만, 우리말로 조금 더 매끄럽게 하기 위해 번역을 바꿨음을 알 수 있다.

참고로 'I stayed in Thailand'에서 'in Thailand'와 같이 전치사로 시작하는 구문은 동사의 following verb가 아니다(이 용어는 뒤에 다시 설명된다).

좀 더 설명을 하면, 다른 대상(목적어)을 '머무르게 한다'라는 말은 사실 좀 더 강력한 느낌으로 표현하는 게 옳다. 그래서 '꼼짝 못 하게 하다' 혹은 '잡아 놓다'라는 우리말을 빌어서 개념을 잡는 것이 더 어울릴 것이다.

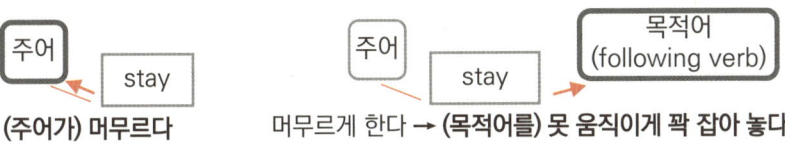

다른 예문을 더 보면, 한 영어 단어(동사)는 결국 하나의 개념이지만 (상황에 맞게) 더 자연스럽게 표현하려다 보니 더 적당한 우리말로 바뀌는 것뿐이다. 그래서 마치 한 단어에 여러 의미가 있는 것으로 보이는 것이다.

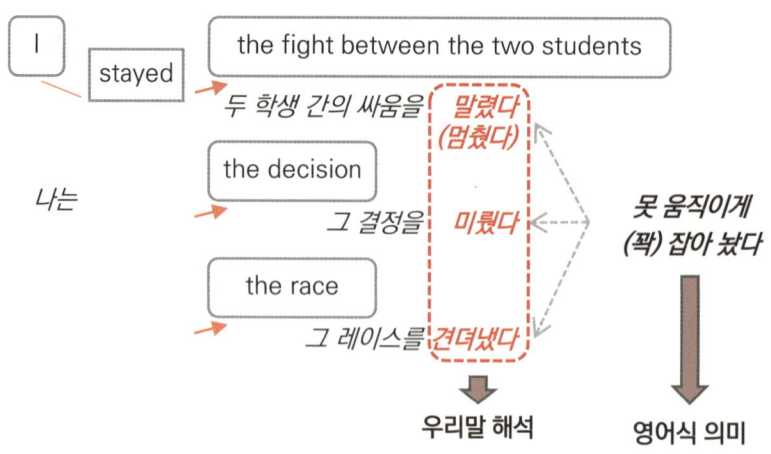

'stay'에 여러 뜻이 있는 것처럼 보이지만, <u>결국 영어식으로는 한 개념이다.</u>

우리말 표현들인 '말렸다', '미뤘다(연기했다)', '견뎌냈다'는 모두 다른 의미이다. 하지만 영어(stay)로는 하나의 개념으로 볼 수 있다. 굳이 우리말의 매끄러운 번역이 필요한 경우가 아니라면 영어식 의미 그대로 받아들이는 것이 좋다. 이런 (사고의) 훈련을 이제 시작해야 한다.

3-3. 동사의 뒤는 '영향을 받는 대상'

주어와 동사 뒤에 따라오는 말(목적어, 혹은 following verb)의 역할들을 조금 더 확장해서 생각해보자. 동사 뒤에 목적어가 따라오지 않는다면(자동사) 주어는 행위의 '주체'이자 '대상'이 된다. 즉 '주어의 행위'를 얘기하는 것이다. 하지만 동사 뒤에 무엇인가(목적어) 따라오면 주어로 인해 영향을 받는 대상이 된다.

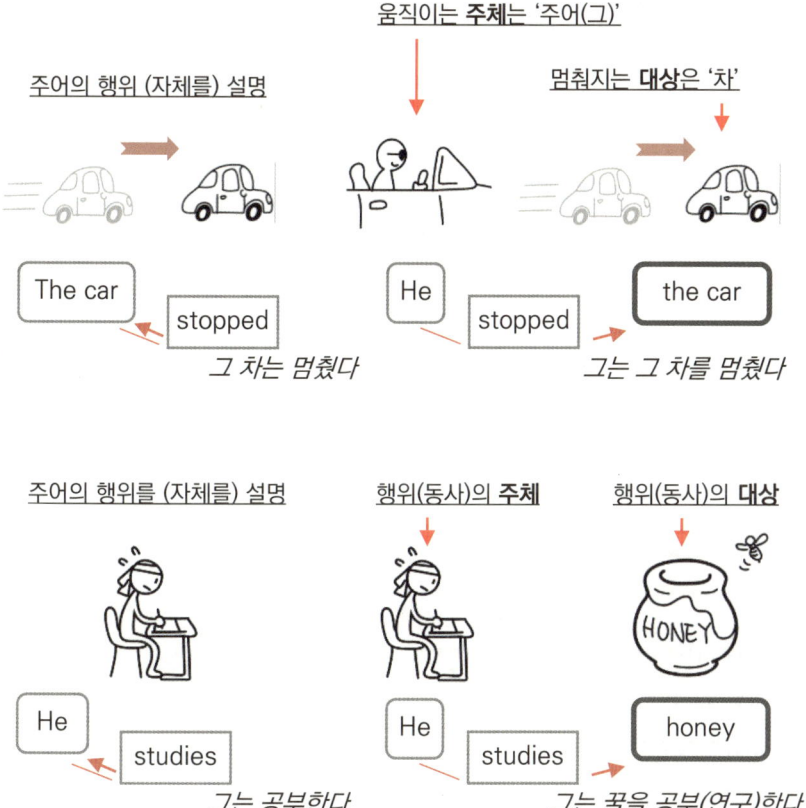

이제 여러분은 앞의 예시들을 보는 것만으로도 저절로 영어에서 기본 문장 구조와 동사의 역할이 이해되었을 것이다.

앞서 말한 (영어식으로 동사를 인식할 수 있게 된 것) 것이 실제로 적용이 되는지 이번엔 'work'라는 동사를 이용해서 예문을 보자.

'work'의 예문을 보기 전에, 기본적으로 영어단어를 받아들이는 방법에 대해 지속적으로 (이 책뿐만 아니라 다른 기회를 통해서도) 설명하겠지만, 우선 그 방법을 간단하게 언급해보겠다.

'work'라는 단어를 단순히 우리말로 '일하다'라는 말보다는 이 개념을 조금 확대해서 **애써서 뭔가를 하는 행위**'를 모두 포함한다고 받아들여 보자. 그러면 아래와 같은 상황들이 대부분 수긍 될 것이다.

work   '애쓰며 뭔가를 하는 행위'
             (결과가 나오는 행위)
             — 일하다
              공부하다
              작동하다
              움직이다
             — 만들다

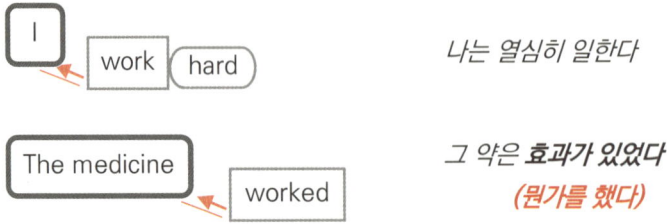

위에서 보는 바와 같이 주어가 사람(I)이면 '일한다'라는 우리말이 어울리지만, 주어가 사물(the medicine)일 경우, '일했다'라는 우리말보다는 '효과가 있었다'는 (우리)말로 받아들이는 게 자연스럽다. 우리말 '번역' 차이임을 알 수 있을 것이다. 조금만 연습을 하면 'work'와 같은 단어들도 영어식으로 받아들일 수 있게 된다. 이번엔 'work'로 뒤에 오는 단어에 영향을 주어 보자.

Ch 3. 동사를 영어식으로 받아들이는 간단한 방법 | 033

앞의 예문같이 동사 뒤의 대상(cows)을 일하게 한다는 표현도 가능하고, 아래와 같이 사물(기계)이 움직이도록(일하도록) 하는 표현도 가능할 것이다.

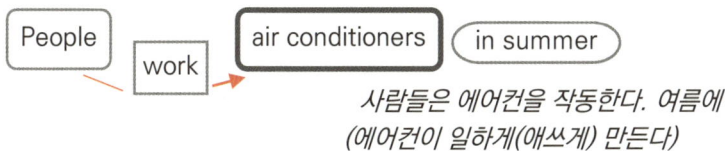

사람들은 에어컨을 작동한다. 여름에
(에어컨이 일하게(애쓰게) 만든다)

혹은 아래와 같이 'work'의 결과물(주로 기적, 변화, 효과 등)이 뒤에 따라올 수도 있다(장기적으로는 원어민들이 어떻게 확장해서 쓰는가를 따라가야 한다).

이 책은 기적을 만들어 낸다. 여러분의 영어와 함께

'work'의 의미는 <u>그 행위에 '노력' 혹은 '애쓰는' 느낌을 더 넣으면 된다</u>. 이제 앞서 봤던 'run'을 이용한 문장이 자연스럽게 이해가 되는지 다시 보자. 'work'를 설명한 방식과 같이 'run'을 설명하면, 단순히 '달린다'라는 우리말보다는 그 <u>행위에 '역동성(빠르게 움직이는 느낌)'을 넣으면 된다</u>.

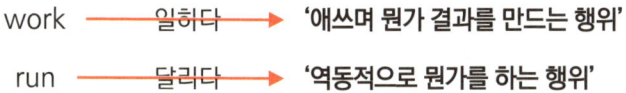

'빠르게 움직이는 느낌'을 만들 수 있는 단어이기 때문에 '달린다'는 상황에도 쓸 수 있다는 것을 알게 될 것이고, 아래의 문장들이 자연스럽게 영어식으로 이해가 될 것이다.

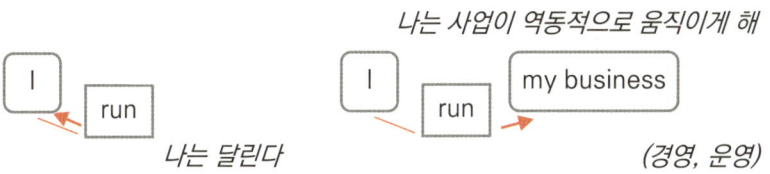

나는 달린다   나는 사업이 역동적으로 움직이게 해
                    (경영, 운영)

3-4. 단어(동사)를 영어식으로 받아들이기

앞선 내용들을 차근차근 봐왔다면 이제 동사를 바라보는 영어식 사고가 어느 정도 생기기 시작했을 것이다. 그 증거로 아래의 두 문장을 정확하게 (혹은 당연하게) 이해할 수 있을 것이다.

① 번은 주어(I)가 앉으니 우리말로 '**앉다**'가 되고, ② 번은 동사의 대상이 앉으니 (우리말로) 주어가 대상을 '**앉힌다**'가 되는 것이다. 자연스럽다. 이제 아래와 같은 문장이 오히려 어색하게 느껴질 것이다.

'나는 의자를 앉힌다'라는 의미이니 어색한 것이 당연하다(그렇다고 틀린 문장은 아니다). 이제 동사를 영어식으로 받아들일 수 있으니, 최소한 위와 같은 문장을 '나는 의자에 앉아'라고 잘못 받아들이지는 않을 것이다(많은 한국인들은 여전히 틀릴 것이다). '나는 의자에 앉는다'의 맞는 표현은 아래와 같이 써야 한다.

여기서는 결국 의자에 앉혀지는 것은 '주어'

위의 두 문장('I sit the chair'와 'I sit on the chair')을 정확히 구분해내는 능력(이것도 능력이다)은 뒤에 요긴하게 사용될 것이다. 소위 우리가 '관계대명사' 혹은 '관계부사'라고 부르는 것들이 아주 쉽게 이해된다.

여기서는 'sit'을 과연 '앉다'로 받아들여도 되는지에 대한 이야기를 나눠보자. 특정 영어단어(예를 들어, sit)를 우리말(앉다)로 자주 쓴다고 해서 그 의미가 항상 딱 맞아떨어지는 것은 아니다(사실 상 이런 경우는 없다). 정확하게 영어로 무슨 뜻(우리말 '한 단어'로는 설명할 수 없는)인지 알아내야 한다. 그래야 영어가 쉬워진다. 영어식으로는 사실상 한 뜻이다. 아래는 관련된 예시이다.

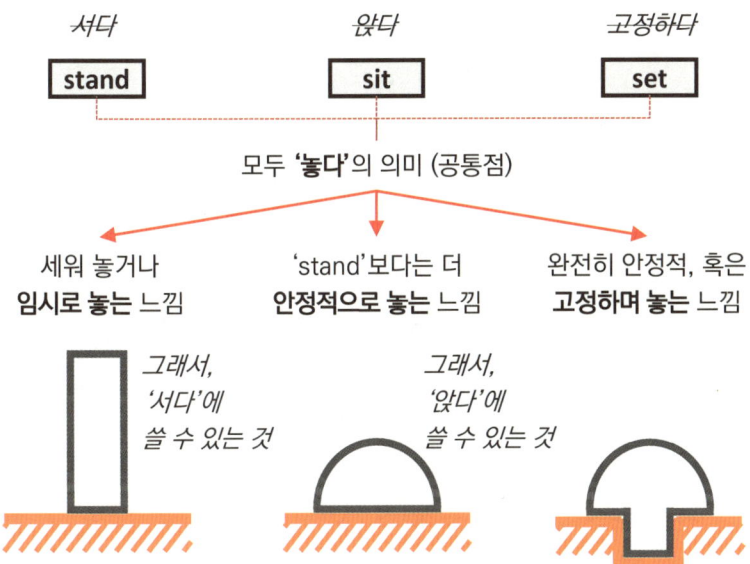

위의 세 단어를 이렇게 그림과 약간의 설명을 통해 이해하면, 이 단어들이 왜 아래의 상황으로 확대되어 쓸 수 있는지 쉽게 납득이 된다.

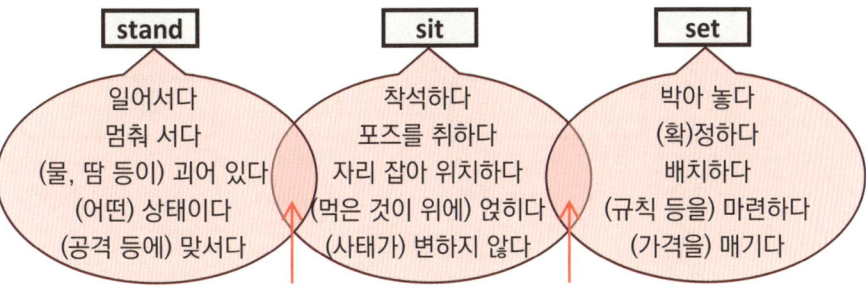

앞서 언급했듯이, (우리말 '한 단어'로 대신할 수 없는) 영어단어들을 아래와 같은 단계로 받아들여야 온전히 원어민들과 같이(혹은 그 이상으로) 사용할 수 있게 된다. 이런 방법들은 꾸준히 소개하도록 하겠다.

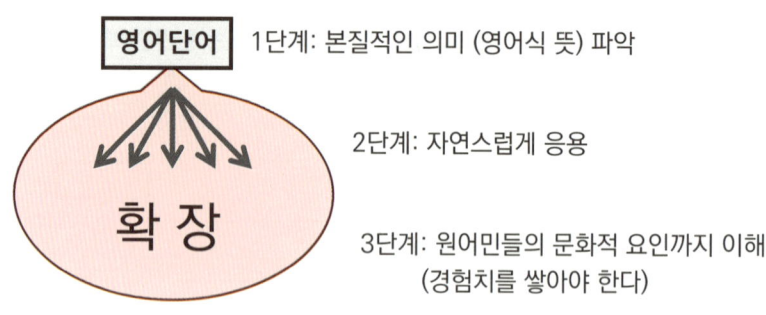

앞에서 다루었던 것들을 종합해서 아래와 같은 구문과 문장들을 만들어 낼 수 있다. ① 번과 ② 번에서 전치사 'on'이 있냐 없냐 의 차이로 인해 의미가 완전히 달라짐을 알 수 있었다.

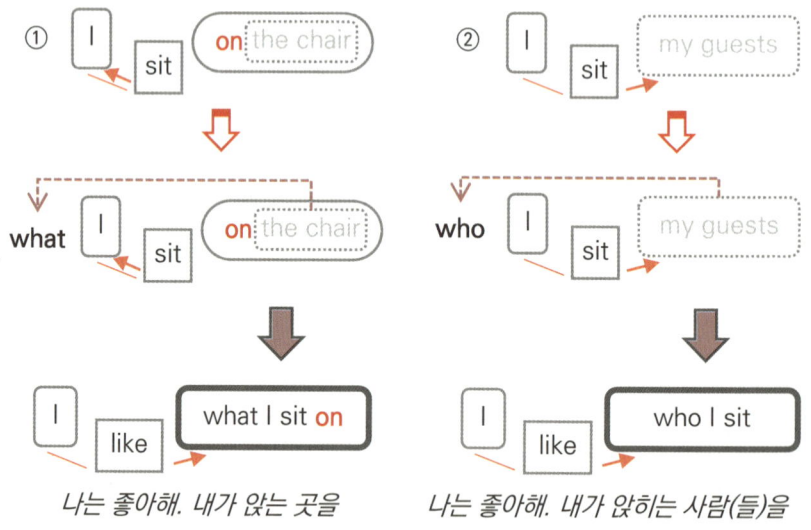

이렇듯 구문 뒤에 붙는 전치사의 존재에 따라 의미가 완전히 달라진다.

이번엔 형용사 덩어리로 만들어보자.

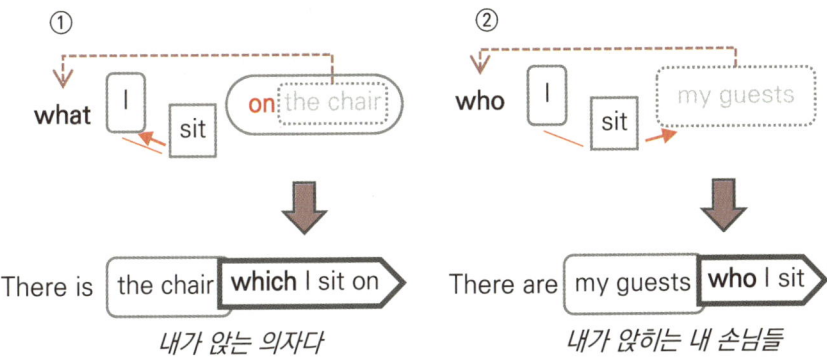

위에서 'what'이 왜 'which'로 바뀌었는지는 이미 알고 있을 것이다('what'은 앞에 있는 특정한 단어를 설명하지 못한다). 그리고 여기서 'which'와 'who'는 생략하는 게 더 자연스럽다는 것도 기억할 것이다.

그런데 이 경우 ('which'를 생략하지 않고 'on'과 'which'와 함께 이동시킬 수 있다. 그래서 이런 형태를 우리가 '관계부사 (on which)'라고 부르는 것이다(본 책에서는 이런 문법 용어들을 중요 시 하지는 않는다). 여기서는 원리만 간단히 설명을 한 것이다.

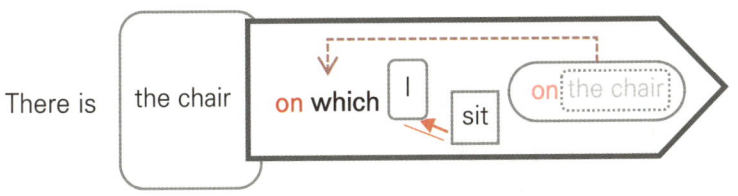

There is the chair <u>on which</u> I sit.   제가 앉는 특정한 의자가 있습니다

"The future belongs to those who believe in the beauty of their dreams."

–Eleanor Roosevelt

"The future belongs to those who believe in the beauty of their dreams"

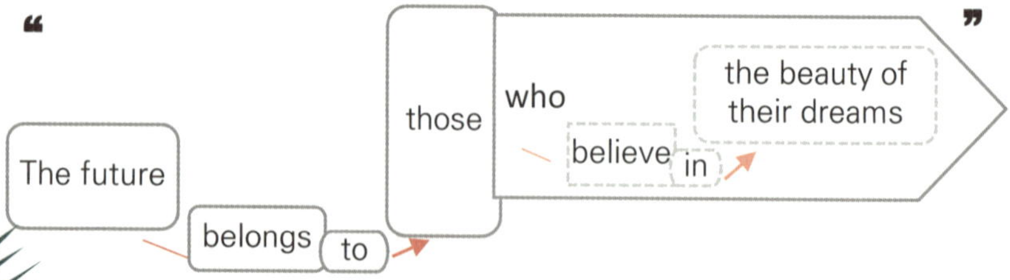

–Eleanor Roosevelt

Chapter 4. 영어에서 동사가 이렇게 쓰이는 건 몰랐을 걸?

4-1. 자리가 사람을 만들 듯이 자리가 동사를 만든다

많은 영어단어들은 명사, 동사, 형용사 등의 모양이 모두 다르다(명사형 어미, 동사형 어미 등 때문이다).

하지만 위와 같은 단어들은 외래에서 유입되어 영어가 된 단어들이다(본 책에서는 이러한 단어를 '외래영어'라 부르겠다). 아주 오래된 영어단어들(고대 영어나 앵글로 색슨족부터 사용한 영어)은 명사형 어미나 동사형 어미 등이 별도로 없다(이를 '순영어'라 부를 것이다).

영어 단어들은 그 품사(명사, 동사, 형용사 등)가 문장에서의 '자리'로 결정된다.

아래와 같이 똑같은 모양의 단어(work)일지라도 <u>자리에 따라</u> 명사가 되기도 하고 동사가 되기도 하는 것이다. <u>이것이 원래 **영어의 기본적인 원리**이다</u>.

새로 생성되는 단어는 모두 이 원리가 적용된다 (명사와 동사로 다 쓰인다).

| google | 구글 | 구글(서치) 하다 |
| blog | 블로그 | 블로그 하다 |

그런데 우리는 자주 쓰는 단어들(work, study 등)을 제외하고는 이 사실을 폭넓게 적용하지 못하고 있다. 이런 원리를 자유롭게 활용해야 영어를 한결 편하게 알아듣고 구사할 수 있게 된다(영어문장 구조도 더 친숙해진다).

우리는 'cup'이라는 단어를 명사로만 쓴다. 하지만 원어민들은 (우리의 생각에) 동사로 쓸 수 없을 것 같은 명사들도 자주 동사로 쓴다. 해석은 생각보다 어렵지 않다. 그 명사를 동사화 하면 된다. 'cup'을 동사로 쓰면 어떤 사물이든 ('손' 같은 경우도 포함) 컵처럼 사용할 때 쓰면 된다. 위와 같은 경우는 '손을 컵모양으로 만들어 물을 떴다'라는 의미이다. 우리말로 번역하면 어색할지라도 '컵했다' 정도로 표현해도 이해가 될 수 있을 것이다.

더 많이 사용되는 다른 예시를 보도록 하자. 예를 들어, 'table'이다. 원어민들은 'table'도 동사로 많이 쓴다. 테이블에 뭔가를 **올려놓는 행위**와 관련된 상황에 쓸 수 있다.

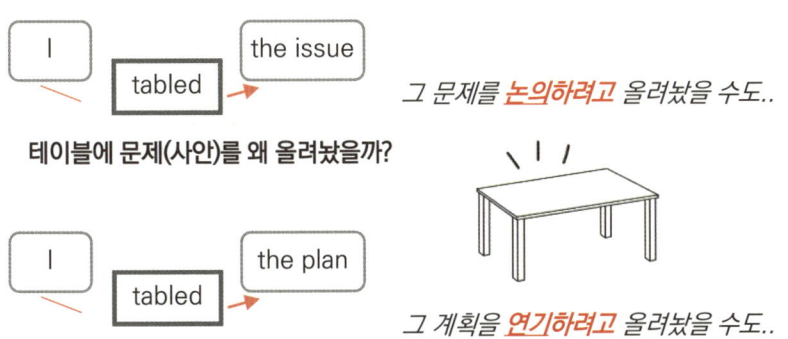

영어에서 table을 동사로 써서 '테이블에 올려 놨다'고 말할 때는 보통 두 가지이다.
1. 그것에 대해 논의하려고
2. 그것을 연기하려고

즉, 문맥과 상황에 따라서 의미를 골라 쓰면 된다. 우리말로 단순히 '테이블한다'고 받아들이며 문맥에 맞춰가야 한다.

스파이더맨은 닉 퓨리(마블 영화에서 '우두머리' 캐릭터)를 <u>고스트</u> 했다???

위의 문장은 무슨 의미일까? '유령' 혹은, '영혼', '귀신'이라는 의미를 가진 'ghost'를 동사로 썼다.

여기서 영어에서의 'ghost'와, 이를 단순히 해석한 우리말(유령, 귀신 등) 간에는 차이가 있다(사실 상 의미 차이). 원어민들이 사용하고 있는 의미로 받아들이도록 해야 한다. 우리말 '유령', '귀신'에는 '공포스러운' 이미지가 들어 있으나, 'ghost'에는 그런 의미보다는 '눈에 보이지 않는다'는 이미지가 강하다(공포스러운 귀신은 'specter'라는 다른 단어가 더 어울린다).

'ghost'를 '안 보이는 느낌'으로 생각하고, 아래와 같이 문장에 넣으면 되는데, 그 의미는 문맥에 따라 다양해질 수 있다(그래서 전후 사연 등을 모를 때는 문장 하나를 우리말로 바꾸기 힘들다).

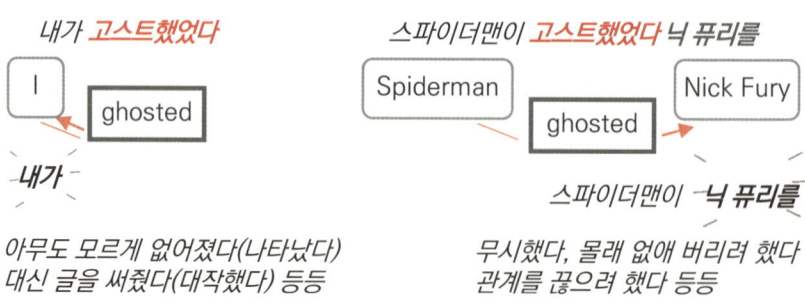

아무도 모르게 없어졌다(나타났다)
대신 글을 써줬다(대작했다) 등등

무시했다, 몰래 없애 버리려 했다
관계를 끊으려 했다 등등

이런 식으로 동사를 받아들이기 시작하면, 그 영어 단어 고유의 의미까지 제대로 파악할 수 있게 되고, 덤으로 영어문장 구조에도 더 친숙해진다.

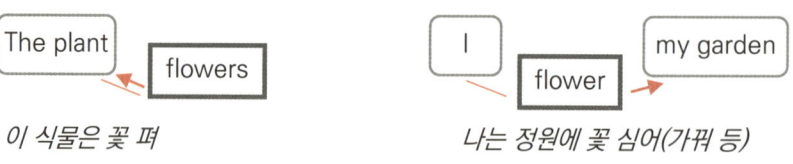

이 식물은 꽃 펴

나는 정원에 꽃 심어(가꿔 등)

때로는 명사가 아닌 단어들도 '동사화'하여 쓰기도 한다.

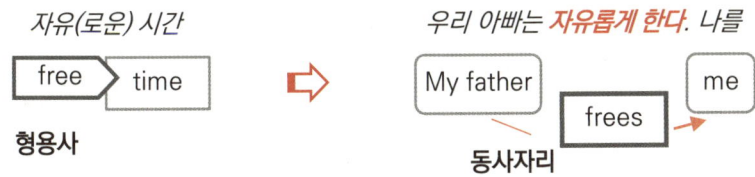

우리들이 주로 형용사로 사용하는 'free'도 실제로는 동사로 많이 쓰기도 한다. 심지어 아래와 같은 감탄사도 동사로 쓸 수 있다.

영어는 자리로 말을 만들어 가는 언어(우리나라 말은 단어에 조사나 어미를 붙여서 '문장에서의 역할'이 결정되지만 영어는 '순서'로 말을 만든다)라는 사실을 인지하면 어렵지 않게 동사를 만들어 낼 수 있다.

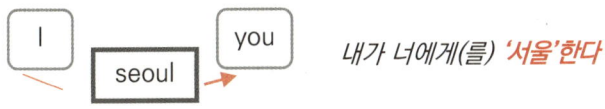

위와 같이 'Seoul'이라는 단어에 대해 일반적인 사람들이 공통적인 이미지를 그릴 수 있게 되면 자연스럽게 "I seoul you"라는 문장도 사용될 수도 있다(예를 들어, "서울에 가면, 편의 시설도 잘 되어 있고, 교통도 편리하고, 야식도 마음껏 먹을 수 있는 도시생활을 즐길 수 있어" 등).

따라서, 우리가 평상시에 명사로만 사용하는 단어들을 영어사전으로 찾아보면, "이런 것도 동사로 쓸 수 있네"라는 생각을 하게 될 것이다.

4-2. 뒤에 어떤 단어가 따라오는지 모른다면 사실 그 동사를 모르는 것이다

우리가 영어 단어(동사)를 외울 때 아래와 같이 우리말을 통해 외운다.

search   찾다   조사하다   검색하다   탐색하다   등등

이렇게 외우고 나서, 'search'가 무슨 뜻인지 안다고 생각한다. 특히, '찾다'와 같이, 가장 대표적인 뜻으로 받아들인다. 그렇다면 아래 문장의 뜻은 무엇일까?

나는 너의 집을 **찾는다** ??

참고로, 아파트에 사는 경우는 'your apartment', 단독 주택을 지칭할 때 'your house'라고 해야 하며, 타운하우스나 다세대 주택은 'your unit'이라 할 때도 있다. 이렇게 복잡하게 따지지 말고 그냥 '너의 집'이라 하고 싶을 때는 'your place'도 무난하다.

우선 '찾다'라는 말로는 'search'를 설명하기 부족하다(부분적으로는 틀렸다). 동사의 영향을 받는 대상(목적어)이 없을 때는 '찾는 행위'를 지칭하지만, 뒤에 following verb(목적어)가 따라올 때는 그 대상을 찾는 게 아니라 그 대상을 (꼼꼼히) 살펴보는 것이다(샅샅이 뒤지는 것).

search의 어원은 '어떤 주변을 돌아보다(원형 모양)' 이기 때문에 '자세히 살펴본다'의 의미가 된다.

나는 찾는 행위를 한다   나는 너의 집을 **뒤져본다**

다시 말해, 동사 'search'의 뜻을 제대로 완성하기 위해서는 그 뒤에 찾는 대상이 아니라 찾기 위해 살펴보아지는 대상(범위)이 따라와야 한다는 것이다.

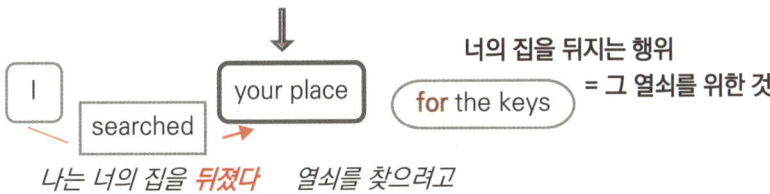

'찾아지는 대상'을 붙이고 싶다면 뒤에 'for'를 써서 넣어야 한다. 뒤져지는 대상을 쓰지 않고 바로 'for~' 구문을 쓰면 비로소 search가 '찾는다'는 의미로 쓰인다.

이렇게 동사의 뒤에 정확히 어떤 단어(혹은 종류)가 따라오는 지를 알아야 그 동사의 뜻이 명확해지는 것이다.

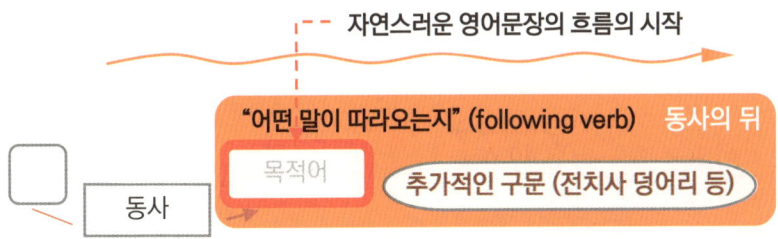

우리가 영어 문장을 쉽게 완성하려면 **동사 뒤에 어떤 말이 따라오는지를 명확히 알아야** 한다(그래야 전치사구도 쉽게 붙일 수 있다).

우리가 자주 실수하는 동사들의 예시를 조금 더 보자. 'explain'이라는 단어를 모른다고 생각하는 사람은 별로 없을 것이다. '설명한다'이다. 그렇다면 아래의 문장은 정확히 어떤 의미일까?

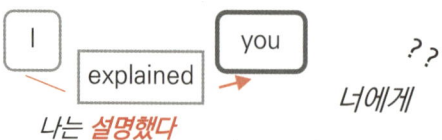

"내가 너에게 설명했잖아"라고 번역하는 사람이 많을 것이다. 틀렸다. "너를 설명했다"이다. 'explain'이라는 동사를 제대로 쓰려면 아래와 같은 문장구조를 만들어야 한다.

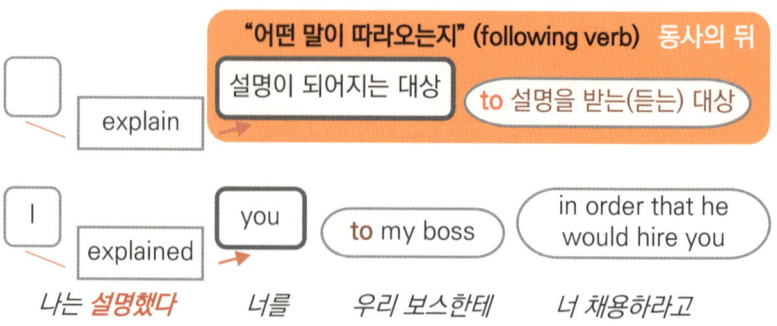

이렇게 되면, 문장을 자연스럽게 만들 수 있게 된다. 'explain'이라는 단어를 사용하여 "너에게 설명했다"라는 말을 만들고 싶으면 아래와 같이 하면 된다.

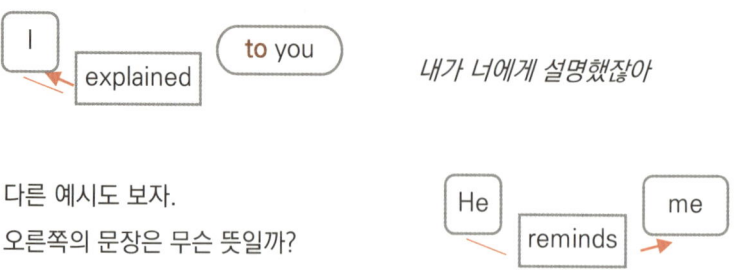

다른 예시도 보자.
오른쪽의 문장은 무슨 뜻일까?

Ch 4. 영어에서 동사가 이렇게 쓰이는 건 몰랐을 걸? | 047

'remind'는 '생각나다'라는 의미이니 "그는 나를 생각한다" 일까? 여기서도 약간의 주의가 필요하다. 심지어 'remind' 뒤에 따라오는 것은 '**생각나게 하는 대상**이다'라고 밑줄친 우리말을 써도 헷갈린다(우리말로 구분이 어렵다는 의미).

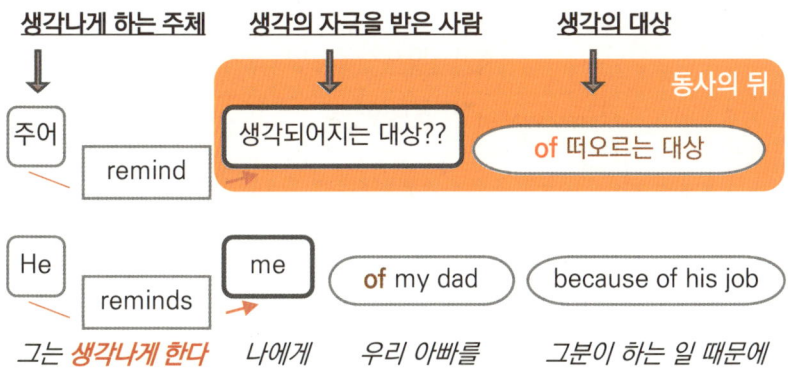

위에 예문을 '나를' 생각나게 했다는 우리말로 표현해도 내용이 애매하다는 의미이다. 아무튼 위에는 '내가', '아빠를' 생각나게 '그'가 만들었다는 뜻이다.

이번엔 조금 다른 각도의 이야기를 해볼까 한다. 우리가 흔히 쓰는 한국말 '나 시험 준비해'라는 말을 생각해 보자.

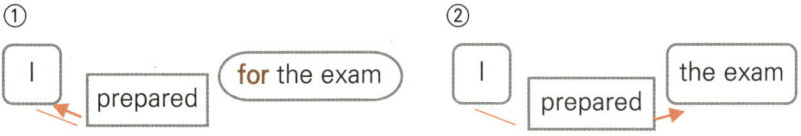

위의 두 표현 중 어느 것이 적당할까? 사실 우리말 "나는 시험 준비를 했다"라는 말은 위의 두 표현 모두 맞다. 하지만, 우리말의 저 표현은 두 가지 의미가 동시에 내포되어 있다. ①번은 '학생이 시험을 준비(공부)하는 말'이고, ②번은 '교사가 시험 자체(출제 등)를 준비하는 경우'에 쓰는 말이다.
영어는 이런 차이 등을 명쾌하게 분리해야 하는 경우가 많다.

4-3. 동사 뒤에 따라오는 단어로 인해 우리말 번역이 바뀌는 것

'leave'라는 단어를 생각해 보자. '떠나다'라는 우리말이 먼저 떠오를 것이다. 그리고 아래와 같이 다양한 뜻이 있다고 생각할 것이다.

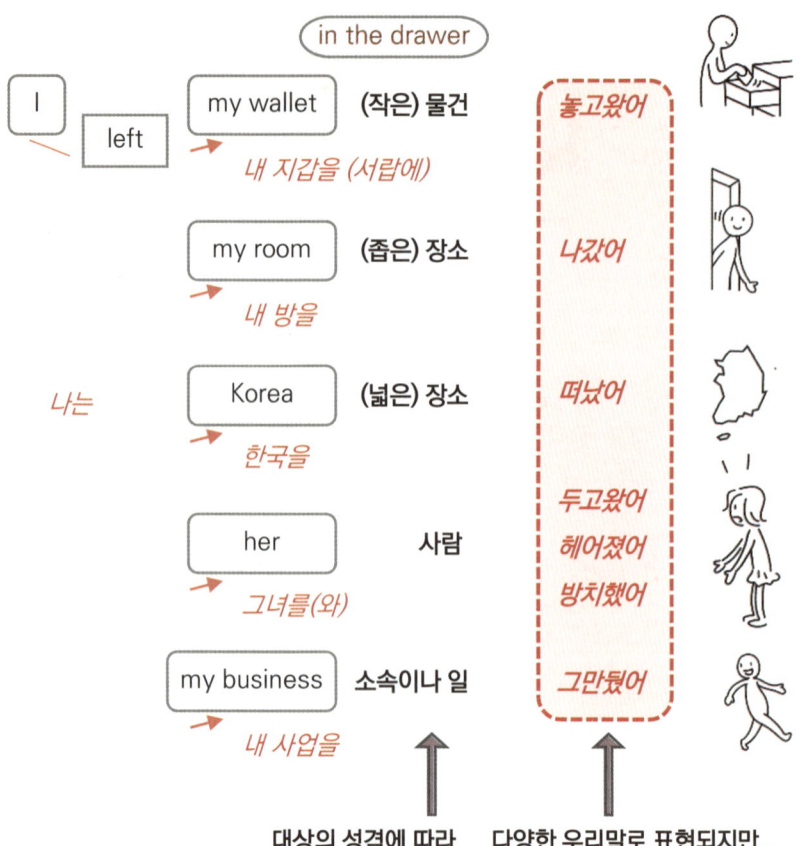

대상의 성격에 따라 다양한 우리말로 표현되지만..

결국 'leave' 뒤에는 '떠나면서 남겨지는 것'이 따라온다.

여기서 우리말과 영어의 차이점을 생각해야 한다. 우리말은 떠나는 대상(대상의 형태나 크기)에 따라 위와 같이 다양한 말로 표현하지만, 결국 영어로는 모두 'leave'라는 **한 단어**로 묶어진다.

즉, 'leave'는 우리말 '떠나다'의 개념이긴 하다. 아래 ① 번 문장의 경우('자동사'라 부르는)는 '주어의 행위' 자체를 말하는 것이기 때문이다.
그러나 ② 번 문장과 같은 경우는 결국 뒤에 따라오는 말은 **'떠나면서 남겨지는 것'**을 동사 뒤에 써주면 된다.

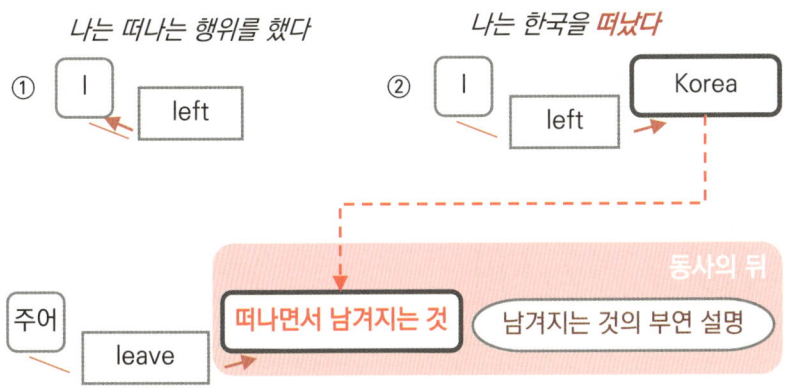

동사 뒤에 무엇이 따라오는지를 아는 것도 중요하지만 아래와 같이 이를 영어식으로 (우리말을 사용하지 않고) 받아들이기 시작하면 훨씬 단순해진다.

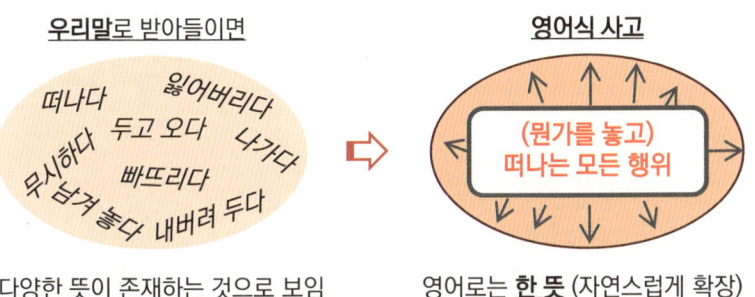

본 책을 통해 위와 같은 '영어식 사고'를 하는 법을 지속적으로 연습해 나갈 것이다. 이런 노력을 통해 더 많은 부분으로 이해가 확대되기 시작할 것이다.

4-4. 때로는 따라오는 말의 성격이 다양할 수도 있다

앞에서 보던 바와 같이 동사 뒤에 따라오는 말들의 역할은 정해져 있다. 'explain'과 'inform'은 엄연히 다른 단어이지만 어떤 '정보를 제공' 해 준다는 측면에서는 공통점이 존재한다.

어떤 사람(he)이 저스틴(Justin)에게 '어떤 차의 성능'에 대하여 이야기를 하고 있는 상황을 머릿속에 그려보자.

위의 상황을 'explain'과 'inform'을 사용해서 나타낼 수 있지만, 그 의미 차이로 인해 뒤에 따라오는 말(목적어)이 완전히 다르다.

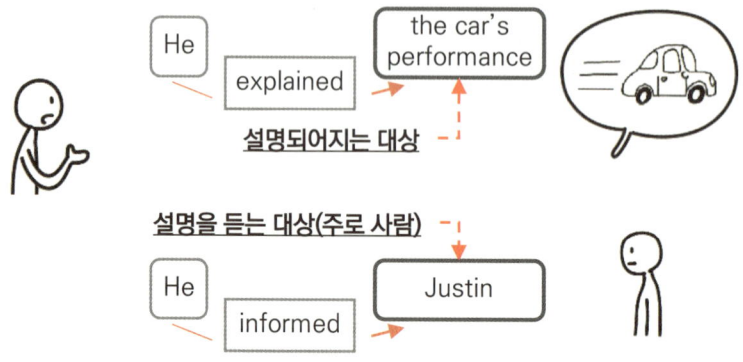

'explain'의 뒤에는 설명이 **되어지는** 대상(the car's performance)이 따라오며 'inform'은 그 정보를 받는 사람(Justin)이 따라온다. 그리고 문장에 추가적인 정보를 넣으려면 다음과 같이 '전치사 덩어리'를 넣으면 된다.

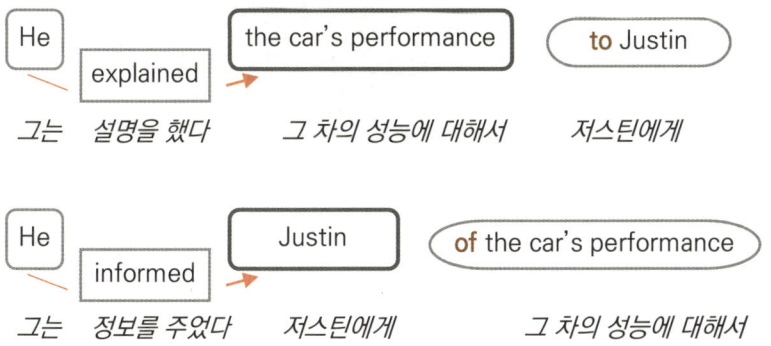

보통의 동사들은 위와 같이 (그 의미를 완성하기 위해) 따라올 수 있는 말들이 정해져 있다. 하지만 아래의 예시들은 조금 다르다. 아래는 모두 맞는 표현이다 (둘 다 가능하다는 의미).

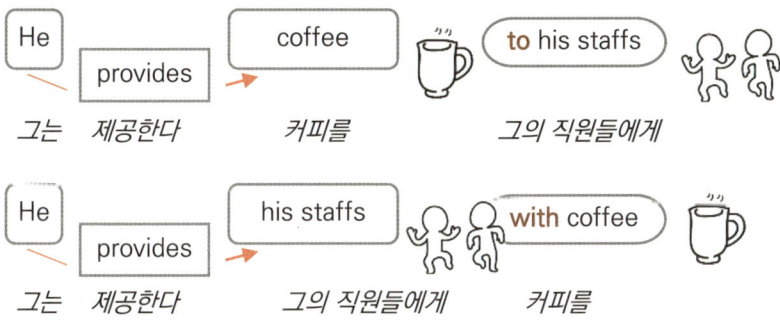

그렇다면 아래의 문장은 무슨 의미일까?

"I gave the dog."는 '개를 주었다' 일까? '개에게 주었다' 일까? 결론적으로 말하면 둘 다 맞다(문맥에 따라 알아서 받아들이면 된다). 그리고 알아 두어야 할 내용이 더 있다. 다음 chapter에서 살펴보자.

"You will face many defeats in life, but never let yourself be defeated."

–Maya Angelou

–Maya Angelou

Chapter 5. 동사 뒤에 두 박자가 따라오는 것들

5-1. 동사 뒤에 명사가 두 개 따라오는 특이한 경우

영어는 아래와 같이 명사를 나열하면서 문장을 만드는 구조이다. 명사를 순서대로 나열하면 주어(주로 명사) 뒤에 오는 명사는 동사로 인식이 된다.

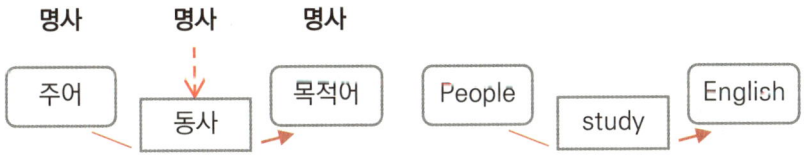

즉, 주어(명사)는 하나여야 하기 때문에 2개의 명사를 붙여 쓸 수 없다. 'and'를 넣어서 하나의 명사 덩어리(they)로 바꾸거나, 두 대상이 같다는 의미로 (A=B) 중간에 콤마(,)를 붙여야 한다.

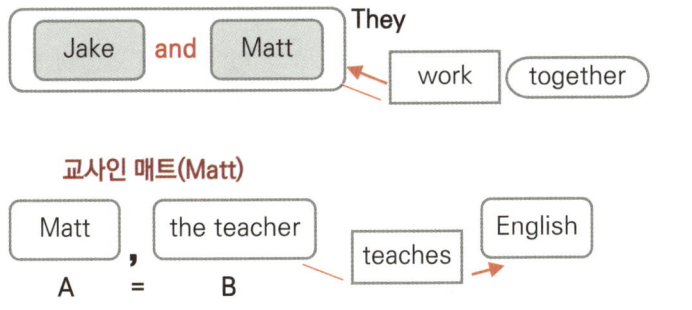

이런 이야기를 꺼낸 이유는 영어 문장에서 명사를 붙여 쓰는 것(명사 + 명사)은 특별한 경우라는 것이다. 이야기를 조금 더 확장해서 'give'라는 동사를 설명하겠다. 아래와 같이 두 경우 모두 사용할 수 있다.

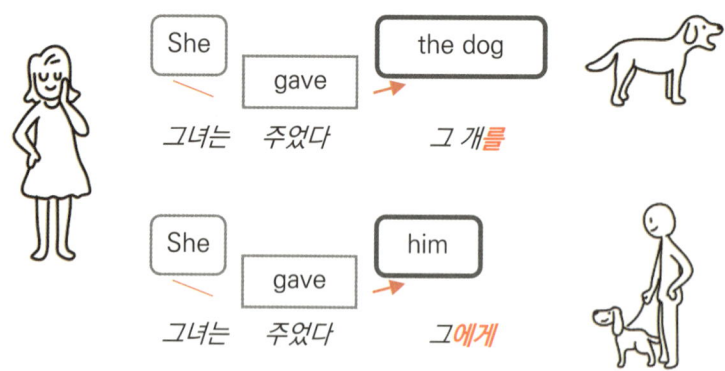

그런데 이와 같은 동사(give 등)가 특이한 이유는 아래와 같이 <u>두 개의 명사를 직접 붙여 쓸 수 있기</u> 때문이다.

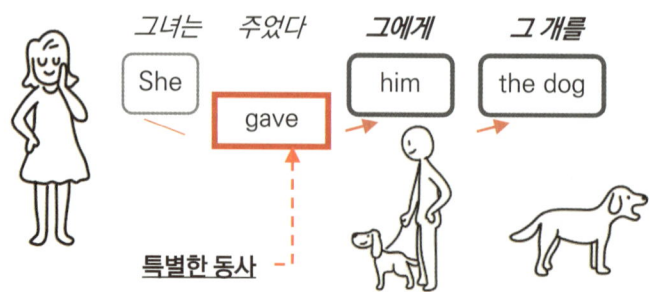

위와 같은 문장 구조는 아무 동사나 만들어 낼 수 없다. 'give'와 같이 특정한 동사들만 이렇게 만들어 낼 수 있기 때문에, 이러한 특별한 문장 구조를 가지는 동사들에 별도로 익숙해져야 영어를 자유롭게 구사할 수 있다는 뜻이 된다.
이렇게 문장 구조가 특별하게 사용되는 동사들은 따로 구분해서 살펴보자(그 수가 많지 않다. 걱정하지 말자).

5-2. 영어 단어(동사)를 바라보는 시각

영어와 우리말의 구성에는 약간의 공통점이 있다. 우리말은 우리 고유의 언어이지만 한자어가 섞이면서 발전했다. 즉 우리말을 '① 순우리말'과 '② 한자어'로 구분할 수 있다. 영어도 '순우리말'의 특징을 가진 단어(오래되고 단순한 단어)가 있고, 한자어와 같은 특징을 가진 단어(외래에서 유입되고, 어원이 존재하는 단어)가 있다. 본 책에서는 전자를 '순영어', 후자를 '외래영어'라 지칭하겠다(공식용어는 아니고 본 책에서 사용하는 용어이다).

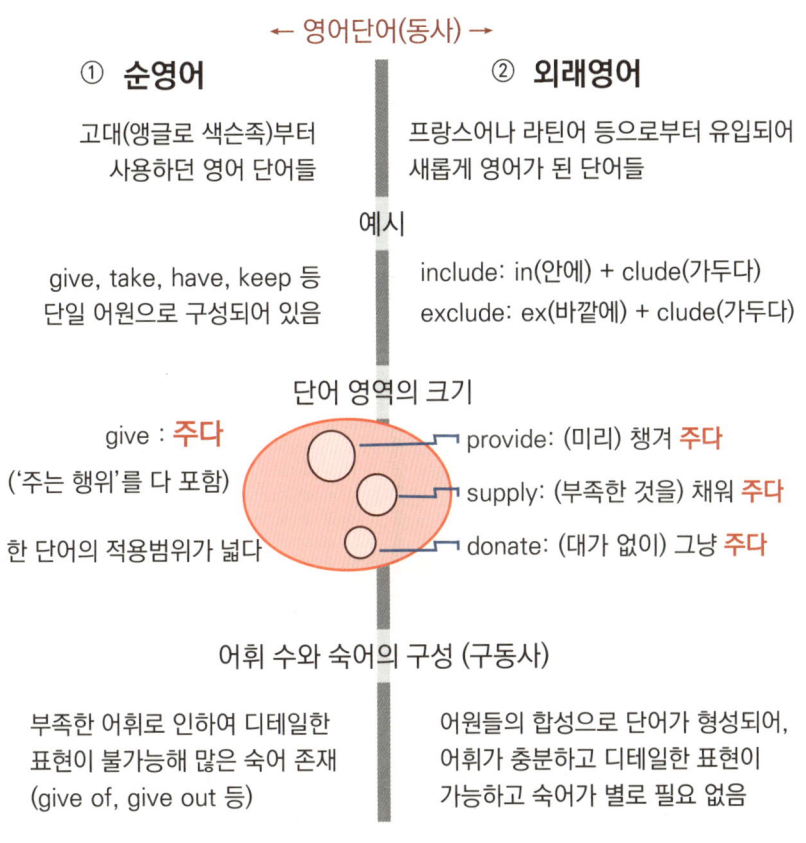

영어단어, 특히 동사들을 위와 같이 위와 같이 구분해야 하는 이유가 있다.

아래와 같이 동사의 성격에 따라 문장 구조가 달라지기 때문이다.

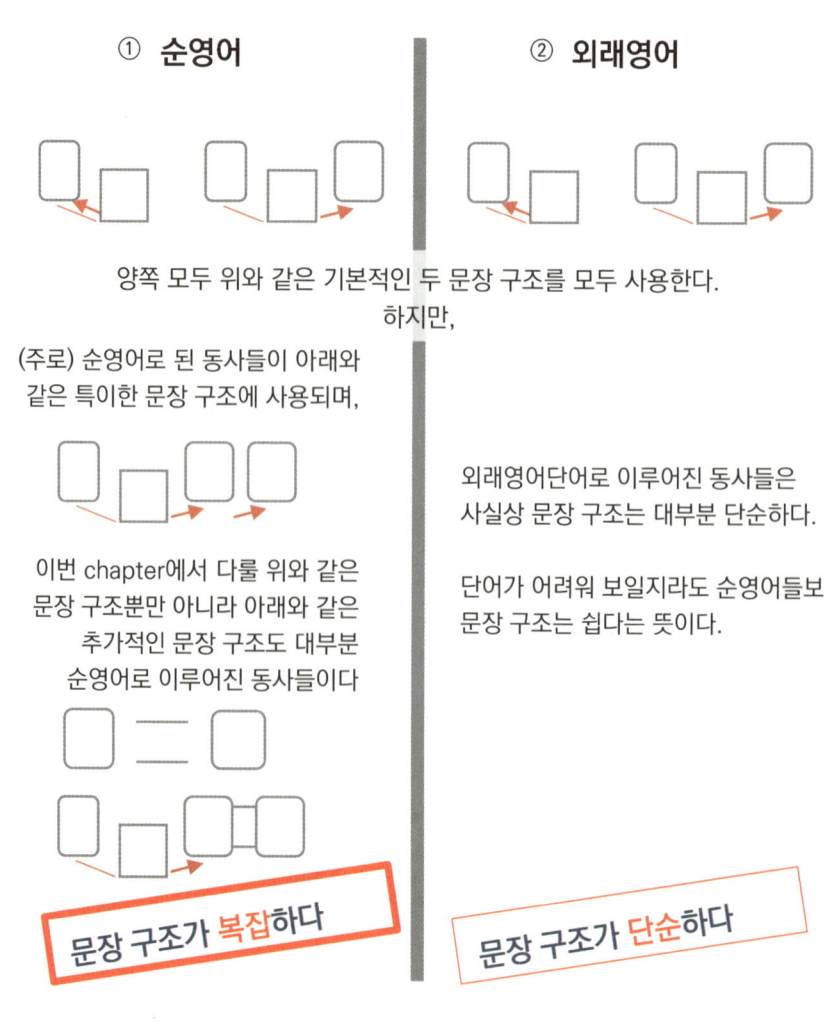

단어 자체는 '외래영어'들이 어려워 보여도, 사실 상 우리가 쉽다고 여기는 '순영어'로 이루어진 동사를 사용하면 문장 구조가 훨씬 복잡하기 때문에 더 신경을 많이 써야 한다.

5-3. 동사 뒤에 두 개의 명사가 따라올 때의 순서

'give' 뒤에 두 개의 명사가 따라올 때, 아무 명사나 먼저 쓸 수 있는 것이 아니다. 여기에는 순서가 있다. 게다가 이 순서에 따라 영어문장의 뉘앙스가 달라지니 알아두도록 하자.

보통 이런 종류의 동사들은 뭔가 '<u>전달</u>'<u>을 하는 의미</u>를 가진다. 그러면,

1.   전달을 받는 대상 (영향을 받는 대상)
2.   전달이 되어지는 대상

의 순서로 만들면 된다.

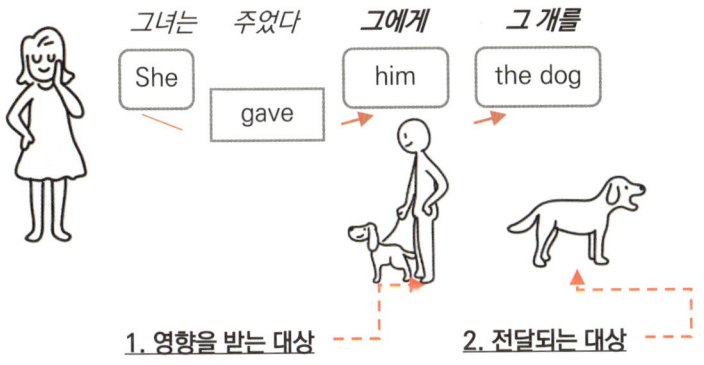

그런데 여기서 순서를 아래와 같이 바꿔 쓸 수도 있다.

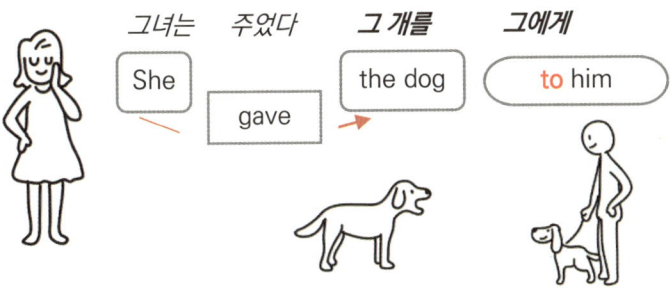

이런 경우 문장이 의미하는바(상황)는 변함이 없지만 문장의 뉘앙스가 약간 달라진다. 여기서 영어의 호흡(억양)을 이야기해보도록 한다. 영어는 우리말보다 문장에서 높낮이의 변화가 훨씬 크다. 간단히 얘기하면 <u>영어는 문장의 순서로 말을 만들어 가는 언어이기 때문에 기본적으로 **문장 구성 요소를 생략하기 힘들다**</u>. 따라서 중요한 말이든 중요치 않은 말이든 모두 문장 순서에 넣어야 한다. 이것이 영어에서 소리의 높낮이('강'과 '약')가 생기는 이유 중에 하나이다.

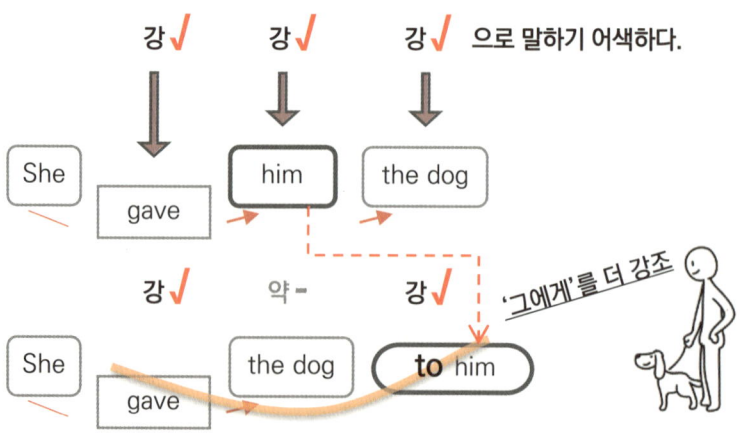

그래서 위와 같이 '그에게', 즉 '(to) him'을 더 강조해서 표현하고 싶다면(소리도 더 크게) 'him' 앞에 'to'를 붙이며 문장 뒤로 보내면 된다.

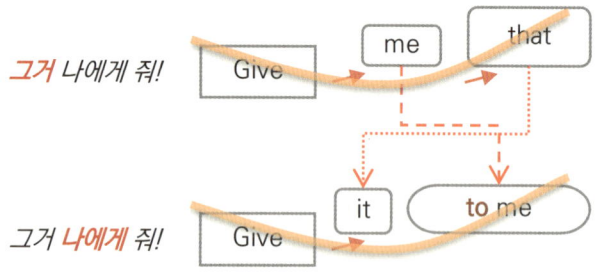

영어에서 'that'은 뭔가 더 구체적이고 강한 표현이다. 따라서 '약하게 소리 내는 자리(중간 자리)'에 들어가기에 어색하다. 이때는 'it'으로 바꾼다.

5-4. 어떤 동사들 뒤에 명사 두 개가 따라올까?

이제 'give'와 같이 동사 뒤에 두 개의 명사가 따라올 수 있는 동사들을 꺼내보자. 이런 동사들은 특별한 경우들이고, 그 수도 많지 않다. 하지만 정말 많이 사용되는 동사들이기 때문에, 하나하나 익숙해져 놓으면 한결 편하게 영어를 구사할 수 있게 된다.

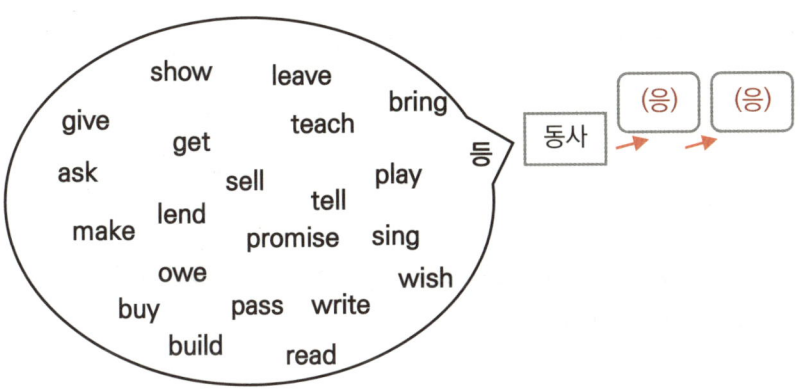

위에 제시된 단어들은 이런 동사들의 대표적인 경우이나. 이런 동사들이 엉이 문장에서 보이면 위와 같이 두 개의 명사가 따라올 수 있다는 느낌을 '응', '응'이라고 가볍게 표현하며 감각을 만들어보자 (반드시 소리 내어 읽고 지나가자).

Give me your hands. 손 줘
Get me something. 뭔가 줘
Make me a dinner. 저녁 차려줘
Buy me doughnuts. 도넛 사줘
Sell me your car. 차 팔아
Bring me Thanos. 타노스 데려와
Leave me some food. 음식 남겨줘

Ask me any help. 도움을 요청해
Tell me the truth. 사실을 말해 줘
Teach me that. 그거 가르쳐줘
Show me your mind. 마음을 보여줘
Read me the letter. 편지 읽어줘
Promise me that. 그거 약속해
Wish you a merry Christmas.
행복한 크리스마스를 너에게 바랄 게

5-5. 이런 감각을 만들어야 하는 이유?

앞에서 제시된 예문들은 간단한 문장들이다. 조금 더 복잡한 형태로 사용될 때도 있을 것이다. 이렇게 단순한 문장을 이용하여 감각(동사 + 응, 응)을 만들어 본 이유는 문장이 확대되어도 이 감각을 지속적으로 사용할 수 있게 만들기 위함이었다. 몇 가지 경우로 나누어서 살펴보자.

① **명사 덩어리가 (전달되는 대상에) 따라와도 이런 문장 구조를 가질 수 있다**

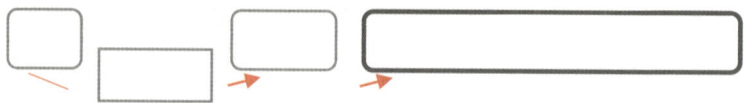

따라오는 명사가 한 단어가 아닌 <u>여러 단어가 모여서 만들어진 '명사 덩어리'</u>가 올 수도 있다. 이렇게 길어져도 문장 구조의 형태를 느껴야 한다.

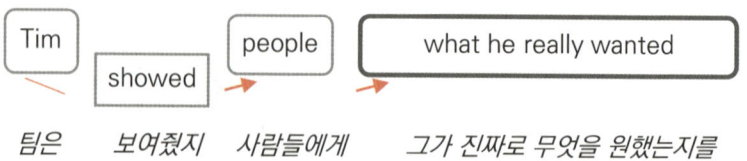

② **이어진 명사에 형용사 덩어리들이 붙을 수도 있다**

아래의 문장은 간단해 보인다.

그런데 위와 같은 간단한 문장을 복잡하게 바꿀 수도 있다.

명사 자체가 덩어리가 되어 길어질 수도 있지만 아래와 같이 그 명사를 설명하는 말(형용사)이 붙어서 길어지기도 한다.

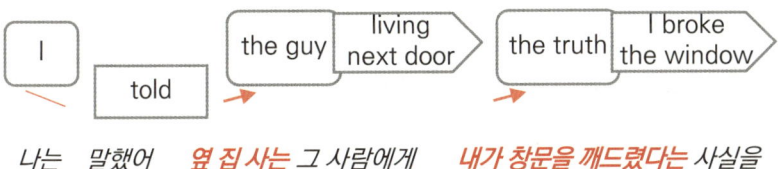

③ 명사 두 개 중 하나가 빠지며 문장 구조에 빈자리가 생길 수 있다

아래의 문장을 한번 보자. 우리가 계속 살펴보고 있는 문장 구조이다.

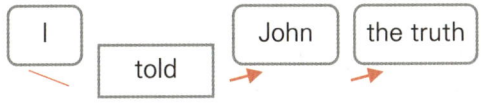

위와 같은 형태의 문장 구조에도 '빈자리'가 생길 수 있다.

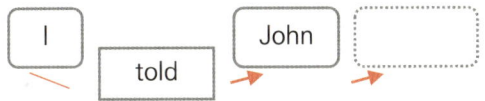

이런 특별한 구조를 가진 문장도 앞에서 다루던 방식과 똑같이 생각하면 된다. 빈자리가 무엇인지 '전혀' 모르니 'what'을 넣을 수 있고, 이 '빈자리가 있는 문장 구조'를 'what' 뒤에 붙이면 된다. 그러면 'what I told John'라는 구문이 완성된다.

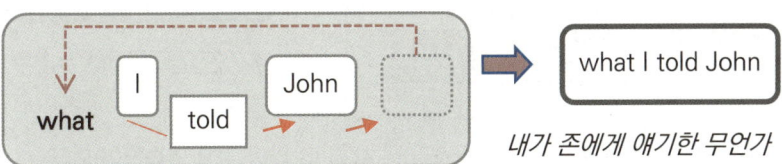

이런 구문(what I told John)을 소리 내어 읽고, 반복해서 '하나의 덩어리'처럼 느껴지면 자연스럽게 명사처럼 사용할 수 있게 될 것이다.

많은 사람들이 알고 있어. 내가 존에게 말한 그 무언가를

이런 구문은 처음에는 다소 어려울 수도 있다. 'I told Jhon' 자체가 완전한 문장처럼 보일 수 있기 때문이다. 그래서 'tell(told)'과 같은 동사들의 문장 구조를 충분히 연습해야 한다는 것이다.

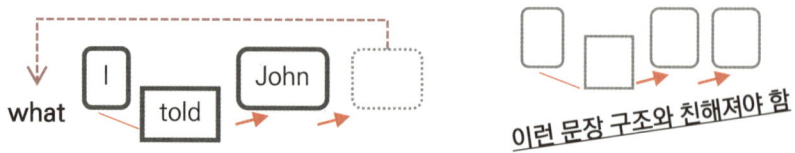

이런 문장 구조와 친해져야 함

이번엔 가운데 명사(전달되어지는 대상)가 빈자리가 되는 경우를 보자.

마찬가지로 'who'를 이용하여 구문을 만들 수 있다.

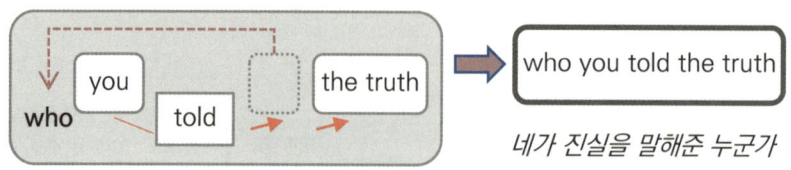

네가 진실을 말해준 누군가

이런 형태의 구문(문장 중간이 빈자리)은 특히 더 많이 읽고 연습해야 한다.

만들어진 구문(who you told the truth)은 자연스럽게 문장에 넣을 수 있다.

나는 만났었어. 네가 진실을 말해준 사람을

결국, 영어 문장 중간에 'what'이라는 단어가 나타나면 그 뒤에 나오는 문장에 어딘가 '반드시' 빈자리가 있음을 (미리) 암시하는 것이다. 만약 문장 구조에 익숙하지 않으면 어느 자리에 빈자리가 있는 구문인지 알아차리기 힘들다. 즉, 문장에 (의문문도 포함) 'what', 'which', 'who' 등의 단어가 오면 뒤에 (문장 구조에) '빈자리'가 있음을 본능적으로 느끼는 게 중요하다. 아래의 예문들에는 직접적으로 '(빈자리)'를 표시하였다. 조금 더 연습해 보자.

I know **what** it is (빈자리).
　　　　　　　　　　　　　　　나는 안다. 이게 무엇인지

I hired **who** you told me (빈자리).
　　　　　　　　　　　　나는 고용했다. 네가 나에게 말한 그 사람을

You provided **what** we needed (빈자리) at the meeting.
　　　　　　　　　　　너는 제공했다. 그 미팅에서 우리가 필요했던 것을

I love the teacher **who(m)** everyone admires (빈자리).
　　　　　　　　　나는 그 선생님을 너무 좋아한다. 모두가 소중하게 여겨드리는

(나중에는 who 등을 생략해도 빈자리가 느껴져야 함)

I love the teacher (who) everyone admires (빈자리).

Can you send me the email **which** you wrote (빈자리) last night?
네가 어젯밤에 쓴 그 이메일 나에게 보내줄 수 있어?

(which 등을 생략하거나 'that'으로 바꿀 수 있어야 함)
Can you send me the email you wrote (빈자리) last night?
Can you send me the email **that** you wrote (빈자리) last night?

Happiness doesn't depend on **what** you have (빈자리).
행복은 네가 소유한 것과 별개이다(관련이 없다)

Prof. Yi makes things **which** we dream of (빈자리).
이교수는 우리가 꿈꾸는 것과 관련된 것들을 만들어 낸다

(뒤에서 'of'를 'which' 앞으로 보내는 것에 대하여 다시 설명이 될 것이다)
Prof. Yi makes things **of which** we dream (빈자리).
Prof. Yi makes things we dream of (빈자리).
Prof. Yi makes things **that** we dream of (빈자리).

I hate cockroaches **which** most people are afraid of (빈자리).
나는 대부분의 사람들이 두려워하는 바퀴벌레를 싫어한다

I hate cockroaches **of which** most people are afraid (빈자리).

I hate cockroaches most people are afraid of (빈자리).

I hate cockroaches **that** most people are afraid of (빈자리).

"She warned him not to be deceived by appearances, for beauty is found within"

−Beauty and the Beast

−Beauty and the Beast

2부

BE동사와 BE동사가 숨어있는 구조
: 너와나의 연결고리

Chapter 6. BE동사와 그의 친구들

6-1. BE동사는 무슨 뜻을 가지고 있을까?

상황에 따라 다르겠지만 영어문장 30~40%는 BE동사를 사용하여 표현한다고 한다. BE동사는 그만큼 중요하다. 그렇다면 BE동사는 무슨 뜻일까? 시원하게 결론부터 얘기하면 '아무런 뜻도 없다'이다.
아래와 같은 '역할'만 존재할 뿐이다. 일반동사(DO)와 비교하면 된다.

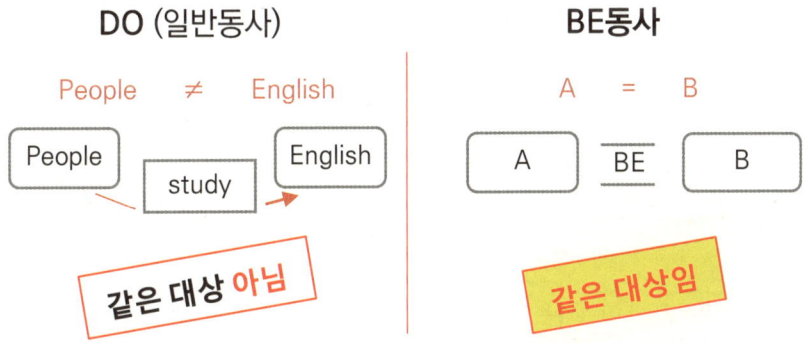

일반동사(DO)를 사용한 문장은 주어와 목적어가 같은 대상이 아니다. 반면에 BE동사는 동사 뒤에 나오는 following verb가 주어와 같은 대상이다. 그래서 주어를 설명하거나 주어의 상태를 나타내는 역할을 하는 것이다.

이제 BE동사를 받아들일 때 굳이 우리말 "나는 한국사람이다(어차피 영어에는 '어미'가 없다)"라는 표현보다는 "나 = 한국사람"의 느낌으로 받아들이도록 하자.

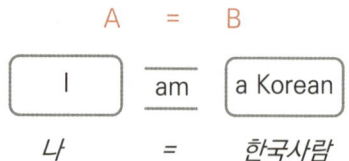

그러면 여기서 BE동사는 왜 '줄임말'을 많이 쓰는지 한 번쯤은 생각해 보고 지나갈 필요가 있다.

생각보다 결론은 간단하다. 의미를 전달하는 데 **중요하진 않기 때문**이다(그렇다 하더라도 **생략할 수는 없다**). 그래서 소리를 낼 때도 작게 대충 발음하고 지나간다.

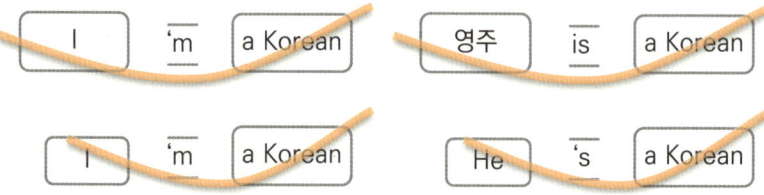

'소리의 크기'를 얘기한 김에 'he'와 같은 대명사('I'와 'you'는 완전한 대명사로 보기에는 좀 어렵다. 바꿀 수 있는 말이 없지 않은가?)의 중요도(소리의 크기)를 언급하면, 같은 말을 반복하기 싫을 때(생략할 수는 없으니) 대명사를 쓰기 때문에 일반적으로는 작게 소리 낸다.

6-2. BE동사 뒤에 형용사가 오는 이유

BE동사의 문장 구조에는 특별한 점이 하나 더 있다. 우선 '형용사'의 역할을 먼저 언급하면 형용사는 명사를 (부연) 설명하거나 상태를 나타내는 역할을 한다. 따라서 BE동사 뒤에 (일반동사와는 달리) 형용사를 쓸 수 있다.

이러한 사실(BE동사 뒤에 형용사를 쓸 수 있다는 것)을 제대로 인식하면 앞으로 큰 도움을 받는다. BE동사 뒤에 **다양한 종류의 말들**이 따라온다는 것을 알고 자유롭게 구사할 수 있게 된다(우리말로 직접 해석하지 않더라도).

6-3. BE동사의 성격을 가진 일반동사들

BE동사의 뜻과 역할을 이해했으면, 일반동사들 중에서 BE동사의 역할을 **흉내 내는** 동사들도 알아야 한다. 예를 들어, 'become'이라는 단어를 보자. 이런 동사들은 ①일반동사(DO)처럼 사용하기도 하고, ②BE동사의 성격을 가지며 사용될 때도 있다. 각각의 경우는 서로 의미하는 바가 다르다. 따라서 BE동사의 역할인 'A=B(같은 대상)'가 성립되느냐 되지 않느냐 로 구분하여 문장을 받아들여야 한다.

이렇게 BE동사처럼 사용될 수 있는 DO동사들은 그리 많지 않다. 하지만 'A=B'로 인식을 못하면, 의미 파악을 제대로 하지 못하게 되니 조금 더 짚고 넘어가자.

'A = B'로 사용할 수 있는 동사들의 예시이다. 모두 우리가 쉽게 생각하고 있는 기본 단어들이다(그리고 모두 '순영어'들이다).

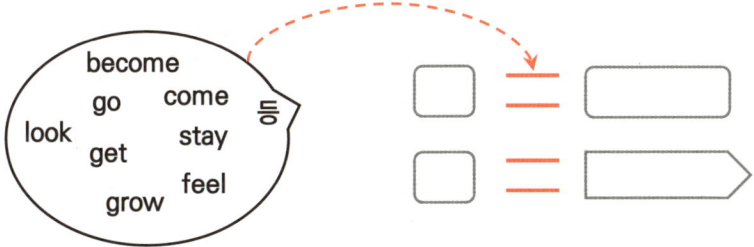

몇몇 동사들에 적응만 하면 된다. 이런 동사들을 따라오는 말(following verb)들은 아무래도 '명사'보다는 주로 '형용사'를 더 많이 쓴다.

BE동사와 같이 동사 뒤에 '~ing'와 p.p. 도 많이 쓰인다. A=B의 원리 때문에 가능한 것이다.

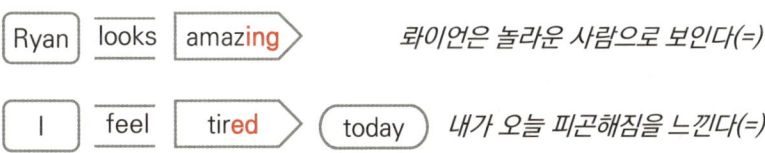

'look', 'feel' 등은 비교적 많이 쓰지만, 'go', 'come'과 같은 단어들에 아직 익숙하지 못한 경우가 많다(A=B의 형태로도 쓰인다).

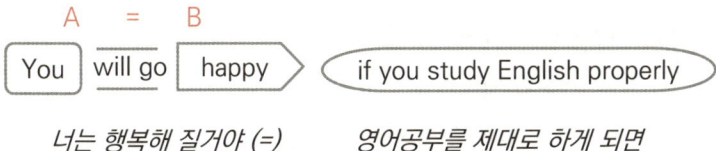

물론 동사 'go'와 같은 경우는 아래와 같은 구조로 많이 사용하긴 한다.

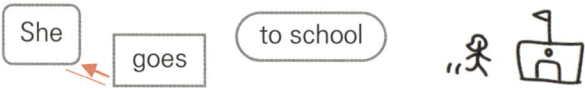

하지만, 'go'와 'come' 같은 단어도 아래와 같은 문장 구조로 사용된다는 것도 알아야 한다('타동사'로 쓰기도 한다. 예를 들어, 'go + **가는 거리**').

BE동사와 비슷하게 사용되지만, 아래와 같이 약간의 어감 차이가 존재할 것이다('Go happy'에 약간의 역동적인 느낌이 있다).

Be	happy >		Go	happy >
행복해라~			행복해(져~~~)라	

> 과거에 OO항공사에서 카피 문구로 'Go Korean'을 사용한 적이 있었다.
>
> | Go | Korean | 한국으로 가라(X) | → | "Go to Korea" |
>
> 'A=B'이기 때문에 "한국화가 되어라(느껴라)"를 역동적으로 표현한 말이다. (Korean에 관사(a)가 없기 때문에 '한국인이 되어라'는 아니다)
> 이렇게 설명하면 "Go Korean에 깊은 의미가 있었구나"라고 생각할 수 있으나 사실 '간단한 내용'을 어렵게 오해하고 있었던 것이다. 정확한 영어를 구사하는 습관을 계속 만들어 보자.

동사 'stay'는 '자동사', '타동사'의 문장 구조로 사용하는 것을 앞서 다루었다.

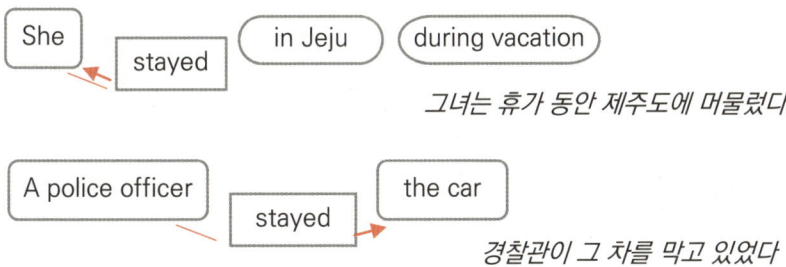

그녀는 휴가 동안 제주도에 머물렀다

경찰관이 그 차를 막고 있었다

또한, 'stay'는 'A=B'의 문장형태로도 많이 쓰인다.

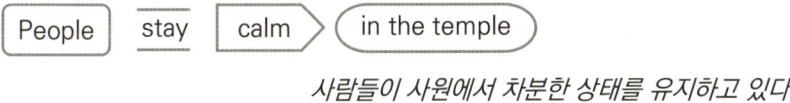

사람들이 사원에서 차분한 상태를 유지하고 있다

'stay'의 의미상(어떤 행동을 지속적으로 유지하고 있을 때) 뒤에 '~ing' 형태로 많이 쓰인다.

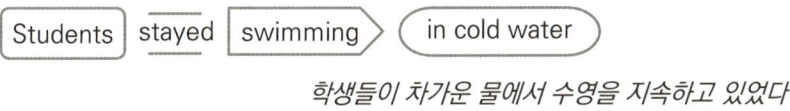

학생들이 차가운 물에서 수영을 지속하고 있었다

'stay'는 (뒤에서 다루게 될) 아래와 같이 복잡한 문장형태로도 많이 쓴다. 즉, 다양한 문장 구조에 사용된다는 것이고, 또한 우리가 기본 동사들('순영어')을 쉽게 여기지 말아야 한다는 의미이기도 하다.

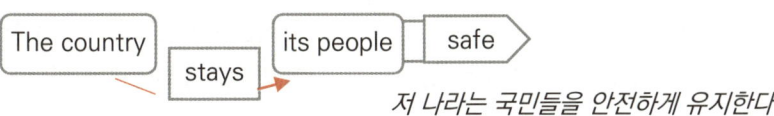

저 나라는 국민들을 안전하게 유지한다

6-4. BE동사의 문장 구조의 빈자리

아래와 같은 전형적인 BE동사의 문장 구조도 어딘가 빈자리가 생길 수 있다.

위 문장의 빈자리는 '사람'에 해당되는 자리이기 때문에 'who'를 넣을 수 있다.

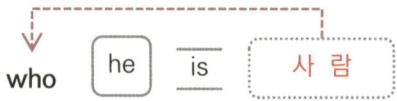

이렇게 만들어진 'who he is(그가 누구인지)'라는 구문은 문장에 하나의 명사(덩어리)처럼 넣을 수 있다.

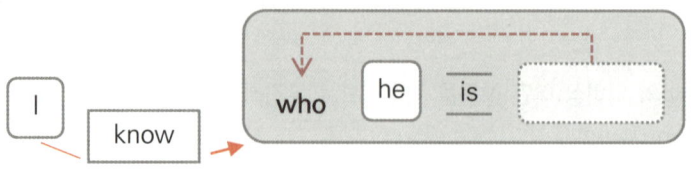

'I know him'과는 느낌이 다른 문장이다.

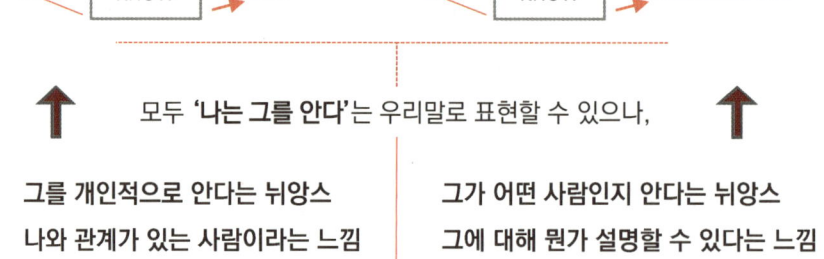

모두 **'나는 그를 안다'**는 우리말로 표현할 수 있으나,

그를 개인적으로 안다는 뉘앙스
나와 관계가 있는 사람이라는 느낌

그가 어떤 사람인지 안다는 뉘앙스
그에 대해 뭔가 설명할 수 있다는 느낌

이런 종류의 구문은 실제로 많이 쓰는 형태이니 아래의 모든 문장과 익숙해지도록 만들자(소리 내어 읽으면 된다).

I know who I am.
I know who he is.
I know who she is

I know who they are.
I know who we are.
I know who Steve is

'what'을 이용한 구문도 함께 익숙해져야 한다. 모두 많이 쓰이는 문장이니 조금 더 정확히 이해하고 넘어가자(**반드시 소리 내어 읽어야 한다**).

I know what this is.
　단순히 'this'는 '이것', 'that'은 '저것'으로 알고 있지만, 'this'는 '내 손안에', '내가 가져온 것', '나와 같은 쪽'을 지칭한다고 생각하면 더 정확하다.

I know what that is.
　'this'를 제외한 나머지는 'that'을 쓰면 되는데, 뭔가 강하게 지칭하는 느낌을 주고자 할 때 쓰면 된다.

I know what it is.
　지시대명사를 굳이 강하게 표현할 필요가 없거나 'this'나 'that'을 구분하지 않고 공통적으로 쓸 수 있다고 생각하면 된다.

I know what they are.
　흔히 'they'를 '사람들'에만 국한되어 사용하는데, 사물도 여러 개이면 자연스럽게 'they'가 튀어나와야 한다.

6-5. how도 결국 문장 구조의 빈자리

BE동사는 아래와 같이 명사도 올 수 있고, 형용사도 올 수 있었다.

'what'이나 'who'는 문장 구조에서 '명사' 자리가 비어 있음을 나타내는 말이다. 하지만 문장 구조에서 형용사에 빈자리가 생기는 경우, 다른 단어를 꺼내야 한다.

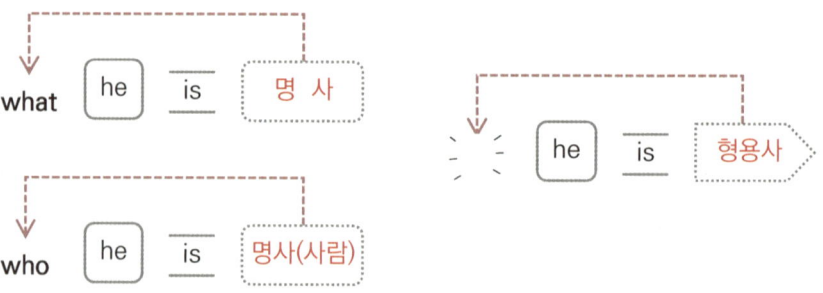

'how'는 BE동사 뒤 '형용사' 자리가 비었음을 의미한다. 물론 BE동사뿐만 아니라 'look'과 같은 동사와도 함께 쓸 수 있다.

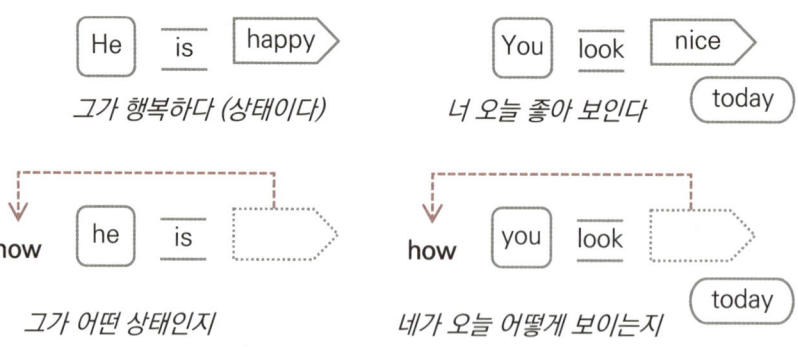

앞에서 만들어진 'how 구문'도 하나의 명사 덩어리로 인식하고 문장에 넣으면 된다.

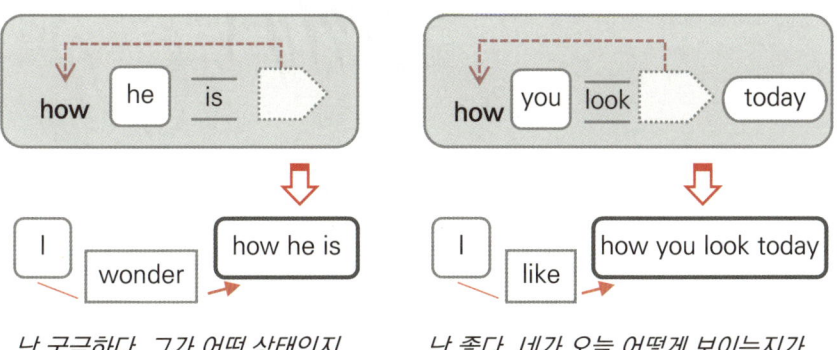

난 궁금하다. 그가 어떤 상태인지   난 좋다. 네가 오늘 어떻게 보이는지가

'how'는 우리말 '어떤(상태)'에 해당되는 '형용사'뿐만 아니라 '어떻게', '얼마나' 등에 해당되는 '부사'의 빈자리도 대신한다.

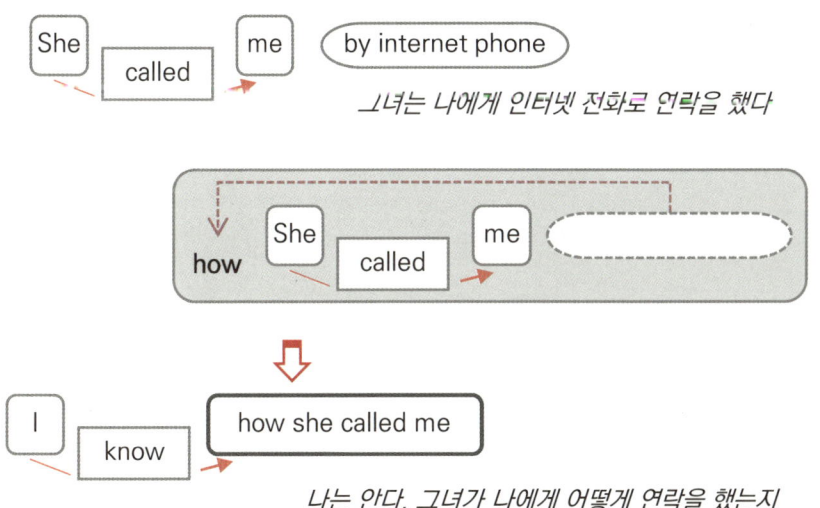

나는 안다. 그녀가 나에게 어떻게 연락을 했는지

'where', 'when', 'why' 등은 나중에 정리해보도록 하자.

"The way to get started is to quit talking and begin doing."

– Walt Disney

– Walt Disney

Chapter 7. BE동사 뒤에 따라오는 '~ing'와 p.p.

7-1. 현재시제에 대한 오해 (현재시제는 만능이라 생각하자)

영어를 우리말로 받아들이다 보면, 그 의미에 오해가 생기는 경우가 많다. 대표적인 것 중 하나가 <u>시제에 대한 개념</u>이다. 그중에서도 가장 많이 사용되는 '현재시제'에 대하여 정확히 이해하고 넘어가는 것이 중요하다. 아래의 한국어의 의미를 (정확하게) 생각해보자. 우선 영어가 아닌 우리말만 생각해보자.

"나는 달린다"

위의 우리말은 아래의 두 가지 상황 모두에 적용된다.

① 지금 현재 달리고 있는 순간 ② 나는 '달리는 사람'이라는 의미

"나는 달린다"에 영어 표현인 "I run"도 위와 같은 두 상황을 모두 설명할 수 있긴 하다. 하지만, 우선적으로 ① 번 보다는 ② 번의 느낌으로 받아들이는 것이 좋다.

영어에서의 '현재시제'는 '지금 이 순간(right now)'의 모습만을 나타내는 것이 아니라 '<u>끝나지 않은 모든 일</u>'로 확대해야 한다. 이는 영어에서 무척 중요한 개념이다. 사실 '현재시제'라는 용어 때문에 오히려 헷갈리는 것이다. <u>그냥 현재시제는 '안 끝난 것'</u>을 모두 지칭하는 말이라 생각하면 된다.

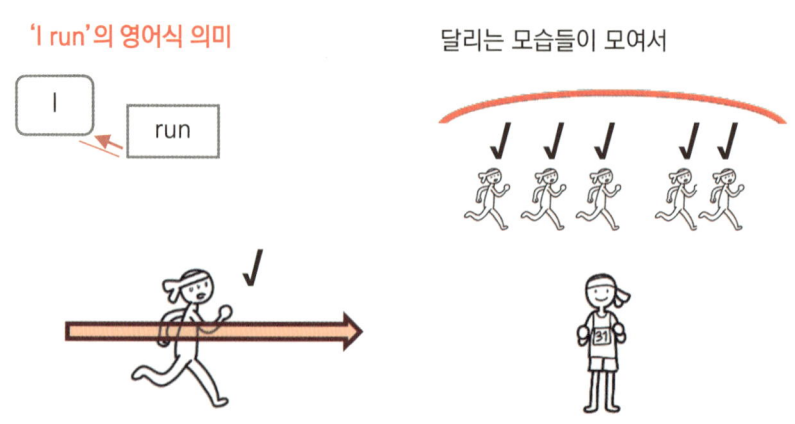

지금 현재 달리고 있는 모습이 아니라
(I'm running.)

"달리는 것이 나의 일상이다"라는 의미로

문맥에 따라, '나는 자주 달린다'
'취미가 달리기이다'
혹은, '(직업적으로) 나는 달리기 선수이다'

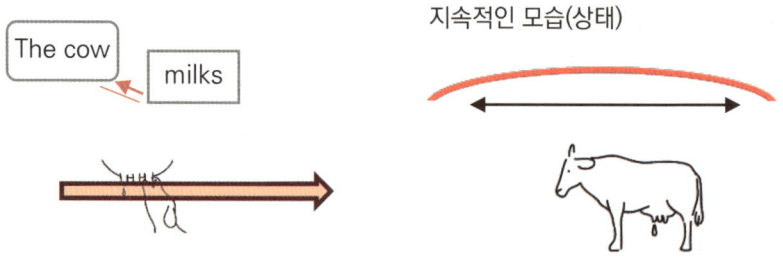

지금 저 젖소는 수유를 한다는 의미가 아니라
(The cow is milking.)

"우유가 나오는 소"라는 의미

문맥에 따라, '저 소는 젖소야'
혹은, '(새끼에게) 젖을 맥일 수 있는 소이다'

심지어 언제 발생할지 모르거나, 아직 발생하지도 않은 미래를 나타낼 때도 현재시제를 쓰기도 한다. 모두 '**끝나지 않은 일**'이기 때문이다.

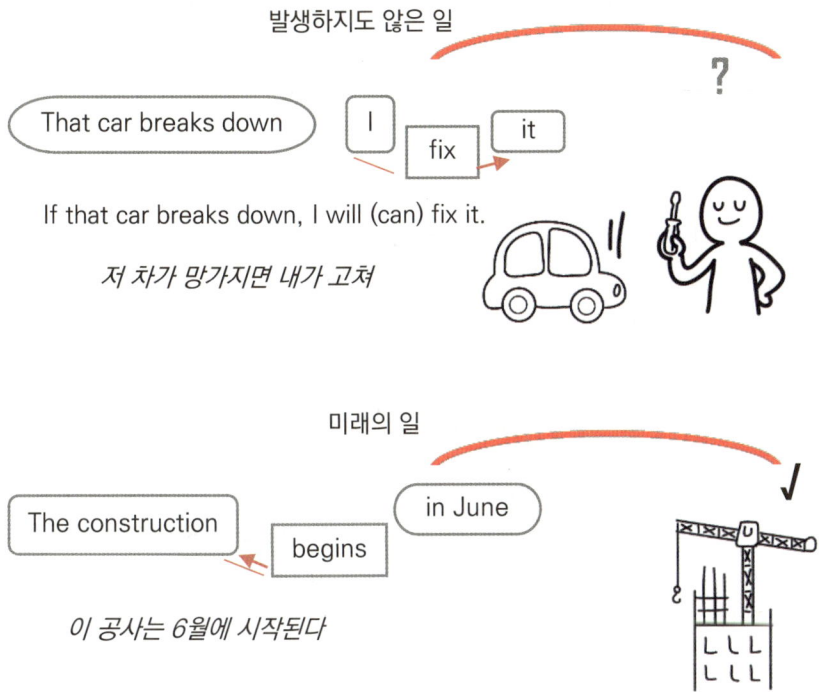

우리는 미래를 표현할 때 대부분 will을 사용하지만, 특별히 '의지(will)'를 반영하고 싶거나 예정된 느낌(be going to~)을 넣고 싶지 않다면 그냥 현재시제로 표현해도 아무 문제없다(사실 상 영어에는 미래 시제가 없다). 즉, 현재 시제는 ①번이 아닌 ②번의 이미지와 같이 포괄적으로 생각하면 된다.

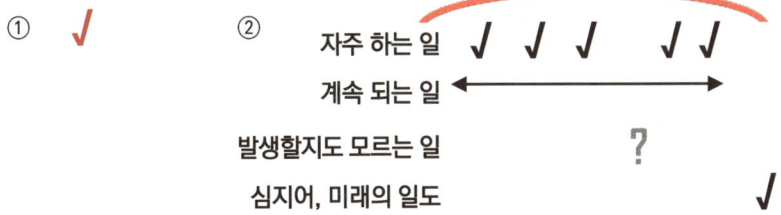

이런 식으로 '현재시제'의 (지금 이 순간을 나타내는 말이 아닌) 영어식 의미로 '끝나지 않은 모든 일'에 적용하면, 뒤에서 다룰 가정법이나 수동태 등을 아주 간단히 이해할 수 있다(본 책에서는 문법 용어를 잘 쓰지 않는다).
예를 들어, 아래와 같은 문법적 설명도 자연스럽게 이해가 된다.

현재진행형(be ~ing)으로 쓸 수 없는 동사들

appreciate (감사하다)   cost (비용이 들다)
believe (믿다)   equal (같다)
mind (꺼리다)   need (필요하다)
remember (기억하다)   seem (~로 여겨지다)
respect (존중하다)   weight (무게가 나간다)

이 외에 수 십(백) 개의 동사

이걸 다 외우라고?

위의 동사들은 외우는 게 아니다. '현재시제'의 개념을 이해하면 당연시된다. 예를 들어, 소위 우리가 말하는 '현재 진행형' 시제를 아래의 ①번 그림과 같이 사진을 찍을 수 있는 순간으로 생각해보자.

② 번과 같이 긴(⌒) 상황은 한 장면으로 묘사할 수가 없다(순간의 그림으로 묘사할 수 없다는 뜻).

반면에 ①번과 같이 사진을 찍듯이 표현할 수 있다는 것은 순간적인 (dynamic) 변화가 가능하다는 뜻이다.

하지만 앞 페이지의 (붉은색) 박스 안에 소개된 동사들은 **감정**을 나타내거나, 지속적인 **상태**를 표현하는 동사들이기 때문에 '순간의 모습'을 표현하기 어색하다. 즉 아래와 같이 순간적인 변화가 불가능하다는 의미이다. 쉽게 말하면 '좋아하는 마음'은 순간순간 변하지 않는다는 뜻이다.

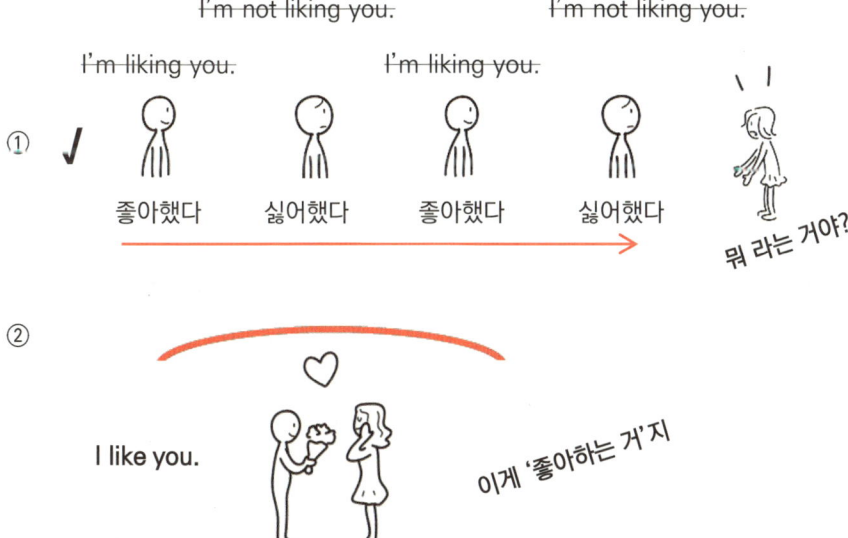

'현재시제'를 정확히 이해했다면 'like'와 같은 동사는 당연히 ②번의 상황으로만 표현할 수 있다는 것을 자연스럽게 알게 된다. 이 ('현재시제'라는 용어가 어울리지 않는) '현재시제'의 개념을 정확히 이해하고 있어야 한다.

7-2. '~ing'와 p.p. 의 비교

이제까지 다루었던 내용들을 아래의 상황에 종합해서 적용해 볼 수 있다. 'amaze'라는 단어(동사)는 '놀라게 하다' 혹은 '놀라게 만들다(주로 긍정적인 측면에서)'이다. 그래서 '행위의 주체(주어)'를 동사 앞에, '영향을 받는 대상 (목적어)'을 동사 뒤에 붙여 아래와 같이 문장을 만들 수 있다.

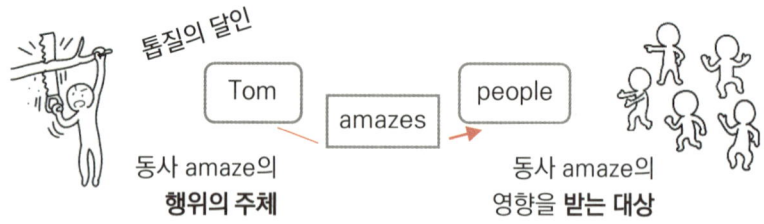

시제로 따지면 '현재시제'의 문장이다. 즉 'amaze'의 의미는 '순간적인 모습'이 아니라 '(지속되는) 상태'를 묘사하는 단어이다.

"지금 순간이 아니라 끝나지 않은 행위"
(놀라운 Tom)

"톰은 놀라게 한다(만든다) 사람들을"

이제 동사인 'amaze'의 ①주체와 ②대상을 표현해 보겠다. 행위의 주체는 '~ing'(amazing)로, 영향을 받는 대상은 p.p. (amazed)의 형태로 표현한다.

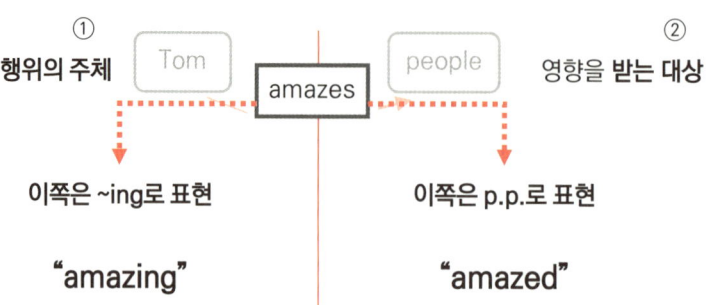

즉 '~ing'는 주어 쪽의 역할을 지칭하는 말이 되고, p.p.는 동사 뒤(목적어) 쪽의 역할을 지칭하는 말이 된다. 이 '~ing'와 p.p.는 문장에서 '명사', '형용사', '부사' 등의 역할들을 모두 할 수 있다.

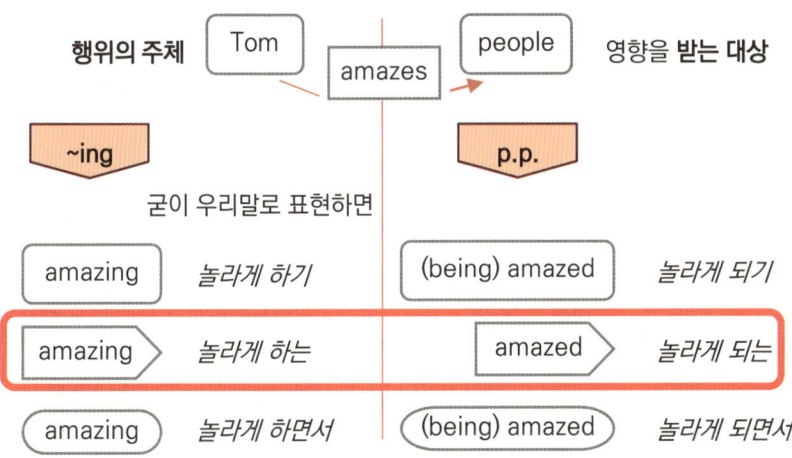

이 세 가지 역할 중 여기서는 '형용사' 역할의 위주로 보자. 사용되는 방법은 일반적인 형용사(happy Tom, Tom is happy)처럼 명사를 직접 설명할 수도 있고(amazing Tom), BE동사를 이용해 문장을 만들 수도 있다(Tom is amazing).

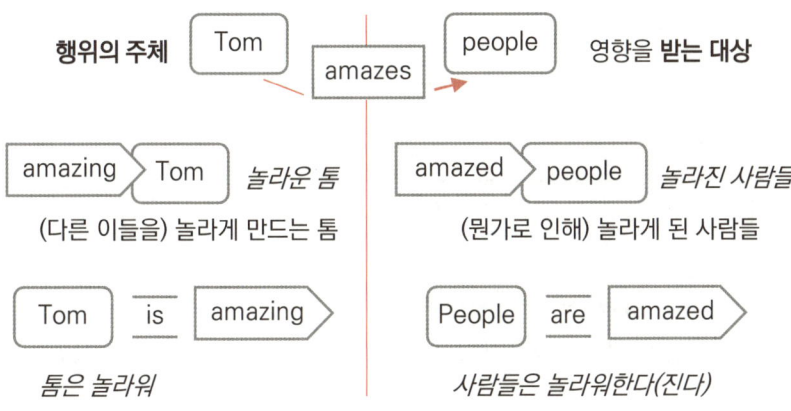

'be ~ing'와 'be p.p.'를 사실 상 우리말로 매끄럽게 표현하기 힘들 때가 많다. 그럴 때는 차라리 아래와 같이 'Tom is amazing'을 "톰은 놀랍다"라는 우리말이 아닌, **'톰은 amaze의 주어(주체)'**라고 생각하며 직접적(영어식)으로 이해하는 것도 하나의 좋은 방법이다.

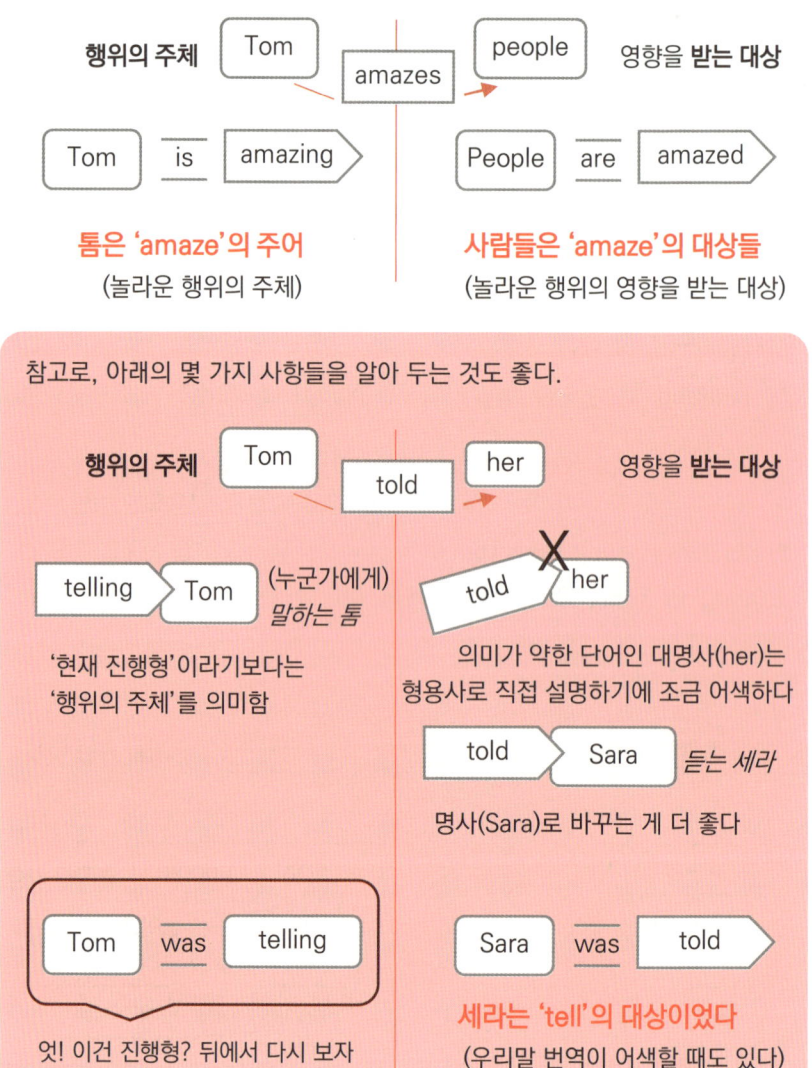

'be ~ing'와 'be p.p.'의 기본적인 감각을 아래의 예문들을 통해 더 잡고 지나가자.

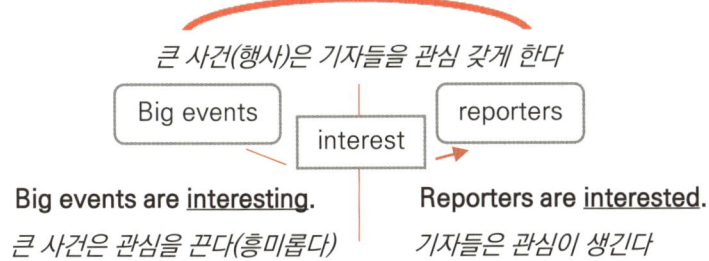

Big events are <u>interesting</u>.
큰 사건은 관심을 끈다(흥미롭다)

Reporters are <u>interested</u>.
기자들은 관심이 생긴다

우리는 흥미로운 것 등에 "관심이 **있다**"라고 (능동형으로) 표현을 한다. 하지만 영어식 사고로 '<u>관심은 생겨나는 것(수동형)</u>'이다. 따라서 'be interested (in~)'를 "관심이 **있다**"로 받아들이면 그 의미를 정확히 이해할 수 없다. 오히려 어색하더라도 "관심에 이끌림 당했다"라는 느낌으로 받아들여야 한다.

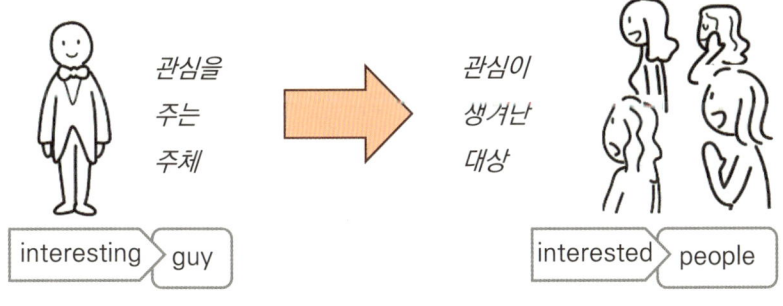

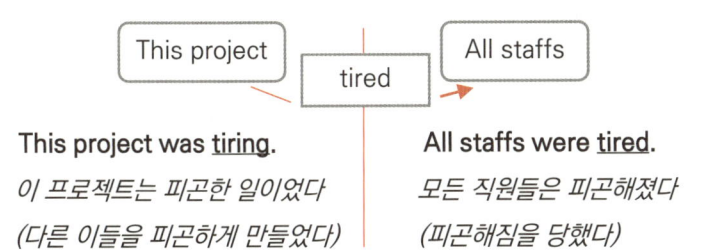

This project was <u>tiring</u>.
이 프로젝트는 피곤한 일이었다
(다른 이들을 피곤하게 만들었다)

All staffs were <u>tired</u>.
모든 직원들은 피곤해졌다
(피곤해짐을 당했다)

아래 예시에 사용된 동사들은 주로 어떤 (감정 등의) 상태를 표현하는 말이기 때문에 '동사'로 사용되면 "그러한 상태를 **만들다**"의 느낌이 된다. 따라서 '~ing'와 p.p.로 쓰일 때는 (일반적인 형용사와는 달리) '영향의 방향성'이 존재한다는 것을 알면 된다. 이렇게 방향성을 이해하면, "나 지루해"라는 말을 "I'm boring(나는 다른 사람들을 지루하게 만드는 사람)"으로 표현하는 실수는 하지 않게 될 것이다.

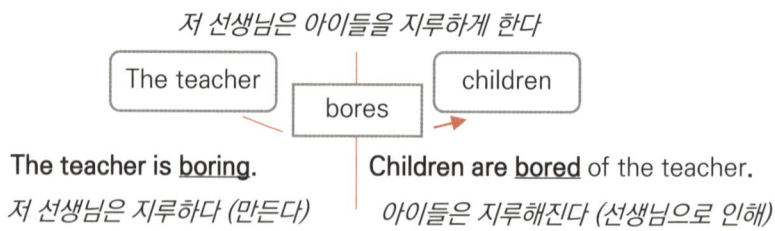

The teacher is <u>boring</u>.　　　　Children are <u>bored</u> of the teacher.
저 선생님은 지루하다 (만든다)　　아이들은 지루해진다 (선생님으로 인해)

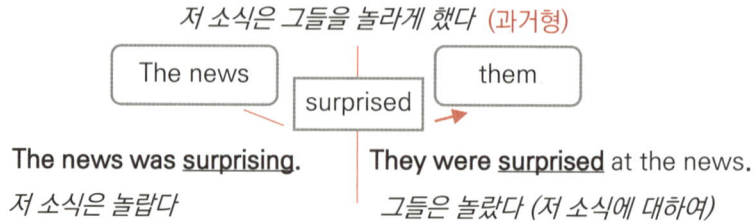

The news was <u>surprising</u>.　　　They were <u>surprised</u> at the news.
저 소식은 놀랍다　　　　　　　　그들은 놀랐다 (저 소식에 대하여)

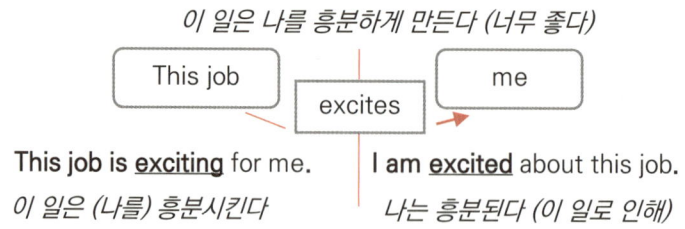

This job is <u>exciting</u> for me.　　I am <u>excited</u> about this job.
이 일은 (나를) 흥분시킨다　　　　나는 흥분된다 (이 일로 인해)

일반적으로 'be p.p.' 뒤에는 전치사 'by'를 사용하여 그 영향을 주는 대상을 나타내지만 위와 같은 경우에는 그 의미에 맞게 <u>다양한 전치사들</u>을 사용한다.

7-3. 'be ~ing'라고 해서 다 현재진행형이 아니다

앞에 나온 예문인 'Tom is amazing'은 '현재 진행형'이 아니었다(톰은 놀라게 하는 중이다). 앞에서 설명한 '현재시제(끝나지 않은 일)'의 문장이다.

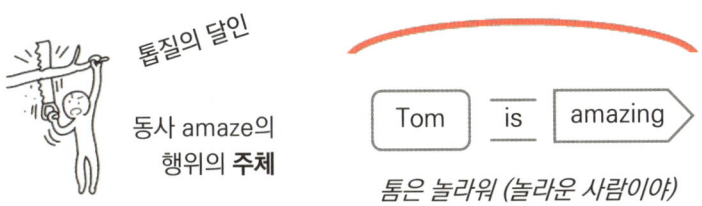

'be ~ing'의 형태를 모두 '현재진행형'으로 받아들이는 '습관'을 버려야 한다. 'amazing'은 역동적(dynamic)인 상태로 표현할 수 없기 때문에 '놀라움을 주는 <u>행위의 **주체**</u>'로 인식해야 한다. 하지만 아래의 동사(read)는 좀 다르다. 우선 현재시제는 아래와 같다.

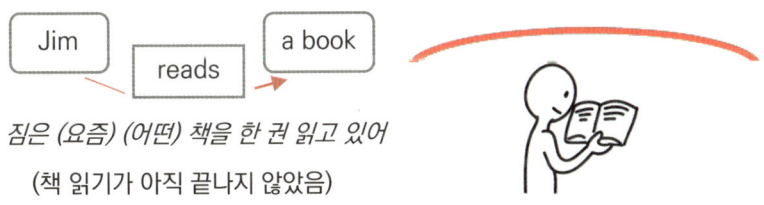

하지만, 'be ~ing'의 형태는 아래의 그림과 같이 책을 읽고 있는 순간(√)을 사진 찍듯이 보여준다고 생각하면 된다.

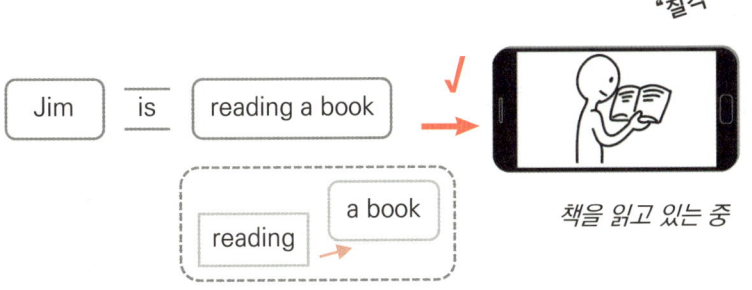

이렇게 쓰인 'be ~ing'라고 해서 **또**, 모두 현재진행형은 아니다. '~ing'를 통해 지금 순간의 모습을 보여줄 수 있었듯이 <u>미래의 모습</u>도 보여줄 수 있다. (사실상 '현재 시제'와 'be~ing'가 중복되어 둘 다 써도 되는 경우가 많다.)

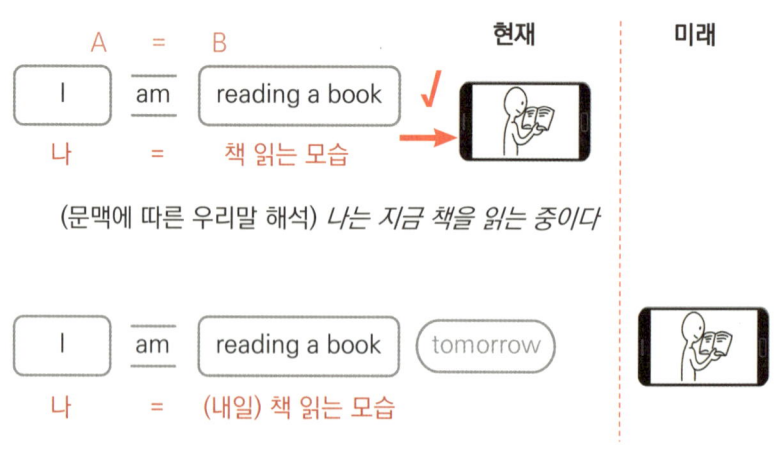

즉, 'be ~ing'는   1. 현재 진행형   ⇒ He is playing the piano.
문맥에 따라   2. 미래의 모습   ⇒ He is working tomorrow.
세 가지 중 하나이다.   3. 상태(현재시제) ⇒ He is amazing.

한편, "I'm reading (tomorrow)"과 비슷한 표현인 "I'm going to read"도 알아 둘 필요가 있다. '앞으로 할 일'을 표현할 때 'to 동사'의 형태도 많이 쓴다.

'be ~ing'가 현재 진행형으로 쓰일 때를 더 정확히 이해하기 위해 ①번과 ②번의 차이를 더 구별해 보자. 사실 큰 차이는 없다. 형용사로 쓰인 'amazing(놀라운)'이나 'studying(연구하는)'의 역할도 같고, 'be p.p.'도 동사의 대상이 되는 것도 똑같다. 단지, 'be~ing'의 형태가 '현재 진행형(혹은 미래의 모습)'이 될 수도 있고, 상태를 표현할 수도 있다.

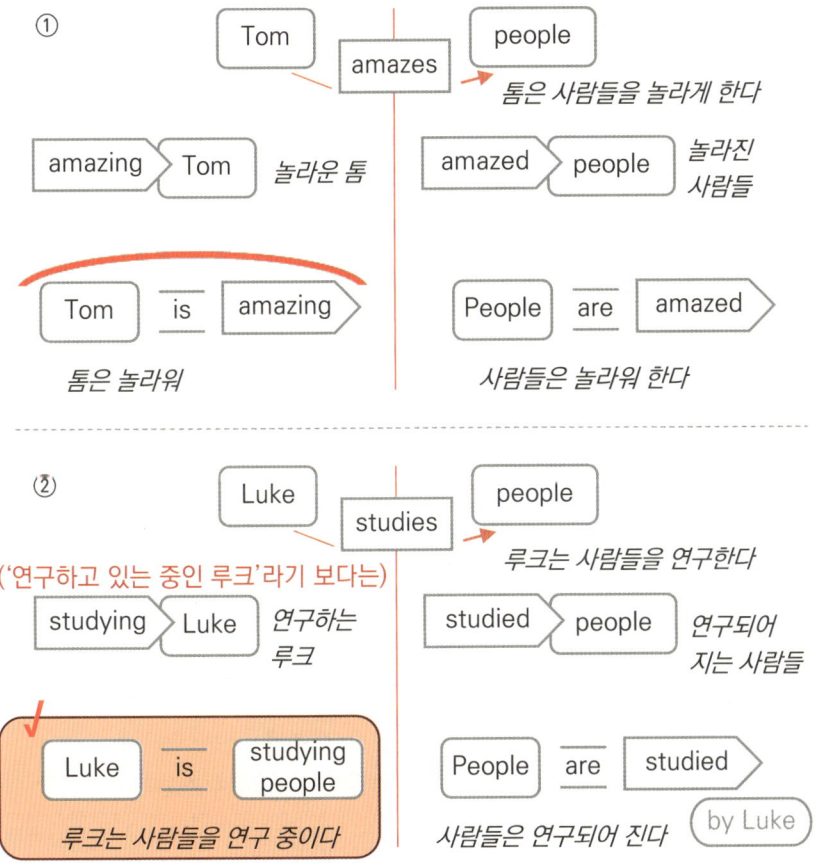

'~ing'를 접했을 때 먼저 '진행형'을 떠올리는데 그것보다는 '행위의 주체(혹은 상태_현재시제)'를 나타내고자 할 때도 있다는 것을 알면 된다.

영어는 이렇게 하나의 형태(예를 들어 '~ing')가 다수의 의미 혹은 다양한 역할들을 하는 경우가 허다하다. 하지만 영어는 우리말처럼 '어미'나 '조사'가 발달하지 않아 우리 입장에서는 구분이 어려울 수 있다. 그렇지만 영어는 단어나 구문들이 문장에서의 위치(자리)와 문맥으로 그 의미가 명쾌하게 구분된다(구분이 안 되면 잘못된 글이다). 이것이 우리가 문장 구조에 익숙해져야 하는 또 하나의 이유이다.

그렇다 보니, 영어에서는 문맥 없이 '구문'이나 '문장'의 뜻을 해석하는 것이 무의미할 때가 많다. 예를 들어, 'studying people'이라는 짧은 구문은 아래와 같이 문장의 위치나 문맥에 따라 다양한 역할을 한다.

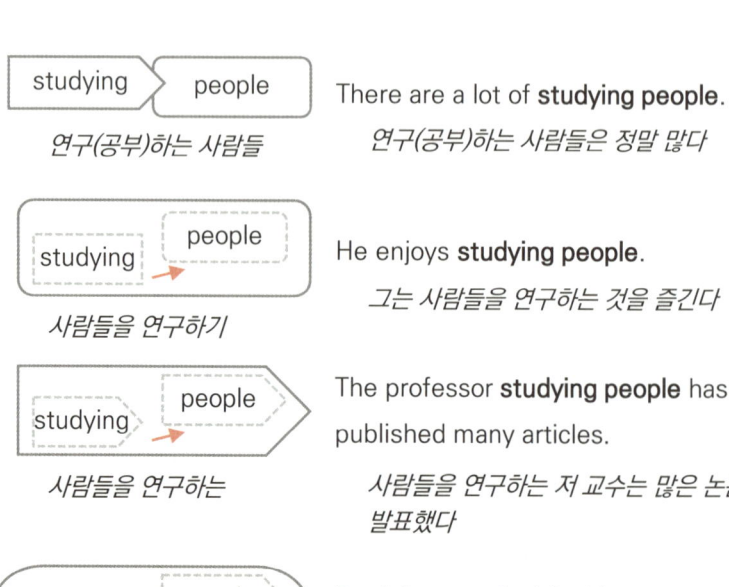

지금 여기서 다 이해할 필요는 없다(걱정하지 말자). 이 책을 공부하면 자연스럽게 알게 된다.

7-4. p.p. 의 방향성과 이중성

앞에서 다룬 '~ing'의 두 가지 활용을 다시 요약하면 아래와 같다. 사실 상 우리말 '~하는'이라는 단어가 가진 의미(주체, 진행형)와 같다. ①번과 같이 **행위 즉, '책 읽는' 주체**를 표현하기도 하고, ②번과 같이 지금 '책 읽는' **순간**을 표현하기도 한다.

p.p.도 마찬가지이다. 우리말과 마찬가지로 '~된'도 ①번과 같이 **행위의 영향을 받는(당하는) 대상**을 표현하기도 하고, ②번과 같이 **행위가 (완전히) 종료**되었음 표현하기도 한다.

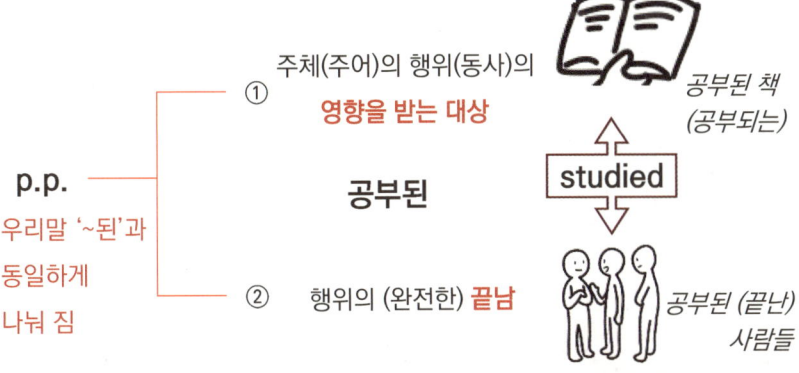

> 참고로, 'studied'가 형용사형 p.p.로 사용되면, '깊은 생각이 완전히 끝남'의 의미이기 때문에 '심사숙고한', 혹은 '고의로'의 의미로 확대되기도 한다.

특히, p.p.는 동사의 방향성(영향을 받는 쪽으로)을 바꿔버리는 역할을 하기 때문에 그 방향성을 잘 인지해야 한다(우리말은 '영향을 주는 것'과 '받는 것'의 차이를 상대적으로 등한시하기 때문이다).
예를 들어, 아래의 우리말("나 인터뷰했어")로는 이 사람이 '면접관'인지 '면접대상자'인지 구분할 수가 없다.

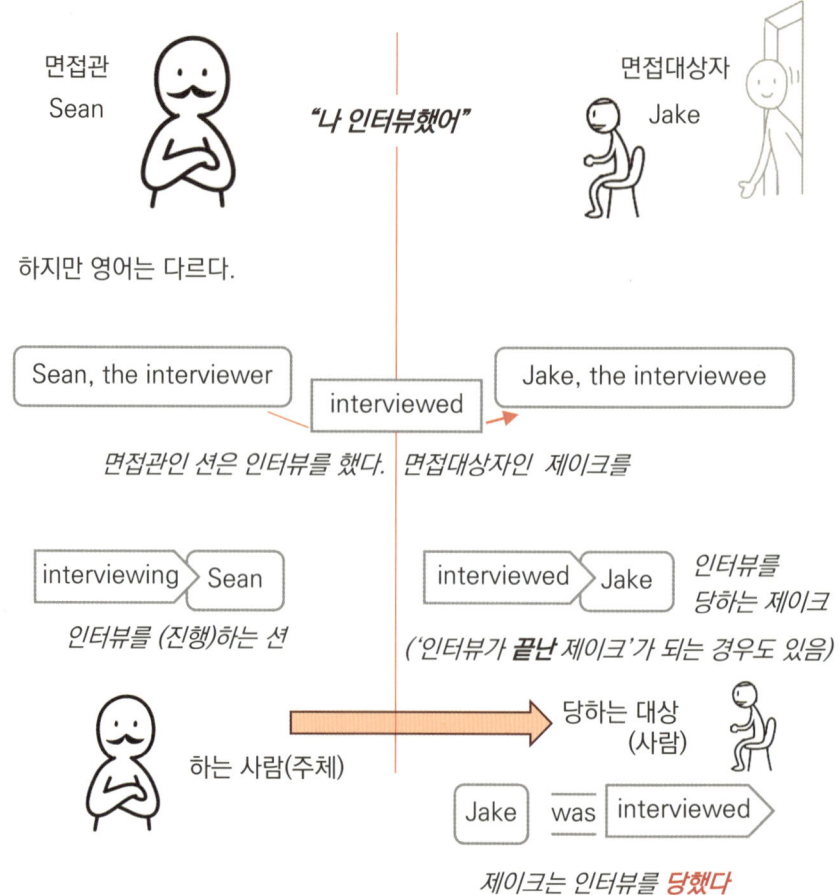

'be interviewed'를 우리말 "인터뷰를 당했다(받았다)"라는 말로 받아들이면 어색하다. 그렇다 하더라도 차라리 그 '어색한' 우리말로 '정확하게' 영어식으로 이해하는 게 더 나을 수도 있다(번역을 하는 것이 아니라면 말이다).

조금 더 p.p.의 두 가지 의미(① 영향을 받는다는 의미와 ② 끝난다는 의미)를 알아보자.

① 주체(주어)의 행위(동사)에 영향을 받는 대상

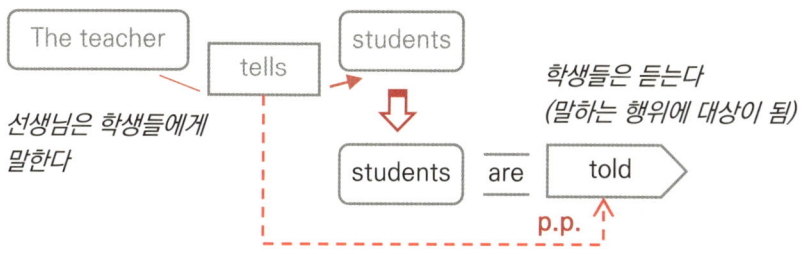

'be~ing'가 항상 '현재진행형'이 아니 듯 be + p.p.도 항상 '수동형(~당한다)'이 되는 것은 아니다. 아래와 같이 무언가 완전히 끝난 행동을 지칭(혹은 강조)할 때도 쓴다.

② 행위의 (완전한) 끝남

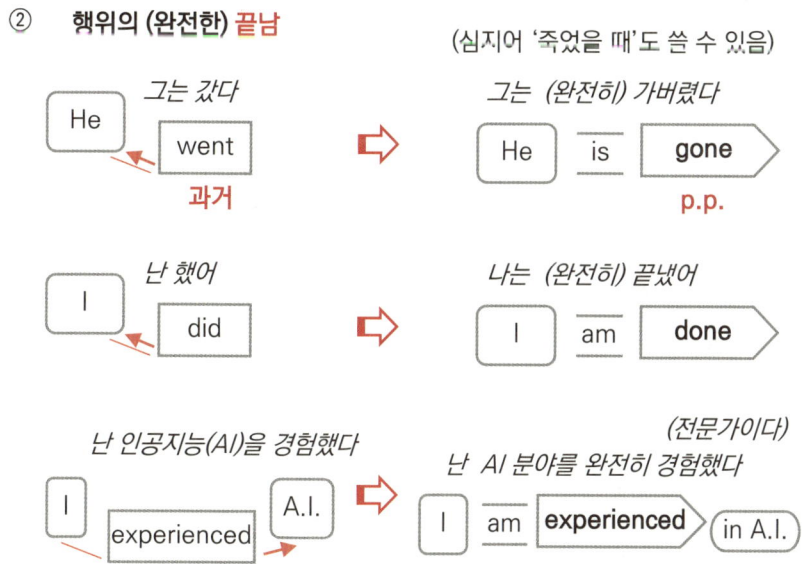

7-5. 'be p.p.'와 'get p.p.'의 차이

앞서 얘기했듯이 영어의 동사는 동작에 따라서 아래와 같이 두 개의 종류로 나눠볼 수 있었다.

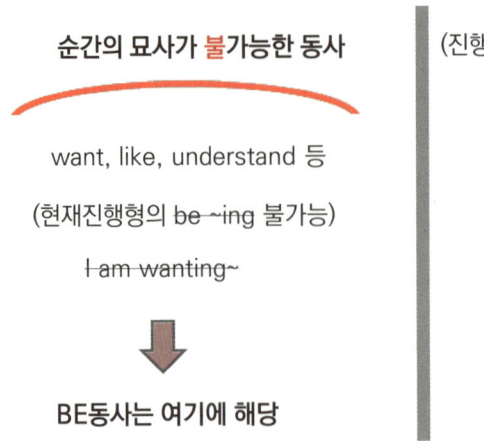

따라서 기본적으로 'be p.p.'는 '상태'를 설명하는 말이지 '순간'을 묘사하기에는 다소 어색하다. 이때 수동태로 '순간'을 묘사하고 싶으면 'be p.p.(또는 형용사)' 대신에 'get p.p.(또는 형용사)'를 쓰면 된다.

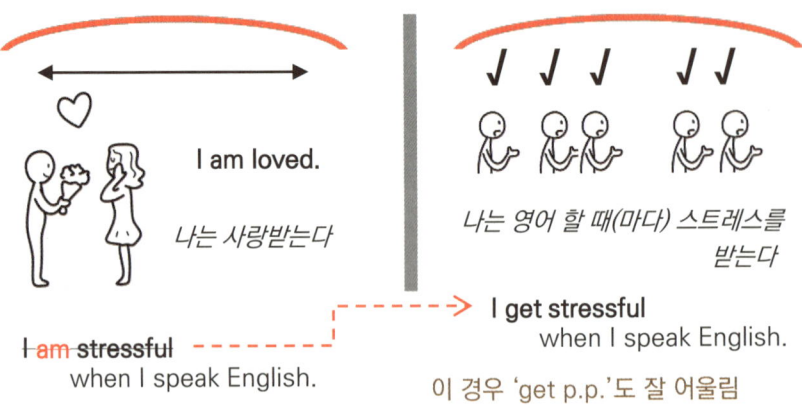

과거 표현일 경우 (현재시제 표현보다) 'get p.p.(과거이니 'got p.p.')'의 역할이 더 중요해진다.

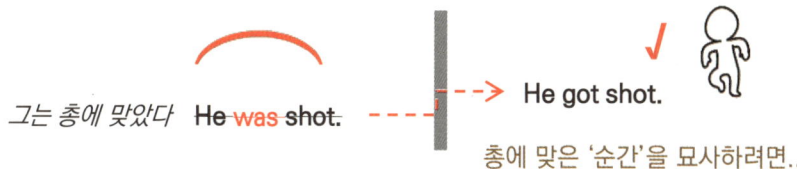

그는 총에 맞았다 He was shot. ----> He got shot.
총에 맞은 '순간'을 묘사하려면..

영어식으로는 결혼은 '하는 것'이 아니라 '되어지는 것(혹은 당하는 것)'이다. 그래서 'I am married(be p.p. 형태)'로 표현하는 것이다. 이 경우 BE동사와 'get'의 차이가 명확해진다.

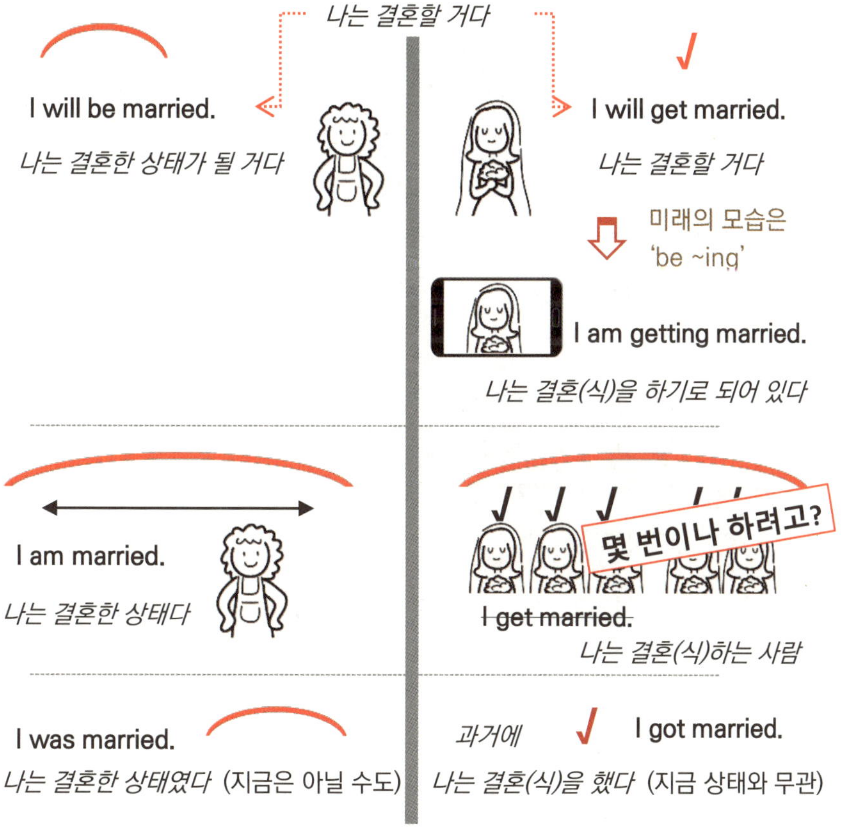

나는 결혼할 거다

I will be married.
나는 결혼한 상태가 될 거다

I will get married.
나는 결혼할 거다

미래의 모습은 'be ~ing'

I am getting married.
나는 결혼(식)을 하기로 되어 있다

I am married.
나는 결혼한 상태다

몇 번이나 하려고?

I get married.
나는 결혼(식)하는 사람

I was married.
나는 결혼한 상태였다 (지금은 아닐 수도)

과거에 I got married.
나는 결혼(식)을 했다 (지금 상태와 무관)

참고로, BE동사는 기본적으로 어떠한 상태를 나타내는 말이기 때문에 아래와 같은 그림으로 이해하는 것이 좋지만, 좀 더 다양하게 활용됨을 알아 두자.

BE동사의 기본적인 뜻

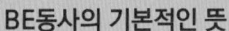

톰은 행복하다
톰은 = 행복한 상태(사람)

✓

그러나, BE동사도 의미상 현재의 '순간'의 상태를 표현될 때도 있다. 또는 보조적인 단어(now 등)를 추가한다.

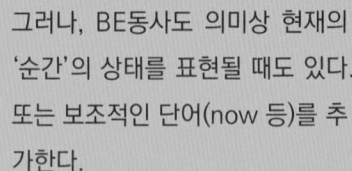

톰은 (지금) 아프다

톰은 지금 행복하다

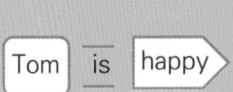

여행(이라는 것)은 흥분된다
(흥분시키는 주체)

비문(문법적으로 틀린 것)으로 볼 수 있지만 'being'을 넣기도 한다.

톰은 지금 행복하다

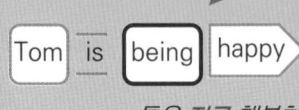

톰이 오늘은 무례하다
(톰은 무례하지 않은 성격인데 <u>평상시와 **다른 상태**</u>를 나타내기도 함)

무슨 일이 발생 혹은 진행되고 있는 순간을 묘사할 때는 BE동사가 '순간'을 표현하는 것은 특별한 경우라 생각하면 된다.

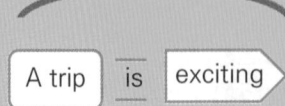

톰이 지금 웃고 있는 중이다

비문일지라도 적절히 사용하자.
(너무 문법의 틀에 갇히지 말자)

7-6. 'to 동사'는 언제 사용할까? (~ing와의 비교)

영어에서는 동사를 '~ing' 형태로 만들어 요긴하게(명사, 형용사, 부사처럼) 사용한다. 결국 '~ing'는 '주체의 (현재) 모습'을 표현하는 말이다. 따라서 '목표 중심'적으로 나타내고자 하거나 미래 혹은 장기간을 지칭하기에는 부족하다. 이때 그 대안으로 쓸 수 있는 것이 'to~동사형태'이다(앞으로 '동사형태'라는 말은 생략하고 'to~'로 표현하겠다).

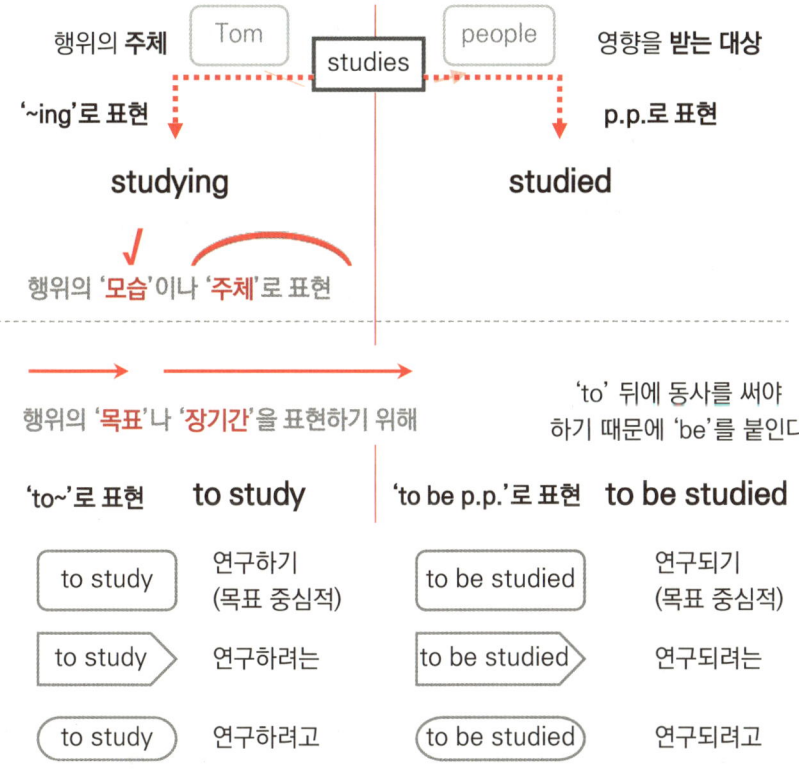

이렇게 '목표 중심'적인 성격을 가진 'to~'도 '~ing'와 마찬가지로 문장의 위치와 문맥에 따라 다양한 역할(명사, 형용사, 부사와 같이)을 한다. 'to~'와 '~ing'를 더 비교해 보도록 하자.

'to~'와 '~ing'는 영어 문장에서 여러 역할을 하며 자주 쓰이기 때문에 여기서 한번 잘 정리를 해 놓으면 영어를 구사하는 데 큰 도움이 된다. 먼저 형용사(덩어리)처럼 사용할 때를 보자.

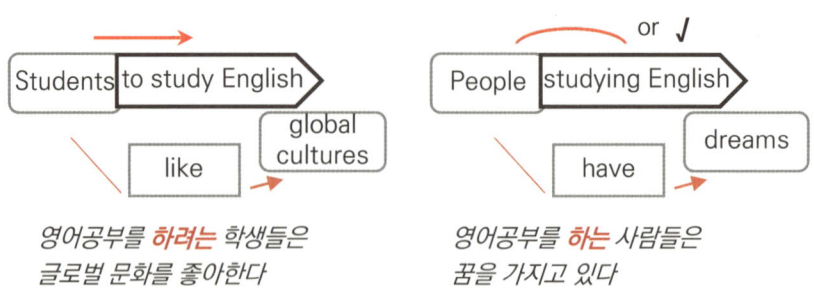

영어공부를 하려는 학생들은
글로벌 문화를 좋아한다

영어공부를 하는 사람들은
꿈을 가지고 있다

우리가 흔히 'to 구문'을 BE동사와 함께 쓰면 'be to용법'이라는 문법 용어를 사용하며 여러 가지 뜻(예정, 의미, 소망, 의도 등)이 있다고 여긴다. 하지만 이것들은 문맥에 따른 의미(혹은, 우리말 번역으로 인한) 차이일 뿐이다. 'be to~'는 '앞으로의 일(혹은 목표)'을 지칭할 때라면 모두 쓸 수 있다.

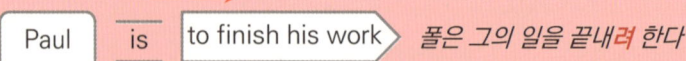 폴은 그의 일을 끝내려 한다

(끝내려고 예정이 되어 있거나, 기대하거나 문맥에 따라 받아들이면 됨)

'to~'에 그 의미(목적)를 자세히 담지 않고, 그냥 포괄적으로 쓰는 것이 'be to~' 구문이다.

이번엔 부사(덩어리)처럼 사용하는 것을 간단히 보자. (뒤에 자세히 설명되겠지만) 형용사는 '명사'를 설명하지만 부사는 '명사'를 제외한 모든 걸(동사, 문장 전체, 형용사, 부사) 설명하는 말이다. 아래와 같이 문장 전체의 방향성으로 받아들이면 된다.

 나는 여기 있지. 영어공부하려고

우리말로 '목적'이라고 표현할 수 있지만 강하게 그 목표(적)를 지칭하는 말은 아니다(이 경우 'in order to~'라는 표현이 적합하다). 설명을 받는 문장(I'm here)의 **방향성을 가볍게 얘기하는 정도**라고 생각하면 된다.
반면에 '~ing'는 앞의 문장과 동시에 발생하는 일로 생각하면 된다.

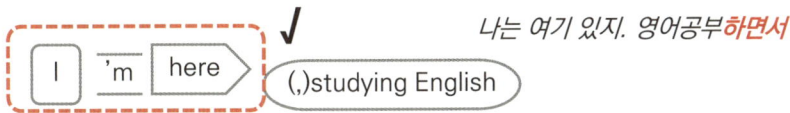

이런 경우 보통은 콤마(,)를 찍어주지만, 짧은 구문일 경우 생략하기도 한다

이번엔 명사처럼 사용하는 경우를 보자. 기본적으로 'to~'나 '~ing'가 **명사로 쓰여 주어자리에 위치할 경우**는 이 둘의 의미 차이가 크지 않다(주어로 쓰일 때는 거의 동일한 의미라고 봐도 좋다).

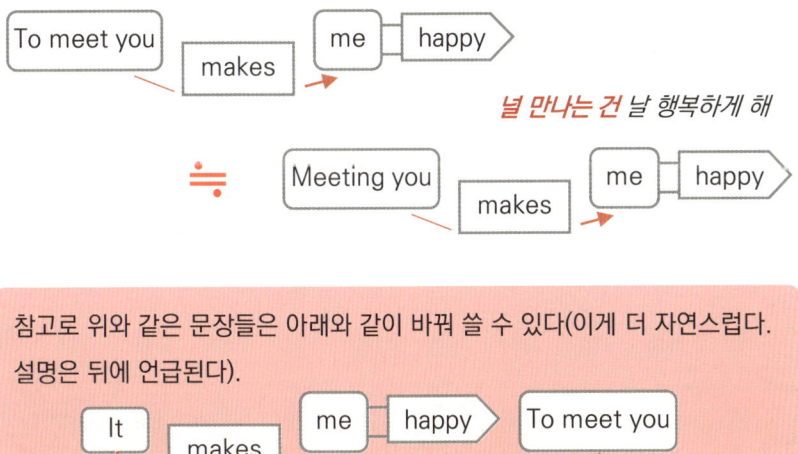

그러나, 'to~'와 '~ing'가 동사 뒤(목적어자리)에 쓰일 때는 좀 다르다. 동사의 영향을 받기 때문에 의미상 더 어울리는 형태가 있다. 'to~'를 쓰든 '~ing'를 쓰든 별 의미 차이가 없을 때도 있지만, 경우에 따라 뜻이 달라지거나, 어울리지 않는 형태도 존재할 수 있다. 다음 chapter에서 확인하자.

"The best and most beautiful things in the world cannot be seen or even touched — they must be felt with the heart."

–Helen Keller

–Helen Keller

Chapter 8. 'to~'와 '~ing' 앞에 숨어 있는 BE동사

8-1. 동사 뒤에 'to~'가 어울리는 동사들

Chapter 3부터 계속 언급해 왔지만, 영어에서 동사의 뒤는 무척 중요하다. 특히, 동사의 뜻을 완성하기 위해 적합한 형태('to~'나 '~ing' 혹은 둘 다)가 별도로 존재한다. 먼저 뒤에 'to~'가 어울리는 동사들을 살펴보자 (지금까지 열심히 외워왔던 동사들이지만 이제는 이해해보자).

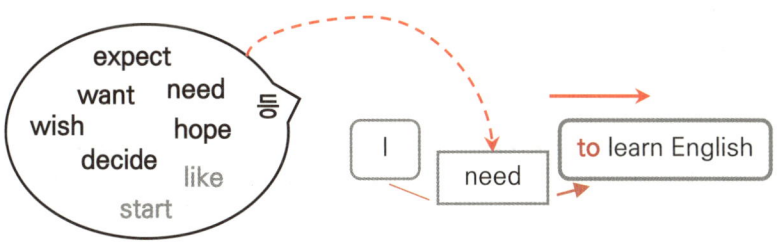

위와 같은 동사들은 의미상(동사의 뜻) '목표 중심(혹은 앞으로 일어날 일)'을 나타내는 'to~'와 잘 어울린다. (이미) 진행되고 있는 '~ing'는 어울리지 않는다.

이런 동사들 뒤에 따라오는 'to~(동사를 명사형으로 바꾼 형태)'는 목적어 자리에 위치시켜 '목표 중심'을 표현한다. 일반적인 명사(you)를 써도 마찬가지로 생각하자.

그런데, 어떤 동사들 뒤에는 'to~'와 '~ing'가 둘 다 가능한 경우가 있으며, 그 의미에 차이를 보인다. 주로 기억을 하는 것(remember) 등과 같은 의미를 가진 동사들인데, 이런 동사들은 그 행위(기억)의 전후에 따라 사용법이 달라진다. 몇 개 되지 않으니 여기서 다 익숙하게 만들고 지나가자.

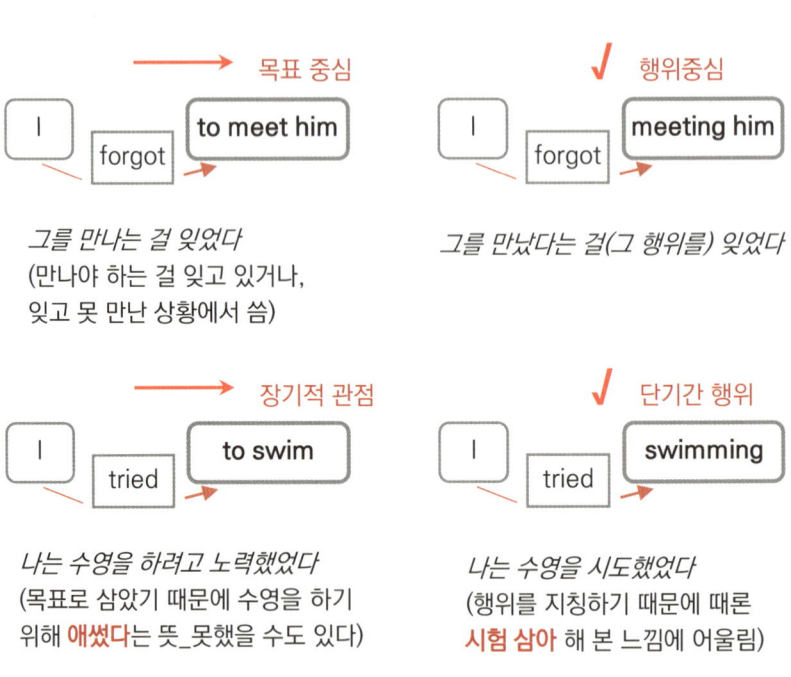

이와 같이 'to~'와 '~ing'를 구별할 줄 알게 되면, 영어문장에 어렵지 않게 적용시킬 수 있을 것이다.

8-2. 동사 뒤에 '~ing'가 어울리는 동사들

특별한 경우가 아니라면 'to~'나 '~ing' 둘 다 써도 되는 경우가 많다(미묘한 뉘앙스 차이는 있을 수 있다). 주로 아래와 같이 '좋아하는 감정'이나 '시작' 혹은 '진행'과 관련된 동사들이다.

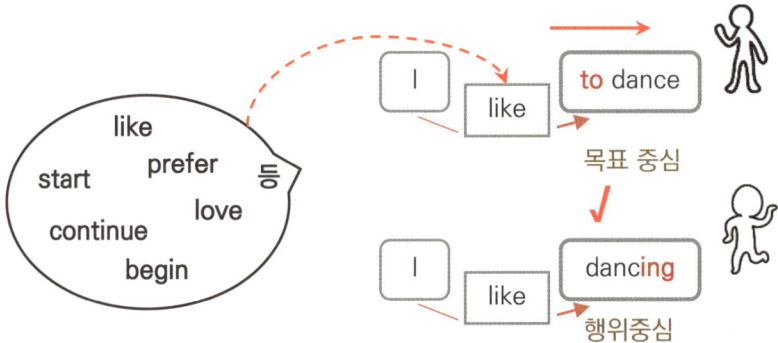

약간의 어감 차이를 설명하면, '목표지향적인 행위'를 강조하고 싶으면 'to~'가 어울리며 '(춤추는) 행위 중심'으로 이야기하고 싶으면 '~ing'를 쓰면 되지만, 평상시에는 굳이 분리해서 따질 필요가 없을 때가 많다.

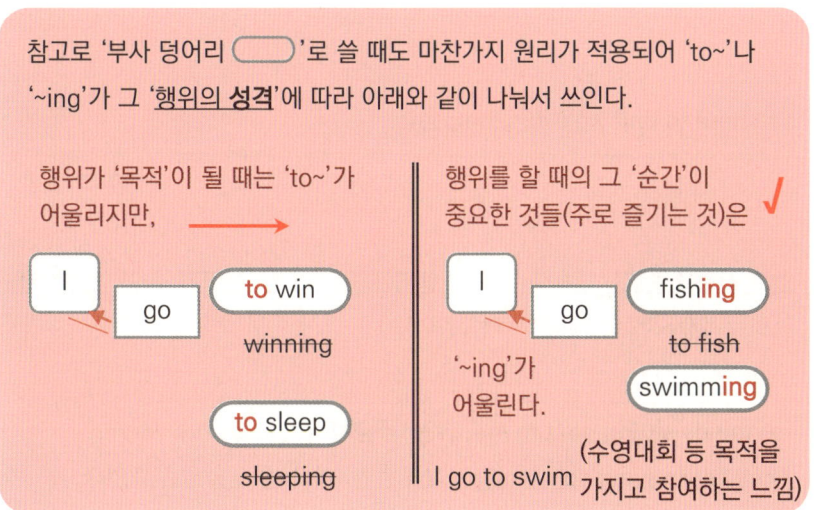

아래의 동사들은 그 뒤에 '~ing'가 어울리는 것들을 나열한 것이다.

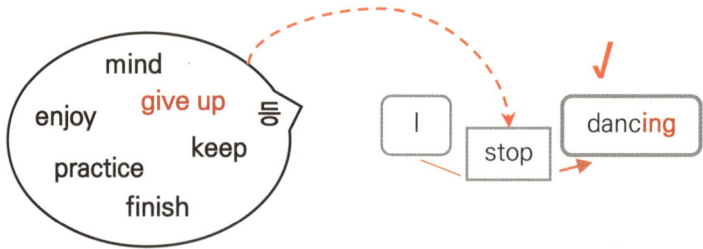

기본적으로 어떤 '행위'를 나타내는 동사들은 대부분 '~ing'형태가 따라온다. 이미 진행되고 있는 일(~ing)에 초점이 맞춰져 있고, 앞으로 할 일(to~)과는 관련이 적기 때문이다. 'give up'과 같은 동사의 형태도 마찬가지이다.

He finally finished working for the company.

> 그는 결국에 그 회사에서 일하는 것을 끝냈다

앞에서 어떤 즐기는 행위를 하러 갈 때 'go' 뒤에 '~ing'가 어울렸던 느낌을 이해한다면 'enjoy' 뒤에 '~ing'를 쓴다는 것도 자연스럽게 받아들일 수 있을 것이다.

I'm here to enjoy playing the piano.

> 나는 여기 피아노 연주를 즐기러 온 거야

뭔가 신경을 쓴다는 것(mind)도 그 행위가 불편하다는 것이고, 어떤 행위를 지속하는 것(keep)도 '~ing'가 어울린다.

He minds sitting next to me. 그는 내 옆에 앉는 것을 꺼린다
They kept saying something. 그들은 계속해서 뭔가 말하고 있었다

8-3. 'to~'의 주체(주어)를 꺼내자

동사는 행위의 주체(주어)가 있다. 마찬가지로 'to~'나 '~ing'도 동사는 아닐지라도 행위의 주체(흔히, 의미상 주어라고 부르는)가 반드시 있다. 보통은 아래와 같이 '<u>문장의 **주어**</u>'와 '<u>to~'의 **주체**</u>가 동일할 때가 많다.

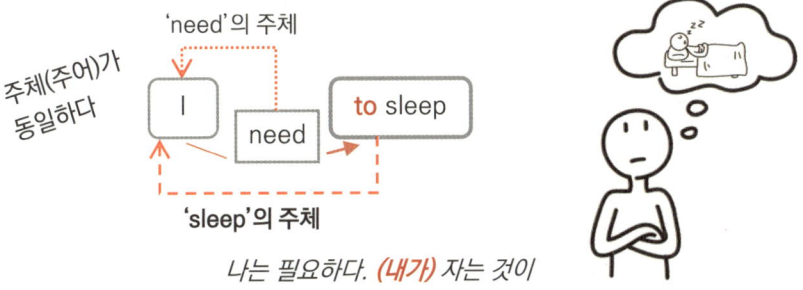

나는 필요하다. *(내가)* 자는 것이

위의 개념은 너무 당연하다(그래서 생각해 본 적조차 없을 수도 있다). 하지만 영어에서는 이 개념이 무척 중요하다. 아래와 같이 'to~'의 주체를 직접 꺼낼 때도 있기 때문이다.

나는 필요하다. *네가* 자는 것이

이렇게 'to~'의 주체(you)를 'to~ (sleep)' 바로 앞에 꺼내는 형태들은 영어에서 상당히 많이 쓴다('의미상 주어'라는 용어를 쓰고 있지만, 본 책에서는 이 개념을 훨씬 더 확대해서 쓰기 때문에 이 문법 용어는 쓰지 않을 것이다).

이런 형태들을 앞으로 자주 봐야 하기 때문에 더 자세히 설명을 하고 지나가겠다. 앞으로 본 책에서 이런 문장 형태는 중간에 'BE 동사'가 생략된 느낌으로 받아들여도 되기 때문에 아래와 같이 그 중간에 '='표시를 살짝 넣은 것이다.

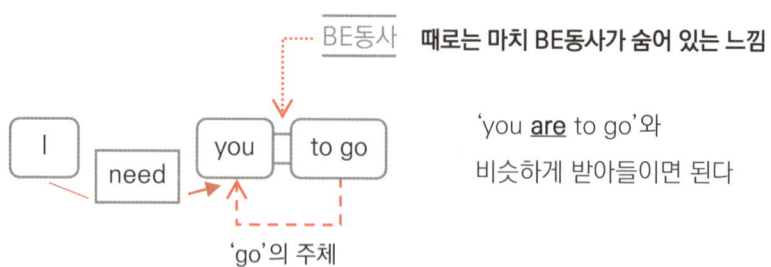

'to go'의 주체(의미상 주어)를 바로 앞(you)에 적었으니 마치 그 사이에 BE동사가 숨어 있는 느낌으로 생각하면 된다. 이에 대한 감각은 무척 중요하다. 그 의미를 설명하면 아래와 같다.

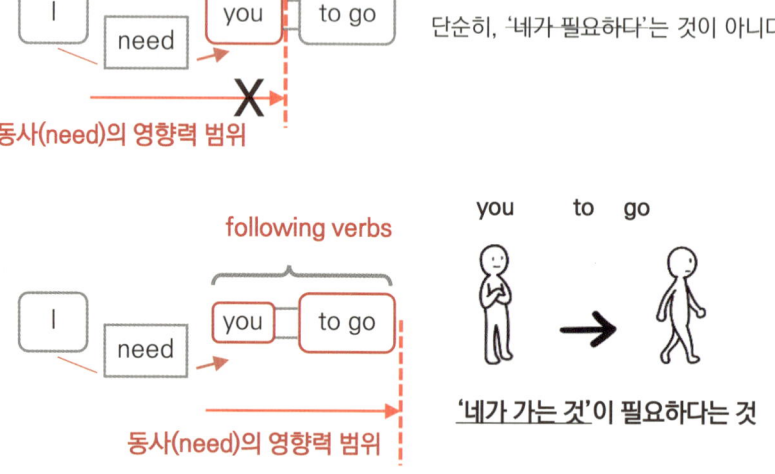

본 책에서는 이렇게 동사의 영향이 미치는 단어들을(목적어, 보어 등의 문법 용어들 모두) 'following verb'라는 이름으로 통칭하고 있다.

'love'를 동사로 쓰는 예시를 하나 더 보자. 아래 문장의 의미는 '너를 사랑한다'의 의미가 아니다. "네가 공부 했으면 좋겠다"는 말을 강하게 표현하기 위해 'like' 대신 'love'라는 단어를 써서 표현한 것이다(물론 'like'를 써도 괜찮다).

나는 영어공부할 너를 사랑한다 (X)

나는 너를 사랑한다. 영어공부하려고 (X)

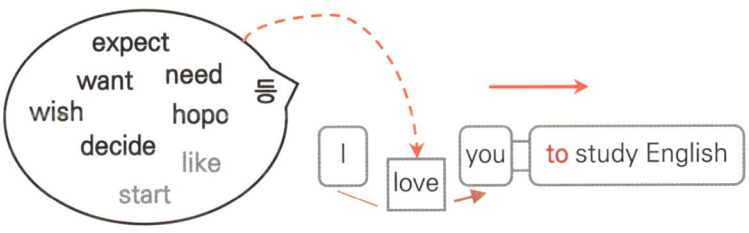

나는 네가 영어공부를 했으면 좋겠다 (O)

앞에서 봤던 동사들이 주로 이와 같이 쓰인다. 'to~'의 주체를 앞에 별도로 적어주는 것뿐이다. 이런 '목표 중심'의 동사들은 '~ing'는 (flowing verb로) 어울리지 않고 'to~'가 더 어울린다.

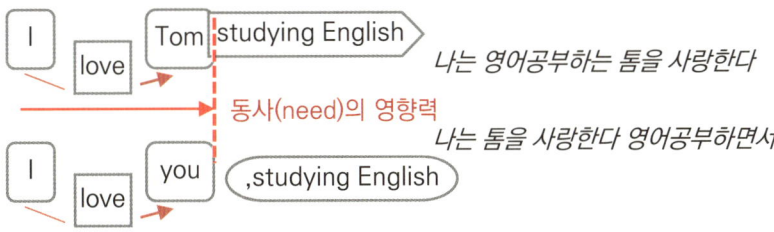

만약 '~ing'가 따라오게 되면 아래와 같이 문장의 구조가 바뀌어서 다른 의미가 된다. 여기서는 간단히 보여주지만 뒤에 이런 문장 구조들을 자세히 살펴볼 것이다.

8-4. 여러 가지 'to~'의 역할

앞서 다루었던 (아래와 같은) 문장 구조는 특별한 경우이다. 사실 이런 특별한 경우에 익숙해지려면, 먼저 일반적인 경우는 무엇인지 제대로 인지하고 있어야 한다(그래야 무엇이 특별한지 더 잘 이해할 수 있는 것이다).

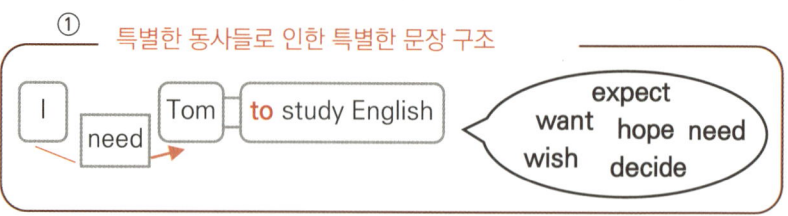

우선 아래의 문장이 문맥이나 '문장의 전후 상황' 혹은 '말의 호흡'에 따라 어떻게 바뀌는지 보자

I need Tom to study English.

기본적으로 위의 문장(I need Tom to study)은 ①번으로 받아들여야 한다. 하지만 경우에 따라 ②번과 같이 받아들여야 할 때도 있을 것이다(흔하지는 않을 것이지만). 여기서 굳이 똑같은 문장으로 보여주는 이유는 문장 구조들 간의 차이점을 명쾌하게 보여주기 위함이다. 먼저 ①번과 ②번 문장 구조의 의미 차이를 명확히 구분해보자.

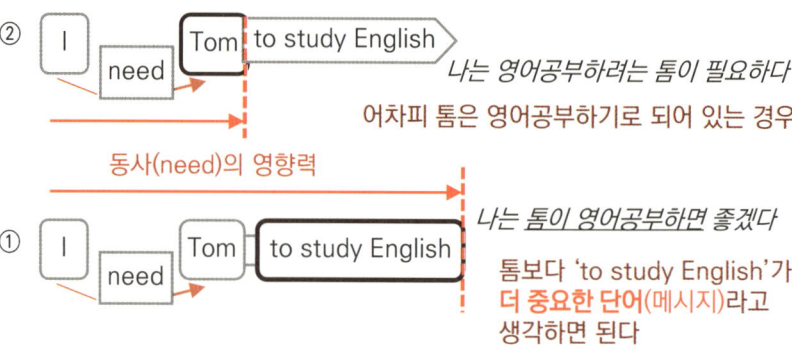

자, 그렇다면 어떻게 ①번과 ②번 문장을 구분할 것인가? 사실 걱정할 필요가 전혀 없다. (이런 문장 구조들을 모두 이해하고 있으면) 문맥(context)에 따라 자연스럽게 구분할 수 있게 된다. 언어는 자연스러워야 하기 때문이다. 만약 글을 읽거나 듣는 사람이 헷갈린다면 이건 글쓴이나 말하는 이의 잘못이다.

예를 들어, 듣는 사람이 명쾌함을 못 느낀다면 ②번 문장은 아래와 같이 더 명확히 표현해야 한다(이런 문장 형식은 뒤에서 다시 다룬다).

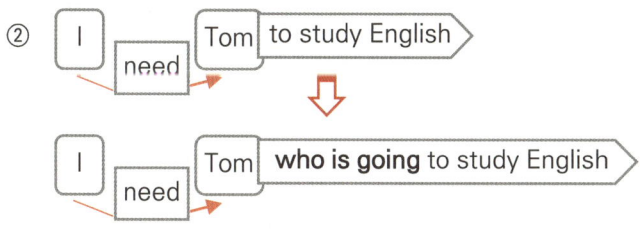

혹은 ③번과 같은 문장 구조를 가질 수도 있는데, 'need'와 같은 동사의 종류가 아니라면 ③번의 문장 구조가 가장 많을 것이다(가장 일반적이다).

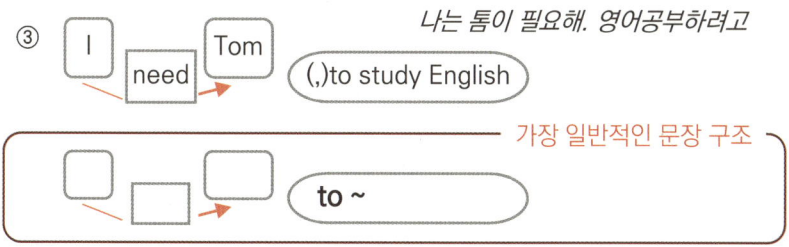

사실 ①번 문장 구조에 친숙해지기 전에, 먼저 ③번 문장 구조에 익숙해지는 것이 순서이다.

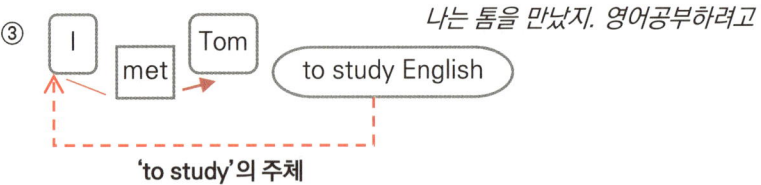

부사 덩어리(⬜)를 뒤에서 다루겠지만, 'to~'나 '~ing'의 부사 덩어리의 행위의 주체는 일반적으로 문장의 주어와 일치한다(아닐 경우는 뒤에 따로 설명). 이와 같은 문장 형식은 아래와 같이 (영어식으로) 받아들이면 된다. 미루지 말고 여기서 아예 읽고 연습하여 이 감각을 만들자.

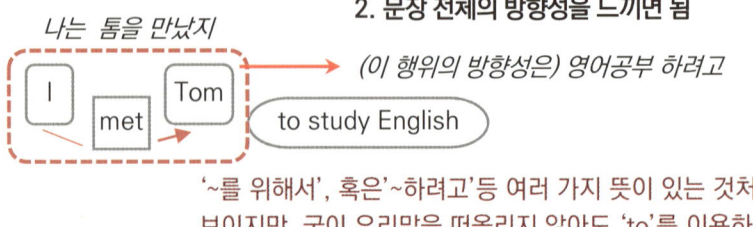

다음의 문장들도 계속 연습하여 이 감각을 만들고 지나가자. (BE동사 등) 다른 문장 구조도 마찬가지이다.

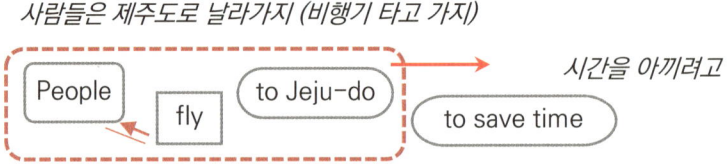

> 참고로, '어디에 가다'를 표현할 때 무조건 'go + by 교통수단'을 쓰지 말고, 아래와 같이 써보도록 하자. 더 자연스러운 영어식 표현이다.
> 'fly to~목적지(명사)' ('비행기 타고 가다' 대신 '날아가다')
> 'walk to~목적지' ('걸어서 가다', 'on foot'보다는 이게 어울림)
> 'drive to~목적지' ('차 타고 가다' 혹은 '운전해서 가다')

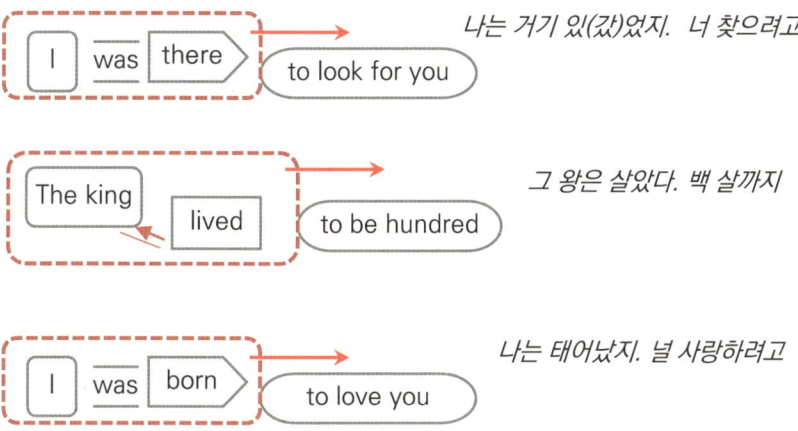

③번 문장 구조를 이해했다면, 이제 이번 chapter의 주된 내용인 ①번 문장 구조를 연습하자. 여러 번 읽고 지나가자.

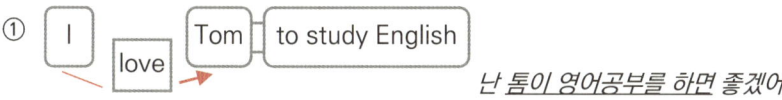

난 톰이 영어공부를 하면 좋겠어

I want you to love me. 난 네가 날 사랑하기를 원해
I expected this class to start soon. 난 이 수업이 빨리 시작되길 예상했어
People need the movie star to act again.
　　　　　　　　　　사람들은 그 스타가 다시 연기하기를 원해(필요로 해)
I want you back. 난 네가 돌아오길 원해
('to~'를 직접적으로 표현하지 않아도 '방향성'의 의미가 포함된 단어도 가능함)

8-5. 'to~'보다 더 다양하게 쓰이는 '~ing'

'to~'와 마찬가지로 '~ing'도 아래와 같이 문장에서 세 가지의 역할을 한다.

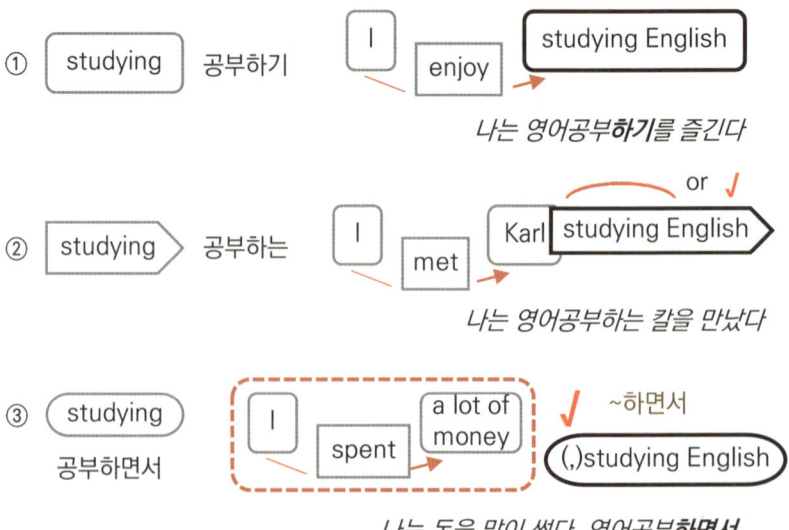

이들 중 ①번과 같이 명사로 쓰일 때, 'stop'과 같은 동사를 사용하면 아래와 같이 쓸 수 있다.

위에 제시된 동사들은 동사의 following verb로써 'to~'는 어울리지 않는다. 행위에 초점이 맞춰진 동사들이기 때문이다.

이렇게 쓰는 동사들도 별도로 연습을 하여 익숙하게 만들어야 한다.

He minds me pointing out his mistake.
　　　　　　　그는 내가 그의 실수를 지적하는 것을 언짢아한다
This project keeps me working hard.
　　　　　　　이 프로젝트는 나를 계속 열심히 일하게 한다
I like him wearing glasses.　나는 그가 안경 쓴 게 좋아
　(to wear glasses)　　　　（안경을 쓰면 좋겠어）

위의 'like'와 같이 '~ing'와 'to~'를 섞어 써도 되는 것들도 있다. 특히, '~ing'의 역할은 영어문장에서 매우 다양하기 때문에 익숙해져야 한다. 다른 역할들은 뒤에서 설명하기로 하고 여기서는 아래의 ①번과 같은 형태를 좀 더 자세히 다뤄보겠다.

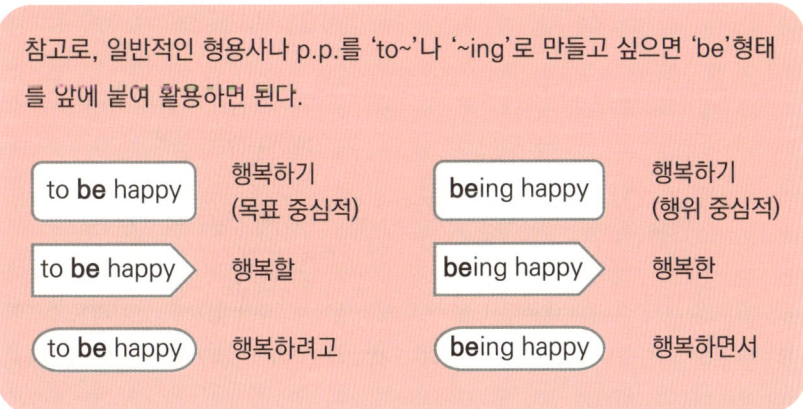

아래의 ②번의 형태와 비교하면서 설명을 해보겠다.

아래 ①번과 ②번의 차이점은 이 구문의 '주인공'이 무엇인가로 구분하면 된다.

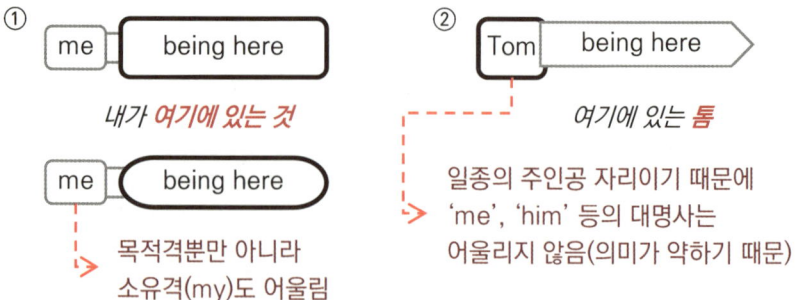

②번의 구문은 'Tom'이 중심이고, 뒤에 붙은 'being here'는 'Tom'을 설명해주는 말이다. ①번의 경우는 그 행위(~ing)가 중심인 구문이다.

일반적으로 '~ing'(혹은 'to~')의 주체가 문장의 주어(I)와 다를 경우 아래와 같이 '~ing' 앞에 주체(him)를 꺼내 준다.

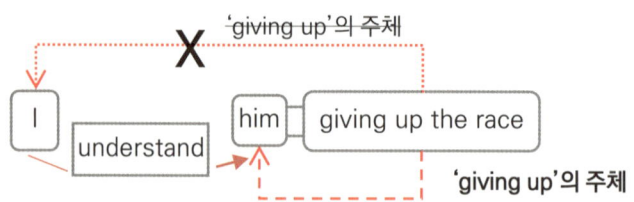

나는 **그가** 그 레이스를 포기하는 걸 이해(수긍)한다

그런데, 아래와 같이 'taking this'의 주체가 문장의 주어(I)가 아닐지라도 문맥상 누구를 지칭하는지 너무 당연하다면 생략해도 된다. 여기서는 당연히 대화의 상대방(you)이므로 'you'는 생략해도 좋다.

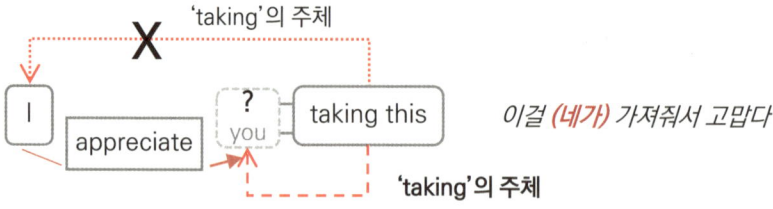

이걸 **(네가)** 가져줘서 고맙다

참고로, 'appreciate'는 뒤에 '사람(you 등)'을 써서 '감사'의 뜻을 전하지 않는다.

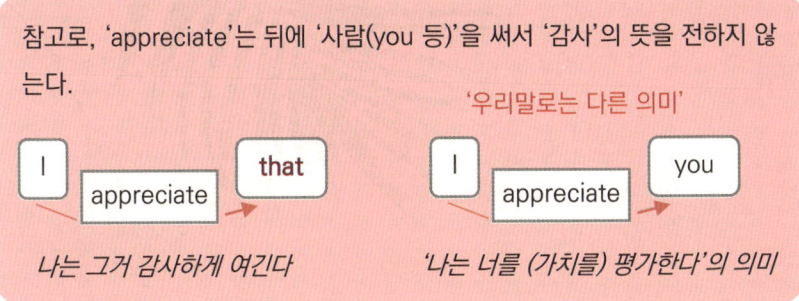

'~ing'로 쓰인 부사 덩어리의 주체와 주어가 같으면 (아래와 같이) '~ing' 앞에 그 주체를 별도로 표시하지 않는다.

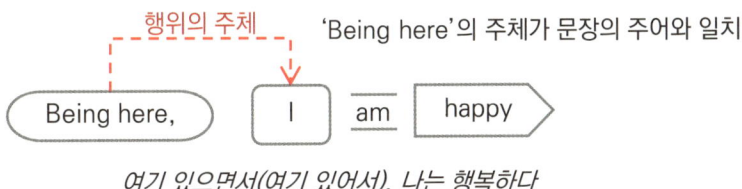

여기 있으면서(여기 있어서), 나는 행복하다

위의 문장은 '~ing'의 주체가 문장 전체의 주어와 일치하기 때문에 따로 표현할 필요가 없다. 하지만, 아래의 문장은 'being here'의 주체(me)가 주어(it)와 다르기 때문에 따로 표현해야 한다.

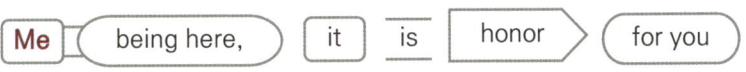

내가 여기 있으면서(있으니까, 있는 것이) 너에게 영광이다

(앞서 언급했듯이) 'Me' 대신 아래와 같이 'My'로 표현해도 괜찮다.

=

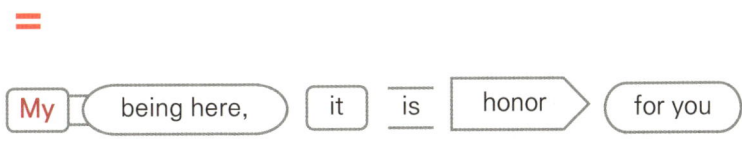

Chapter 9. BE동사가 숨어 있는 또 다른 느낌

9-1. 숨어 있는 BE동사를 느끼면 해결되는 문장형태들

'to~'와 '~ing' 구문에서 행위의 주체를 직접 앞에 꺼낸 감각을 조금 더 확대해서 알아보자. 앞서 얘기했듯이 이런 문장 구조는 <u>BE동사가 숨어 있는 느낌</u>으로 받아들이면 좋다고 설명했었다.

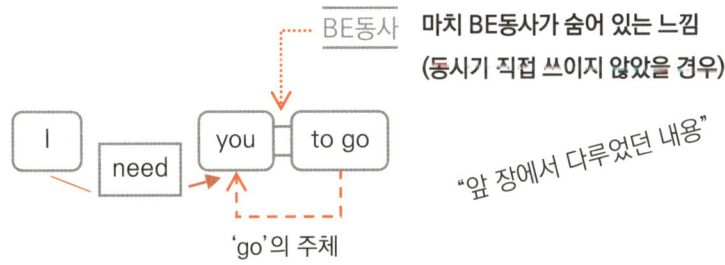

이런 문장 구조의 특징을 chapter 5. 에서 설명한 (동사 뒤에 두 개의 명사가 따라오는) 문장 구조와 **비교**하면 더 명쾌해진다. 'keep'이라는 동사가 여기에 해당된다. 아래의 문장은 무슨 뜻일까?

Keep me your friend.

대답은 '**알 수 없다**'이다. 이 동사 'keep'이 가져오는 문장 구조는 복잡하다.

아래와 같이 두 가지 문장형태(❶과 ❷)로 모두 쓸 수 있다. 즉 문맥에 따라 의미가 달라진다. 이런 동사들의 활용 형태는 다양하기 때문에 (계속 강조하듯이 우리가 쉽게 생각하는 '순영어' 동사들이다) 정확하게 이해해야 아래와 같이 폭넓게 사용할 수 있다.

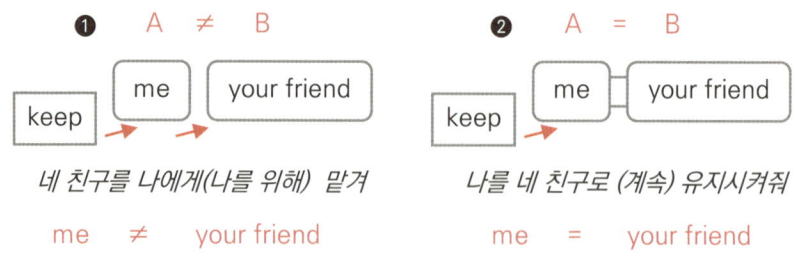

❷번의 경우에는 'A=B'의 느낌을 그대로 적용하면 된다.
결국 중간에 BE동사가 숨어 있는 느낌을 알고 있다면 아래와 같이 오른쪽의 문장 구조들도 BE동사 뒤에 올 수 있는 모든 형태가 가능하게 된다.

종류가 무척 다양하기 때문에 보기에는 어려워 보일 수 있다. 하지만 각 동사들의 의미를 정확히 파악하면 이렇게 복잡해 보이는 문장 구조도 당연하게 받아들일 수 있게 된다.

참고로, 동사 'keep'은 아래의 형태에도 모두 사용된다.

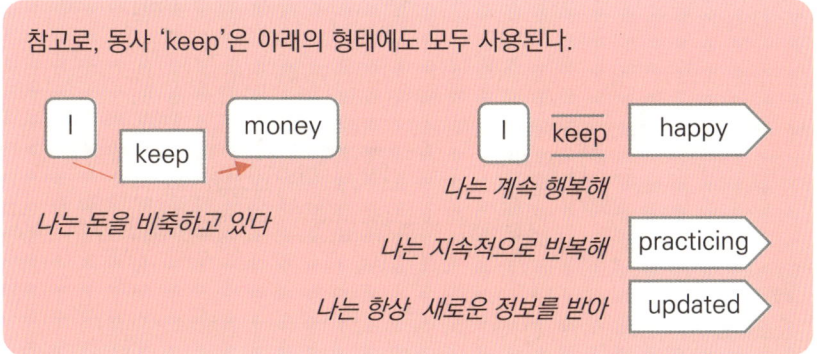

예를 들어, 동사 'keep'은 **의미상** 'to~'가 어울리지 않는다(나머지 형태들은 모두 어울린다는 의미). 각 형태의 예문을 만들면 아래와 같다. 이제부터 각 동사(주로 순영어)들과 어울리는 형태들에 익숙해 지기만 하면 된다.

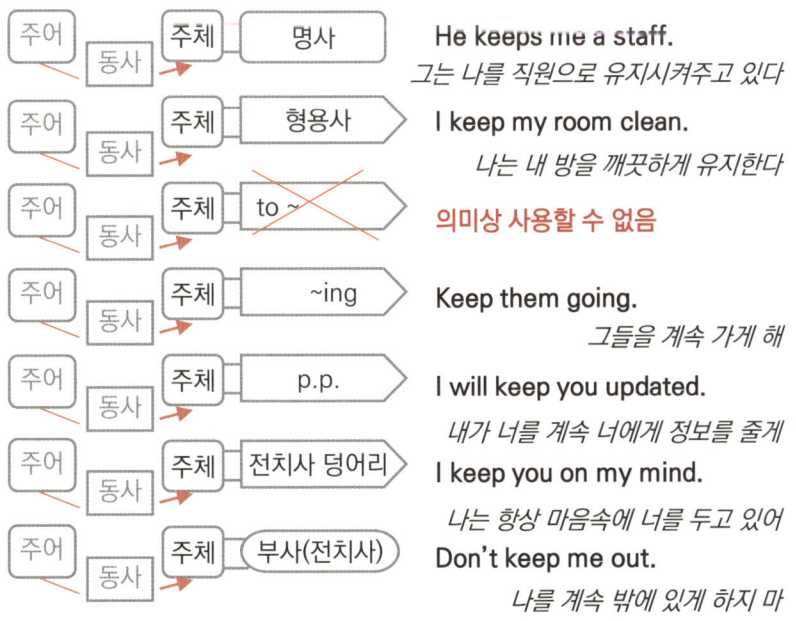

9-2. 명사만 어울리는 동사들

먼저 쉬운 예시로 시작해 보자. 'call'이라는 동사를 보자. 'call'은 아래와 같이 그 기본적인 의미에서 많은 상황에 확대하여 사용한다.

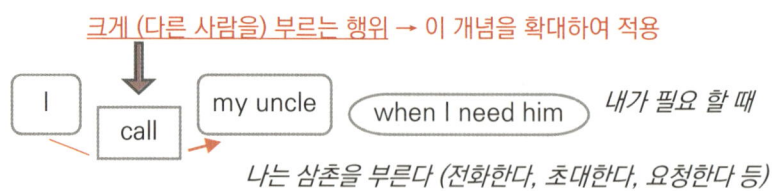

나는 삼촌을 부른다 (전화한다, 초대한다, 요청한다 등)

'call'도 이번 chapter의 형식으로 사용하는데 '명사'만 따라올 수 있다.

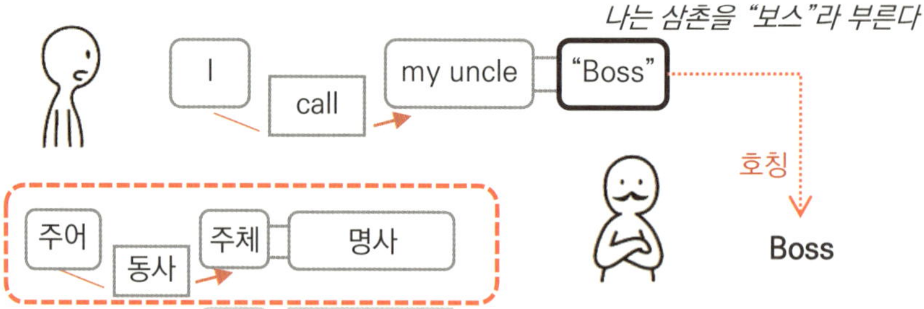

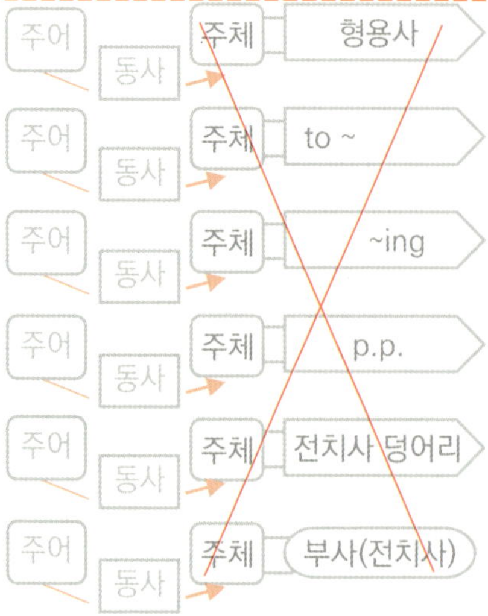

여기서 주의할 점은 '명사'이지만 말 그대로 '호칭'이 따라오기 때문에 명사에 '관사' 등(a, the, this 등)을 붙이면 안 된다.

a boss → " Boss "

9-3. 방향성이 필요한 동사들

앞에서 우리가 아래의 두 가지 문장 형태를 구분하는 것을 비교했었다. 핵심은 <u>동사의 영향력을 **받는 대상**</u>이 존재하냐 였다.

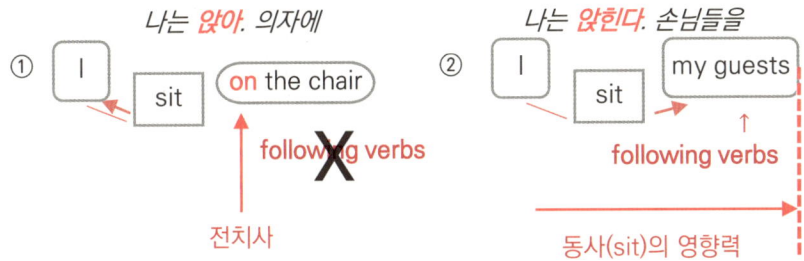

우리가 흔히 '자동사', '타동사'라는 용어를 쓰지만 본 책에서는 ①번과 같은 경우는 동사의 영향력을 직접 받는 단어(following verb)가 없는 형태이고 ②번은 동사의 영향력이 미치는 단어들이 있는 형태라고 구분을 하고 있다.
즉, 동사 뒤의 전치사의 역할이 문장을 파악하는데 중요한 역할을 한다는 것이다.

그전에 전치사의 역할을 간단히 정리해 보고 가자. 세 가지 역할로 알아 두면 되는데, 전치사의 역할을 한마디로 요약하면 (직관적으로 설명하면) 일종의 '다양한 종류의 방향성'을 부여하는 단어라고 생각하면 된다.

① **명사 앞에 붙여 (미리) 위치나 방향성을 부여해 명사를 부사로 바꾸는 역할**

'방향성'이 없는 단어   '방향성'을 넣으면 **부사** (혹은 형용사)

명사	전치사 + 명사
the school 학교	→ to the school 학교로
	← in the school 학교에서

② 전치사의 의미에 이미 방향성이 들어 있기 때문에 직접 부사 역할을 하기도 함

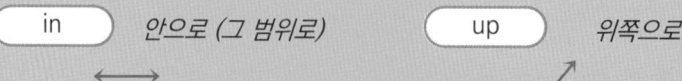

③ 동사 뒤에 붙여 동사의 의미에 변화를 가져옴

전치사가 동사 뒤에 붙어서 동사가 가진 기존의 의미에 별도의 방향성(의미)을 추가하여 그 뜻을 확대하거나 역할을 바꾸기도 한다.

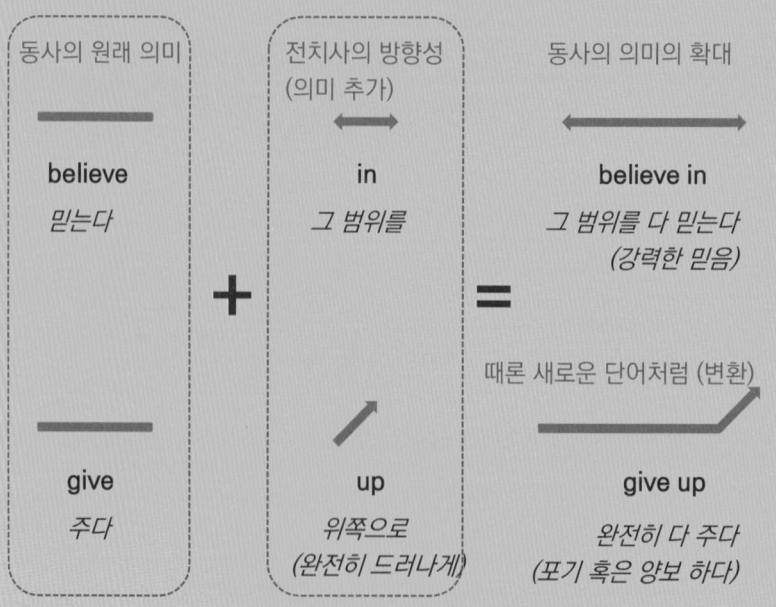

때론, 아래와 같이 새로운 **한 단어의 동사**처럼 취급하기도 한다('give up' 자체를 하나의 동사로 보고 뒤에 나오는 단어에 영향을 주는 것으로 생각).

나는 '포기'를 포기했다

이를 일반적인 전치사 구문(전치사 덩어리)과 구분하는 방법은 간단하다. 아래와 같이 동사와 분리가 되어도 뜻이 통하는지 보면 된다.

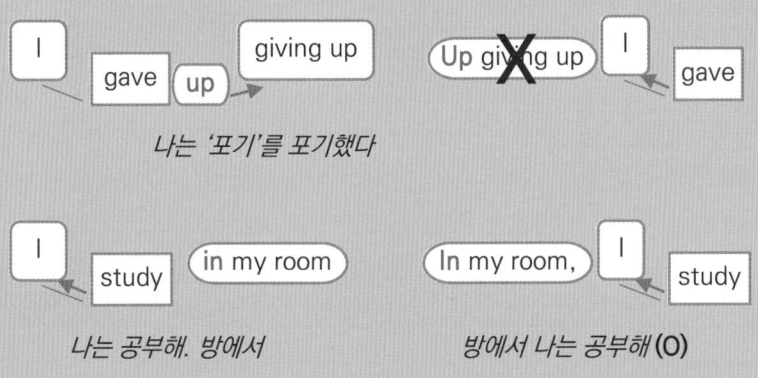

앞서 본 책에서는 '순영어'와 '외래영어'로 분리해서 설명했는데, 아래와 같은 특징들이 있었다.

순영어	외래영어
부족한 어휘로 숙어 탄생 (동사 + 전치사 = 새로운 동사)	어원으로 단어를 생성하는 것이 용이하기 때문에 어휘가 충분

그래서 이러한 순영어의 조합은 아래와 같이 하나의 동사로 봐도 무방하다.

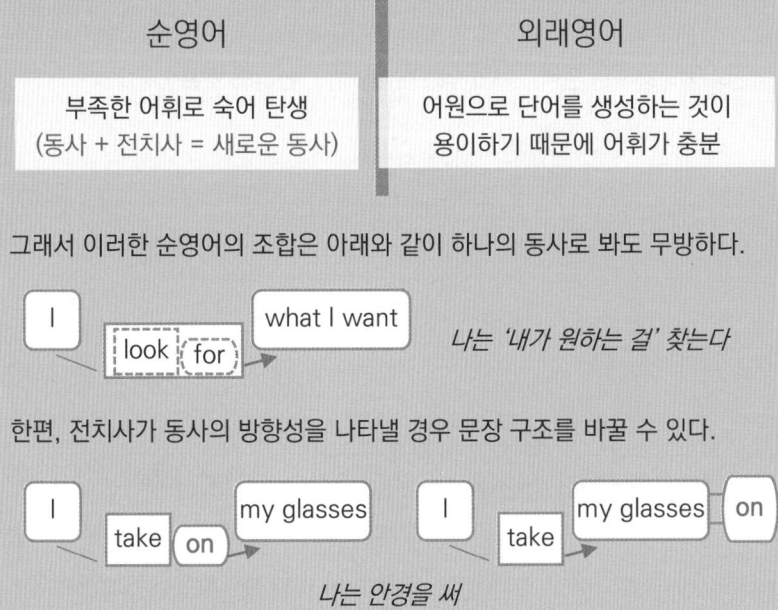

한편, 전치사가 동사의 방향성을 나타낼 경우 문장 구조를 바꿀 수 있다.

동사에 전치사를 붙여서 동사의 의미를 추가(혹은 변형)하는 예시를 하나 보자. 'pick'은 어떤 대상을 찌르면서 닿는 상황을 표현하는 동사이다.

나는 컵을 찍었어 (골랐어, 닿았어 등)

딱! 여기까지 이다. 위의 그림은 컵을 찌른 상황에서 끝난다. 'pick'만으로는 다음 행동까지 나타낼 수 없고, 전치사(부사)를 붙여줘서 '그다음 행동'의 방향성을 표현(의미를 확장)할 수 있다

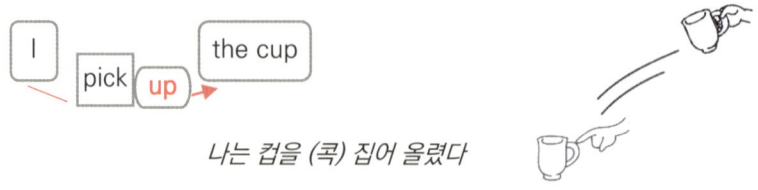

나는 컵을 (콕) 집어 올렸다

이런 기본 동작(올리다, 밀다, 당기다 등)을 나타내는 동사들은 방향성을 나타내는 전치사(부사)를 뒤로 보낼 수 있다. 동작의 방향성(up)을 강조하고자 하는 표현이라 생각하면 된다('강•약•강'으로 말하는 '영어의 호흡').

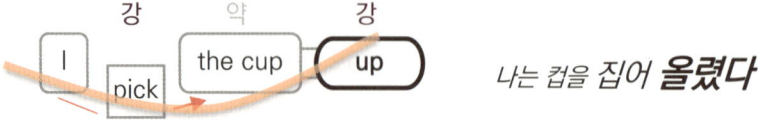

나는 컵을 집어 **올렸다**

만약, 대상(the cup)을 더 강조해서 표현하고 싶다면 아래와 같이 'the cup' 을 뒤로 보내면 된다.

나는 **컵을** 집어 올렸다

(혹은 'the cup' 자리의 구문이 길어지면 이런 문장 형태를 사용해야 한다.)

이때 'the cup(실물 명사)' 대신 대명사인 'it'을 쓰는 경우, 대명사 'it'은 영어에서 강조해서 말할 수 있는 단어가 아니기 때문에 (자리를 채우기 위해 가볍게 넣는 것이 대명사이다) 중간에 넣어서 약하게 나타낸다.

이렇게 어떤 대상에 물리적인 (혹은 '심리적'도 포함) 영향을 직접적으로 주는 동사들은 아래와 같다.

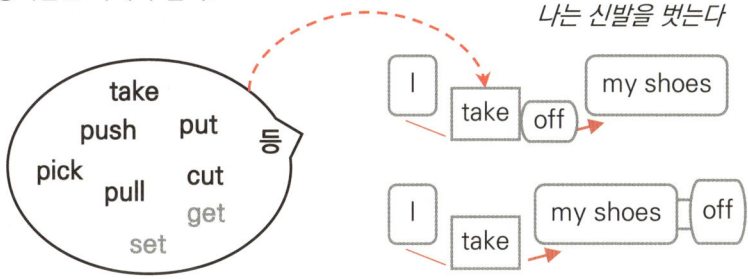

때론 동사의 방향성이 완전히 바뀌어 버리는 단어(off 등)가 따라오는 경우도 있기 때문에 주의를 요한다. 짧은 단어(off)지만 뜻을 완전히 바꿔버리는 강력한 역할을 하는 경우이다.

게다가 이런 동사들과 전치사의 조합들은 일상에서도 정말 자주 쓰이는 것들이고, 오래 사용되고 있는 표현들인 만큼 그 활용이 무척 다양(의미가 다양)하기 때문에 반드시 익숙해져야 하는 부분이다. 많은 경험치가 필요하기도 하다.

이런 형태는 방향성을 나타내는 전치사들뿐만 아니라 다양한 구문(덩어리)들도 쓸 수 있다(명사는 방향성이 없으므로 따라올 수는 없다). 먼저 '전치사(방향성을 가진 부사)'가 따라오는 경우를 연습해보자.

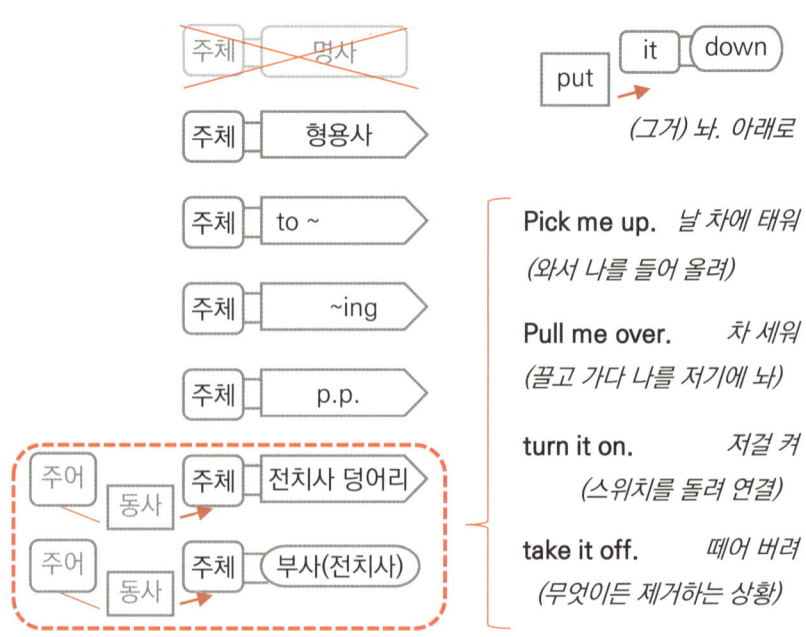

미루지 말고 여기서 모두 소리 내어 읽고 지나가자(은근히 우리가 못쓰는 표현들이다). 또한 아래와 같이 '전치사 덩어리'나 형용사 등이 오는 경우도 있다.

Put your room in order.	방을 깨끗이 (정리) 해	[전치사 덩어리]
Put your report to the C.E.O.	사장님에게 결과 보고해	[to + 명사]
Push him to do something.	그가 뭔가 하게 (억지로) 시켜	[to~ 동사]
Take your eyes off me.	나에게서 눈 때(보지 마)	[전치사 덩어리]
Set me free.	날 자유롭게 만들어	[형용사]
Take me to your place.	날 너의 집에 데려가	[to + 명사]
Cut him loose.	(묶여 있는) 그를 풀어줘	[형용사]

9-4. 상태를 유지시키는 동사들

이번에 살펴볼 동사들은 어떤 대상의 상태를 그대로 유지시키는 동사들이다. 의미상 그 상태를 직접 나타내는 형용사('~ing'와 p.p 포함)가 따라오는 경우가 가장 많고 전치사 등도 따라올 수 있다. (물론 형용사나 '~ing'의 주체가 주어와 일치할 경우 왼쪽과 같은 문장형태로 사용할 것이다.)

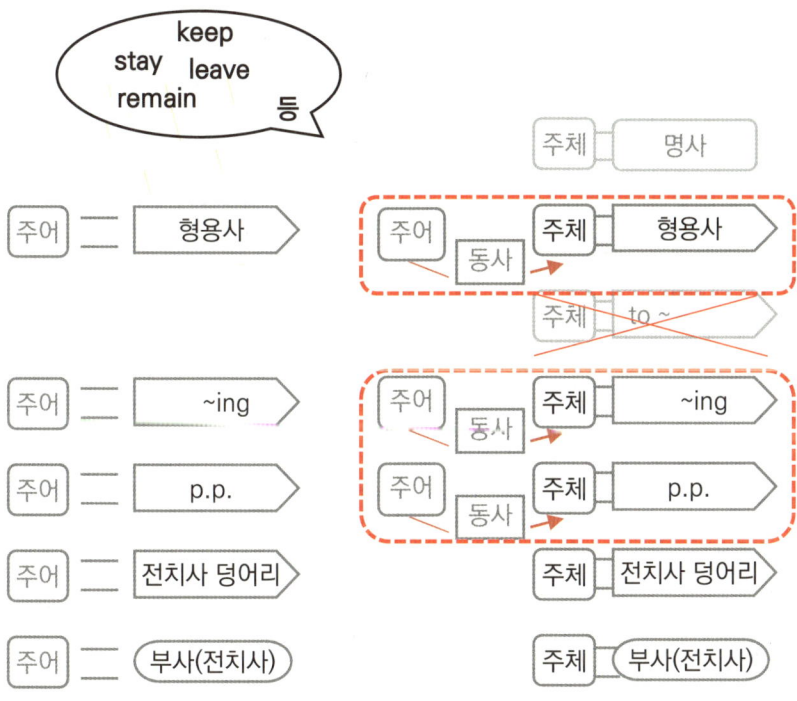

아래의 문장들도 연습을 하고 지나가자.

Keep moving. *계속 움직여*   Keep me moving. *날 계속 움직이게 해*
leave me alone. *혼자 내버려 둬*
Stay happy. *계속 행복해라*   Stay him studying. *걔 계속 공부하게 해*

Chapter 10. 일반적인 형태를 벗어나는 특이한 동사들

10-1. 대상을 완전히 통제하는 make

아래의 그림은 앞 chapter들을 통해 우리가 다뤄보고 있는 (좀 어려워 보일 수 있는) 문장 구조이다. 여기서 동사 바로 뒤에 따라오는 following verb는 '동사의 대상'이 되기도 하지만, 그 뒤에 오는 말('~ing', 'to~', p.p. 등)의 **주체**(의미상 주어)이기도 하다.

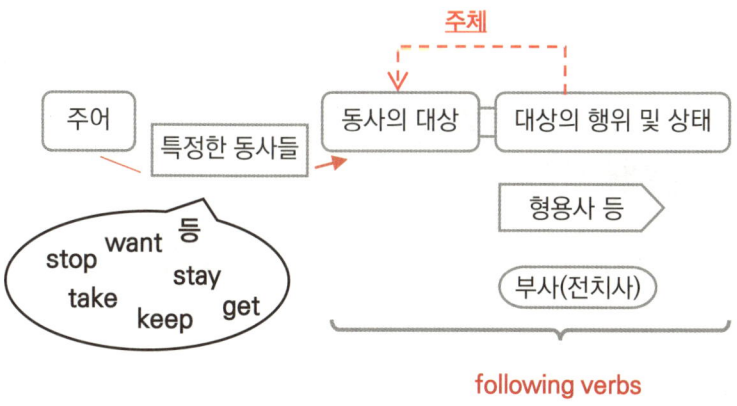

이런 형식으로 쓰이는 동사들은 영어의 동사들 중 일부만 사용될 수 있는 문장 구조이고, 그 뒤에 따라오는 following verb들도 여러 종류이기 때문에 다소 어려워 보이는 것이다.

여기서 더 나아가 한 단계 더 특이한 동사들이 **극히 일부 존재한다**(하지만 많이 사용한다). 예를 들어, 우리가 흔히 '사역동사(make, let 등)'라고 부르는 것들이다. '사역동사'라고 불리는 동사들은 뒤에 '동사의 원형(혹은 원형부정사)'이 따라오는 공통점을 가지고 있다고 말한다. 하지만, 이들 동사들은 각각 다른 성격과 의미를 가졌기 때문에 한꺼번에 묶어서 생각하는 것은 옳지 않다(그래서 본 책에서는 '사역동사'라는 용어를 사용하지 않는다).

그렇다면 이런 동사들이 왜 특이한지 보도록 하자. 이 chapter에서 다룰 동사들은 아래와 같이 'to~'나 '~ing'를 쓰지 않고 '동사형 명사(본 책의 설명에 의하면 '동사의 원형'이 아니라 그냥 '(동사형) 명사'라고 부르는 것을 알고 있을 것이다)'를 쓰는 것이 <u>영어에서는 '아주' 특별한 경우</u>라는 것이다.

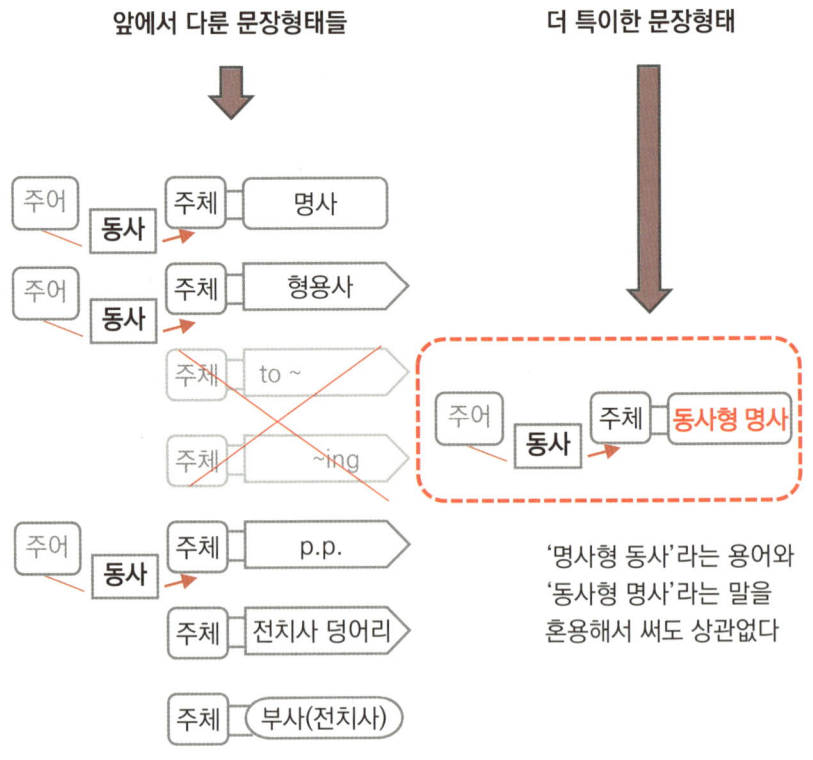

'명사형 동사'라는 용어와 '동사형 명사'라는 말을 혼용해서 써도 상관없다

이런 동사들을 단순히 외우기보다는, 이런 구조가 나오는 이유를 이해한 이후에 접하면 훨씬 쉽게 익숙해질 수 있다. 'make'는 우리가 단순히 '만들다'의 의미로 알고 있지만 '어떤 **결과(변화)를 만들어내는 모든 행위**'를 포함한다. 따라서 주어의 영향력으로 (동사 뒤의) 대상은 꼼짝없이 '**되어지는**' 결과가 나온다

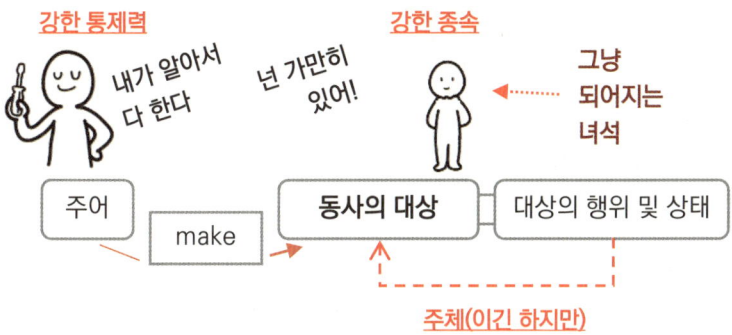

즉, 'make'의 대상은 (그 뒤에 따라오는 행위의 주체이긴 하지만) 전적으로 '주어'에 의해 주도된다. ~이 되어지고(=명사), 어떤 상태가 되며(=형용사), 혹은 어떤 행동(=동사)을 하게 되는 것이다. 특히 (동사로) 행위를 표현할 때는 **종속성이 강하다는 의미**로 'to~'나 '~ing'가 아닌 '동사형 명사(명사 보양)'를 쓰는 것이 특별하다는 것이다.

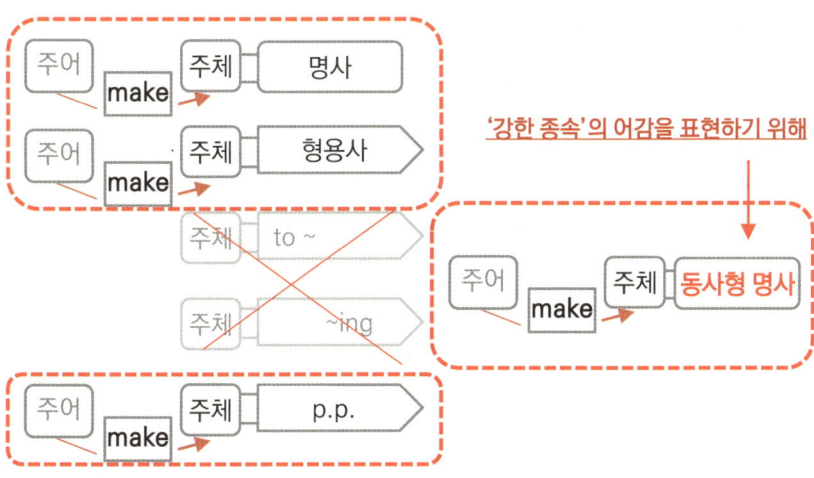

참고로 'make'의 의미를 단순히 우리말 '만들다'에 묶어 두면 안 된다. 아래와 같이 '결과물'이나 어떤 '변화'가 발생하는 모든 행위로 의미를 확장해야 제대로 'make'를 사용할 수 있다.

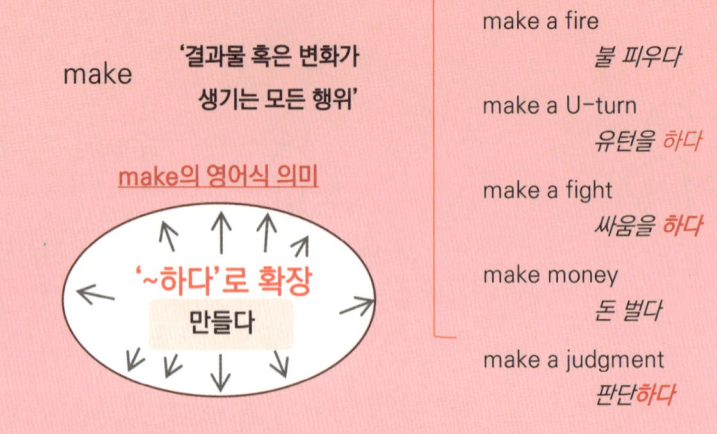

즉, 'make'는 '~을 만들다' 보다 '~을 하다'의 의미일 때가 많다.

앞 페이지 그림의 붉은색 점선에 들어 있는 표현들(뒤에 명사, 형용사, 동사형 명사가 따라온다) 위주로 익숙해지면 된다. 먼저 우리가 '동사의 원형('명사형 동사', 혹은 '동사의 명사형')'이라 부르는 것이 따라오는 경우를 보자.

이런 형태는 뒤에 오는 (동사형) 명사가 또다시 동사의 역할(following verbs 가 따라온다)을 하기 때문에 조금 어려워 보일 수 있다(그래도 이 책을 차근차근 봐왔다면 이해할 수 있다).

내가 그에게 '네가 필요한 것'을 너에게 주도록 만들었다

앞의 예시와 같이 복잡한 형태가 아닐지라도 이런 문장 구조에 익숙해져야 한다. 이번엔 도형 없이 예문들을 보자.

I will make her leave.   난 그녀를 떠나게 할 거다(만들 거다)
This makeup makes her look like a celebrity.
                                이 화장법은 그녀를 연예인처럼 보이게 한다
She made her dog love her.   그녀는 자기 개가 본인을 좋아하게 만들었다

혹은 'make'가 동사가 아닌 'to make'나 'making'의 형태로 쓰여도 그 뒤는 같은 구조를 만들 수 있다.

I'm here to make you finish your work.
                      난 여기 있잖아(왔잖아) 네일 을 마무리하게 하려고
Making people do their best, I feel great.
                      사람들이 최선을 다하게 만드니, 내가 대단한 것처럼 느껴진다

위와 같은 형태들에 완전히 익숙해져야, 다른 문장 구조(예를 들어, 'make' 뒤에 'to~'나 '~ing'가 따라오는 경우)도 쉽게 알아차릴 수 있다.

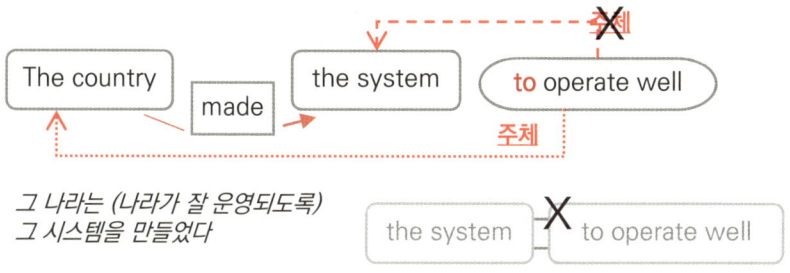

그 나라는 (나라가 잘 운영되도록)
그 시스템을 만들었다

위의 문장은 그 나라가 '그 시스템을 (=)잘 운영되도록 만들었다'가 아니다. 나라가 잘 운영되도록 그 시스템을 만든 것이다.

'make'는 아래와 같이 '명사'나 형용사 형태도 많이 따라오기 때문에 다 함께 익숙해져야 한다.

The professor made his assistant a great scholar.
그 교수는 조교를 훌륭한 학자로 만들었다
Your smile makes me happy. 너의 미소는 날 행복하게 해
The boss wants to make Jim one of the team leaders.
사장은 짐을 팀장 중의 하나로 임명하고 싶어 해
I am good at making my sister annoyed haha.
나는 우리 누나를 짜증 나게 하는 걸 잘하지 하하

'make' 역시 순영어 동사이다. 이 역시 무척 다양한 형태로 쓰인다는 의미이다. 또한 아래와 같이 다른 문장형태 (❶과 ❷의 차이)로도 쓰이기 때문에 쉽지 않은 동사로 인식해야 한다.

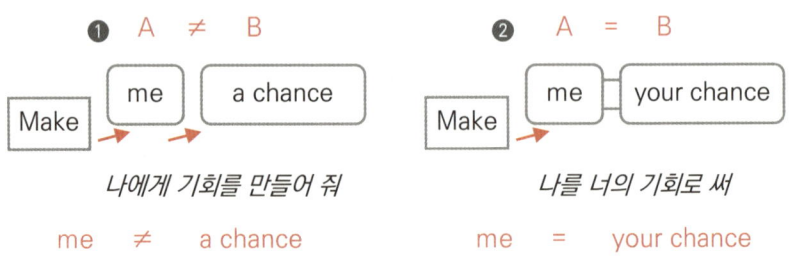

위의 두 문장의 구분은 문맥을 이해하고 있다면 자연스럽게 둘 중 하나를 받아들일 수 있을 것이다(앞서 얘기했듯이 구분이 안 된다면 글쓴이나 말한 이의 잘못으로 볼 수 있다).

10-2. 대상을 내버려 두는 let

'let'을 우리가 '허락하다', '시키다' 혹은 '내버려 두다' 등 여러 가지 의미가 있는 것으로 알고 있지만, 'let'은 영어식으로 하나의 뜻이다. 아래와 같이 '동사의 대상'의 행동(이나 상태)을 **주어가 그냥 내버려 두는 것**이다. 즉, 'let'을 우리말로 표현하면 그나마 '내버려 두다'가 가장 비슷할 것이다. 대상의 행동을 '가만히 놔두는 것'은 맞지만, 주어가 이를 통제할 수 있는 상황이다.

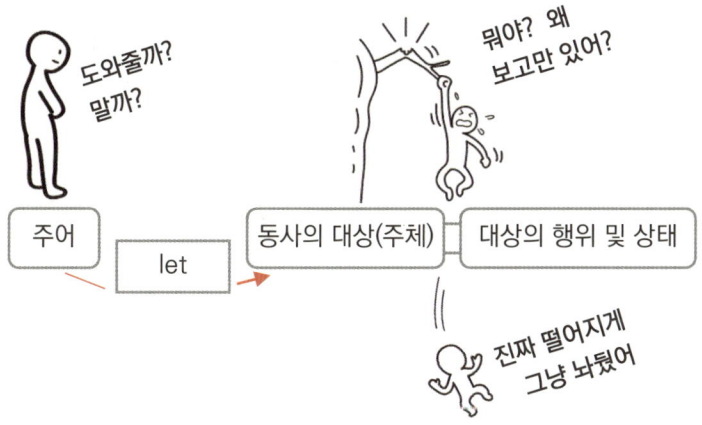

'let(구어적 표현)'은 'allow(조금 더 딱딱한 표현)'와 혼용해서 써도 좋을 정도로 비슷하다. 차이점은 'allow'에는 '허락의 권한(허락하는 행위를 하는)'이 더 있는 느낌이며, 'allow'는 'let'과는 달리 수동태의 형태로도 쓴다.

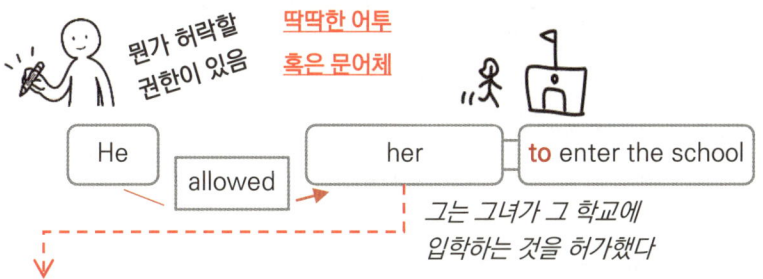

≒ She <u>was allowed</u> to enter the school.
(그녀는 그 학교에 입학이 허락되었다.)

'let'과 'allow'의 가장 큰 차이점은 'allow'는 'to~(~하려는 것을 허락했다)'가 따라온다는 것이고 'let'은 **동사형 명사**가 따라온다는 것이다. 이외에도 동사 'let'이 가져오는 문장 형태는 아주 독특하다. 특히 아래와 같이 대상(주체) 뒤에 '명사'나 '형용사'를 넣을 때 'be'를 넣는 표현은 영어에서 유일하게 'let' 밖에 없다. 게다가 정말 많이 쓰는 단어이니 꼭 익숙해져야 한다.

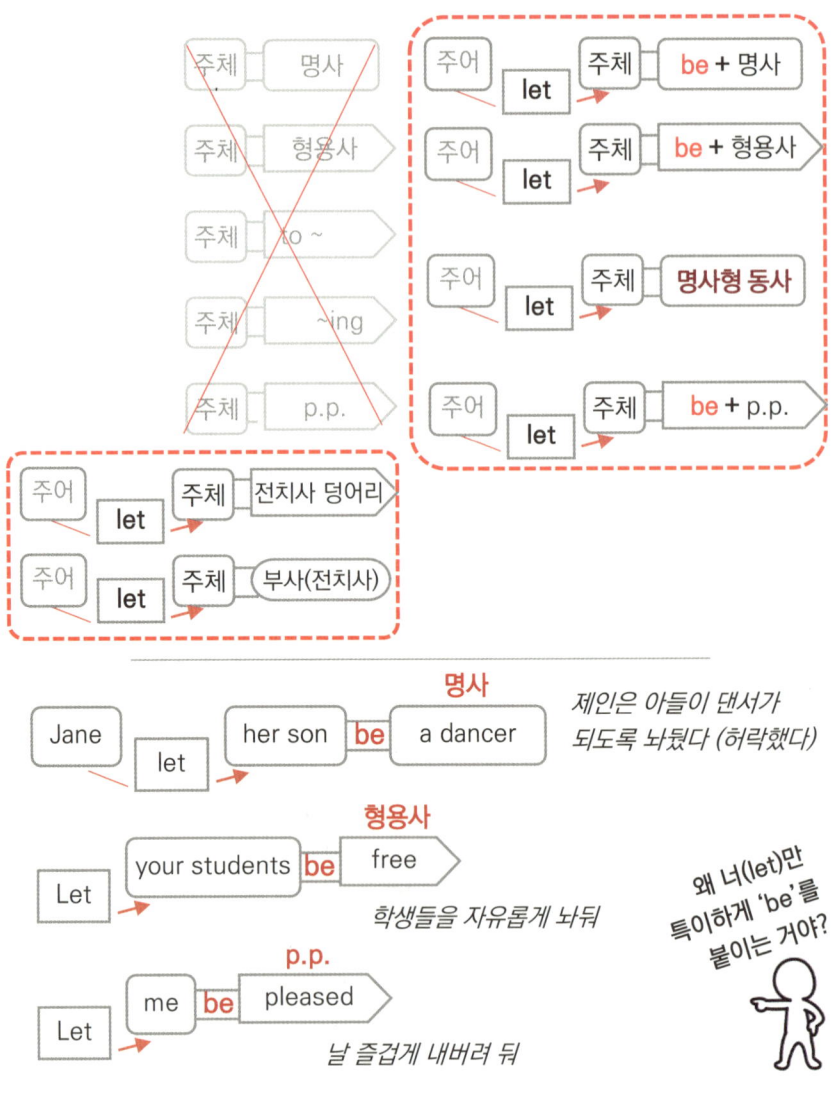

Ch 10. 일반적인 형태를 벗어나는 특이한 동사들

또한 동사 'let'은 직접적으로 방향성을 나타내는 부사(주로 전치사)도 붙일 수 있는데, 이런 형태들은 'go', 'come', get' 등의 '이동의 느낌'을 가진 동사들이 생략된 형태라고 생각해도 좋다.

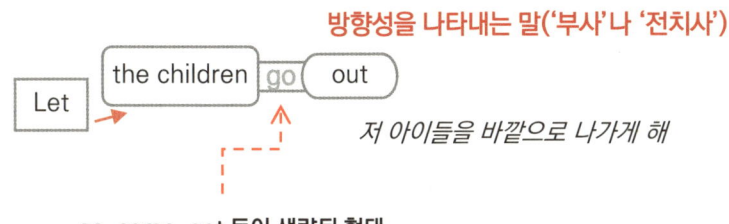

'let'은 무언가 하고자 할 때 시작하는 말로 무척 많이 쓴다. 'Let me +동사 모양(명사)'의 형태이다.

Let me tell you something.   나 너한테 뭔가 말 좀 할게
Let me introduce myself.   제 소개 좀 할게요

결국, 우리가 'make'와 'let'을 (사역동사라는 용어를 쓰며) 비슷하게 여기지만, 아래와 같이 그 의미는 완전히 다르다.

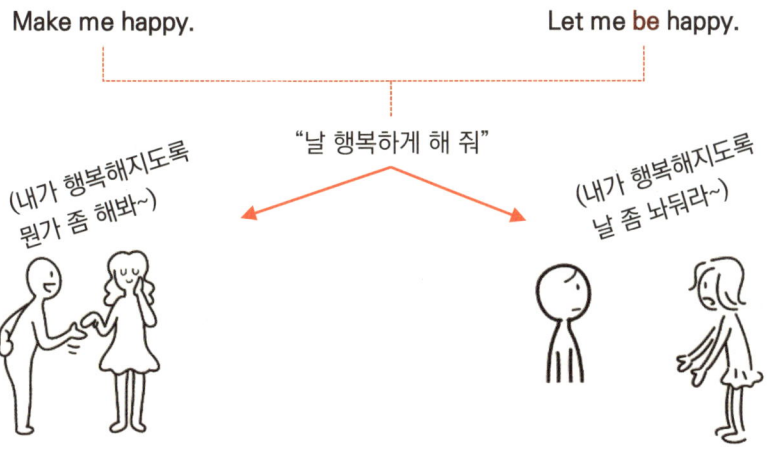

앞에서 다루었던 문장 형태들을 종합적으로 섞여서 표현해도 이들을 이해해야 한다.

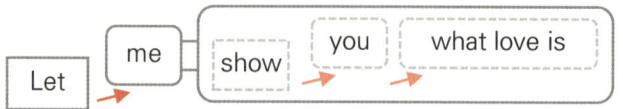

내가 너에게 사랑이 무엇인지 보여줄 수 있도록 해 달라

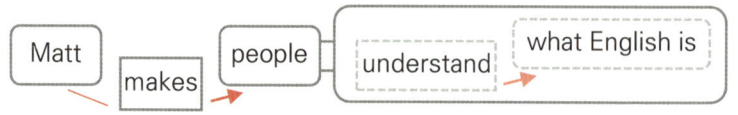

매트는 사람들에게 영어가 무엇인지 이해하도록 만든다

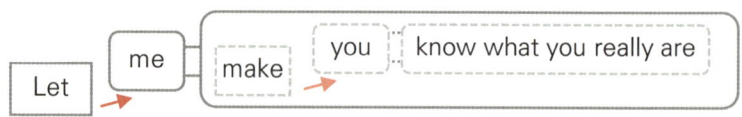

내가 너를 네가 진짜로 누구인지 알게 만들도록 해달라

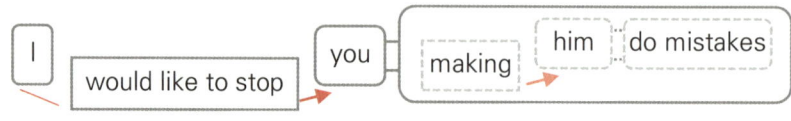

나는 네가 그가 실수하도록 만드는 것을 멈추고 싶다

네 아내는 네가 너의 아들을 다이버로 만드는 것을 허락하기를 원한다

이런 복잡한 문장들을 쉽게 받아들이려면 앞부분에 제시된 <u>간단한 문장들부터 많은 연습을 통해 적응하면 된다</u>. 그렇게 되면 여러 문장 형태들이 섞여서 사용되어도 이해할 수 있게 된다.

10-3. 쉬운 듯 어려운 동사, have

'have'는 영어에서 무척 자주 쓰인다. 그러나 그 활용 형태가 무척 다양하기 때문에 쉬운 동사로 여겨서는 곤란하다. 가장 먼저 have의 의미를 확인하고 지나가자. 'have'의 의미는 '가지다'라는 의미에서 아래와 같이 조금만 확대하면 더 좋다.

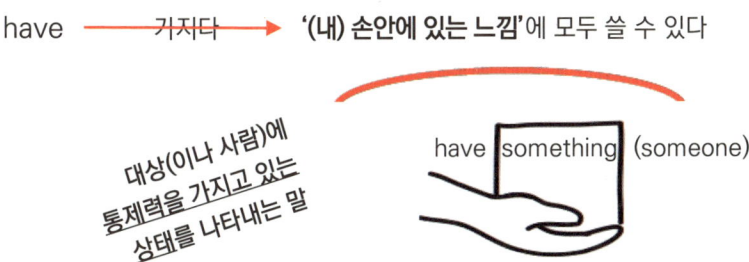

그래서 have는 '소유'뿐만 아니라 아래와 같이 '실행'의 의미로도 많이 쓰인다.

Have a seat. 앉아! **Have a look.** (여기) 봐!

동사 'have'를 이용한 관용적인 표현(have to)도 많이 쓰기 때문에 그 의미를 제대로 이해하고 넘어가는 것이 좋다. 'have to'는 'must'와 비슷하지만 부정문으로 쓰일 때는 다른 뜻이 된다(뒤에서 다시 설명한다).

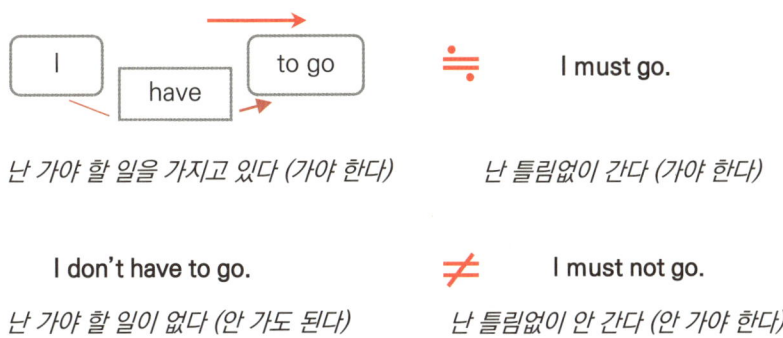

'have to~'를 'have got to~'로 표현하기도 한다. 그 줄임말인 'gotta~'는 구어체에서 쓴다(have p.p.는 뒤에서 다시 다룬다).

I <u>have got to</u> go. 의 줄임말: I <u>gotta</u> go.

그리고 여기서 알아 둬야 할 'have'의 활용은 아래와 같다. 앞에서 설명했듯이 'have'도 주어가 통제력을 가지고 있음을 의미하기 때문에 'make'와 같이 뒤의 대상을 통제할 수가 있다. 따라서 아래와 같이 'make'와 같은 문장 구조를 만들어낼 수 있다('make'보다는 약하고, 'let'보다는 강한 느낌이라고 생각하면 된다).

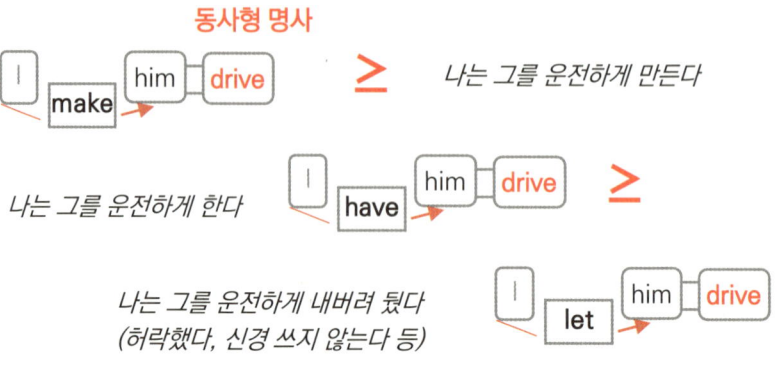

따라서 동사 'have'도 아래와 같이 'make'와 같은 문장 구조를 만들어 낼 수 있다

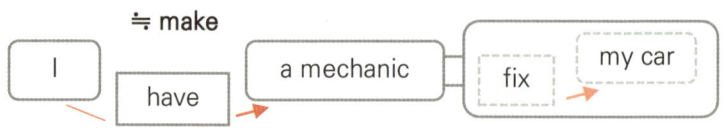

나는 (어떤) 정비공이 내 차를 정비하게 한다

그런데 'have'는 'make'보다는 다소 약한 통제력을 가진 의미를 이용해 조금 독특한 문장을 만들어 낼 수 있다(많이 쓰이니 알아 두자). 아래와 같이 '(어떤) **정비공이** 내 차를 수리하는 것'이라는 메시지(①번 문장)보다는 '**내 차**(my car)를 주인공으로 하여 '**내 차가 수리되게 하는 것**'이라는 메시지(②번 문장)를 강조하고 싶으면 이와 같은 문장을 만들 수 있다.

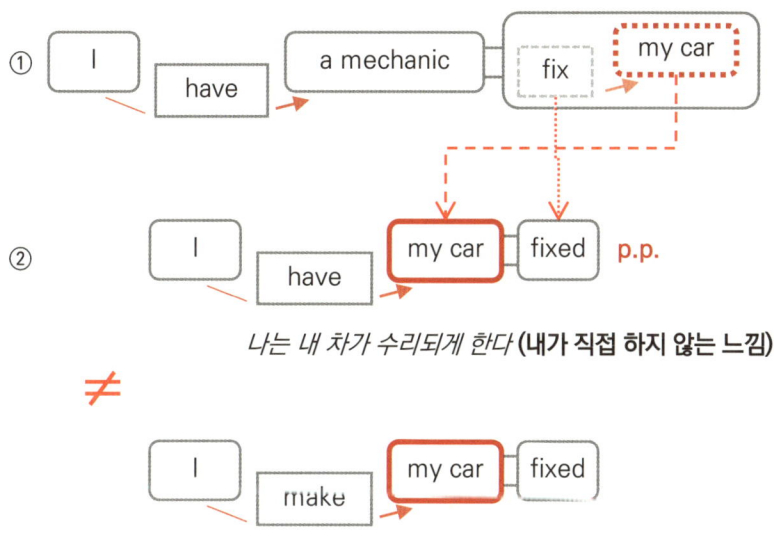

②번과 같이 'my car'를 '주체'의 자리로 이동하면 '~수리가 되어진(당하는)' 의미가 되기 때문에 p.p.의 형태로 써야 한다.
'make'는 강한 통제력을 가졌기 때문에 주어가 직접 차를 수리한 느낌이 나지만 'have'는 그렇지 않기 때문에 주어가 직접 행동하지 않은 느낌을 살려서 표현할 수 있는 것이다.

She had her hair permed.   그녀는 머리에 파마를 했다(미장원에서)
A citizen had the criminal arrested.
                 시민 한 명이 그 범죄자를 체포되게 했다

10-4. 감각(오감)의 동사들

영문법에서 '지각동사'라 일컫는 동사들이다. 아래와 같이 비교적 다양한 형태들이 적용된다. 주로 '동사형 명사'나 '~ing'를 혼용해서 쓸 수 있다.

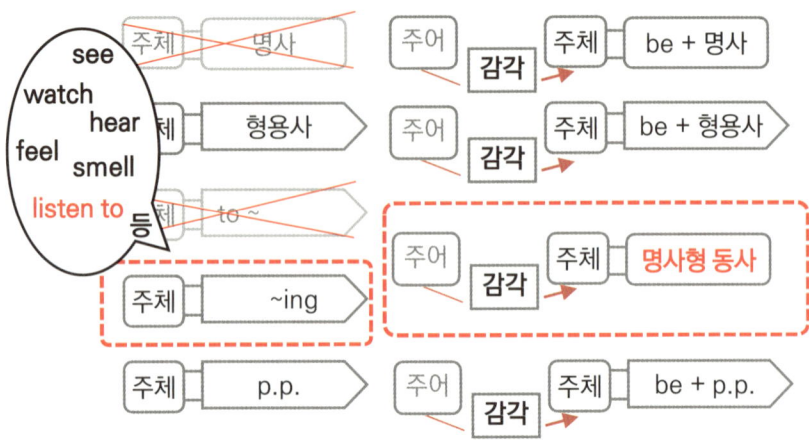

주체 뒤에 '동사형 명사'나 '~ing' 둘 다 써도 의미 차이가 없는 경우도 있으나, 단어나 문맥에 따라 더 어울리는 형태들도 있다.

I have seen my teacher care about what the students missed.
　　　나는 선생님이 학생들이 놓치고 있던 것들에 신경 쓰는 것을 봐 왔다

I watched the bus carrying a lot of people at once.
　　　나는 저 버스에 많은 사람들이 한꺼번에 타는 것을 봤다

I heard someone calling(call) you urgently.
　　　나는 어떤 사람이 너를 다급하게 부르는 것을 들었다

I feel you thinking of her.　　　나는 네가 그녀를 생각하는 게 느껴진다

I saw him (be) offensive.　　　나는 그가 화가 난 모습을 봤다

3부

조동사와 다양한 시제
: 보여줄게 완전히 달라질 내 영어

Chapter 11. '조동사'는 '동사의 성격'을 부여하는 말

11-1. '조동사'를 '동사의 성격'이라 표현하면 어떨까?

chapter 1의 핵심을 간단히 다시 짚어보면, 영어는 명사들을 '주동목(주어, 동사, 목적어)'의 순서대로 나열하여 문장을 구성하는 언어라 했었다.

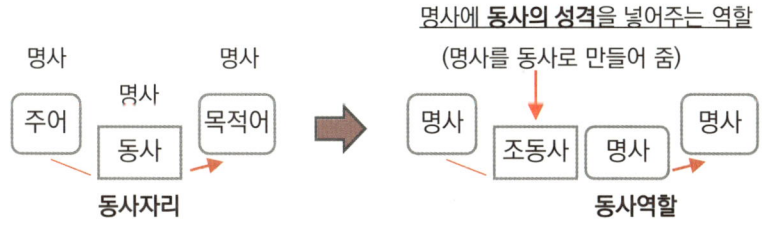

위와 같이 '명사'가 동사로 쓰이려면 자리(위치)로 결정되기도 하지만, <u>반드시 동사임을 나타내 주는 말(우리가 '조동사'라고 부르는 것)을 추가해야 한다.</u> 즉 명사 앞에 '조동사'를 붙이면 그 명사가 비로소 '동사'가 된다.

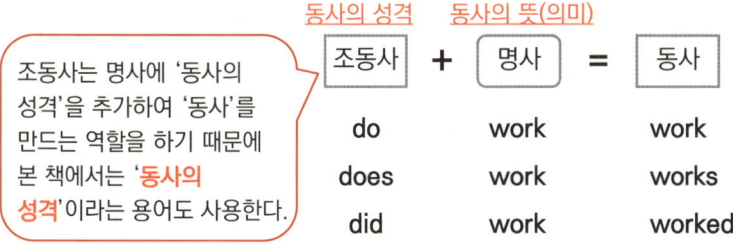

조동사는 명사에 '동사의 성격'을 추가하여 '동사'를 만드는 역할을 하기 때문에 본 책에서는 '**동사의 성격**'이라는 용어도 사용한다.

본 책의 시작 부분(chapter 1)에서 영어식 어순을 우리말 단어를 이용해 느껴 보면서 두 문장을 비교하던 부분이 있었다(우리말 조사를 빼고 읽었다).

이번엔 이 내용을 조금 확대해서 '동사' 자리의 명사에 '동사의 성격'을 추가하여 영어식 문장 구조에 익숙해져 보자.

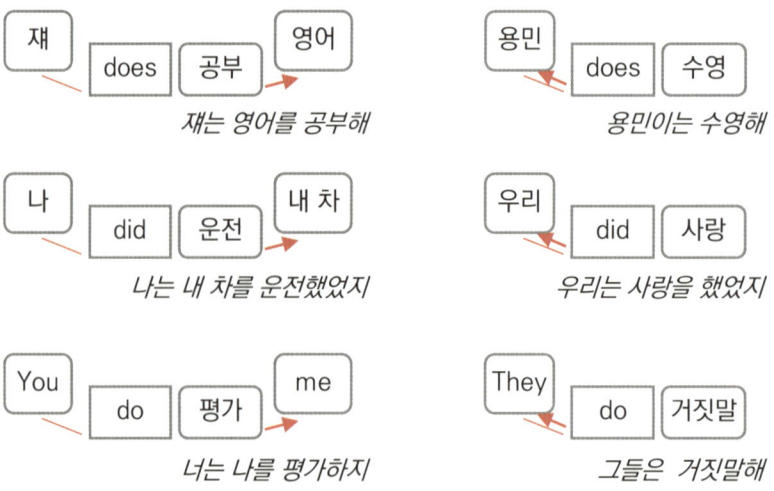

장난처럼 보일 수 있으나(오히려 이렇게 연습하면 재미있다), 실제로 영어식 문장 구조 감각(시제 및 인칭 파악도 포함)을 만드는데 큰 도움이 된다. 정말이다. 일상에서도 이렇게 말해 보길 바란다. 친숙한 우리말 단어를 사용하기 때문에 오히려 영어식 문장 구조에 더 빨리 익숙해진다. 그 이후(영어식 문장 구조에 익숙해진 다음)에 영어단어를 넣으면 쉽게 영어문장을 구사할 수 있게 된다. <u>이렇게 연습하는 목적은 바로 '조동사' 역할을 하는 **'do', 'does', 'did'**와 친해 지기 위함이다.</u>

이런 식으로 '동사의 성격(조동사)'들과 익숙해지면, 나중에는 다른 종류의 조동사들도 쉽게 익숙해질 수 있다.

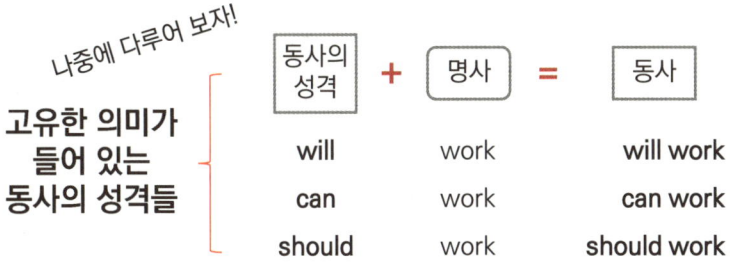

앞에서 우리말을(이라도) 섞어서 연습을 하자는 것에는 사실상 더 깊은 의미가 있다. 우리말은 구사할 때 인칭의 변화를 전혀 생각할 필요가 없는 언어이다. 게다가 시제(현재와 과거) 구분은 영어에 비해 상대적으로 명확히 표현하지 않는다. 하지만 영어에서는 이러한 것들이 무척 중요하다. 아래와 같은 연습은 이런 구분을 '감각적'으로 만드는데 큰 도움이 될 것이다(추가적으로 '조동사'를 꺼내면 '동사의 원형'이 따라오는 감각도 생긴다).

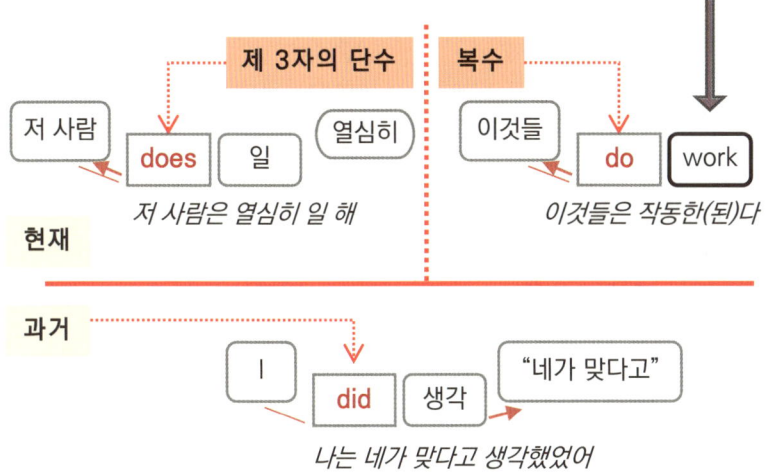

말을 하다 보면, 종종 '생각할 시간' 등이 필요할 때가 있다. 이럴 때 '동사'에서 '동사의 성격'을 먼저 얘기하고 어떤 '동사형 명사'를 사용할지 생각하는 시간을 가질 수도 있을 것이다.

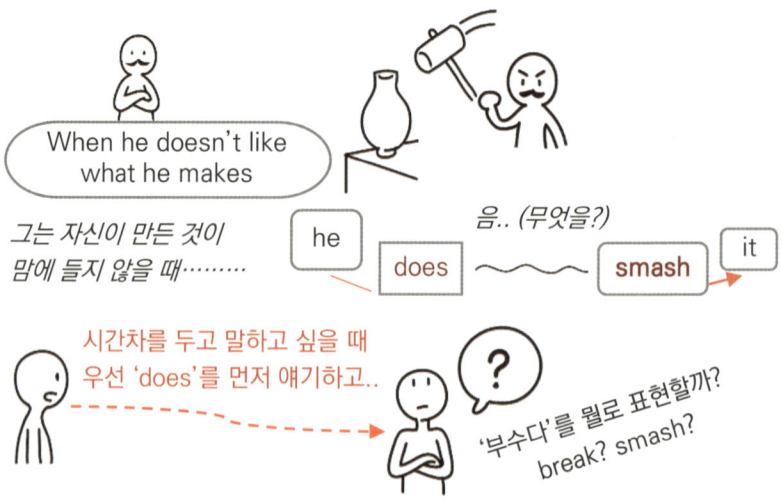

혹은 동사의 과거 표현이 생각나지 않을 때도 요긴하게 쓸 수 있을 것이다. 아래와 같이 불규칙한 동사의 과거 표현(drove)을 모를 때, 대신에 'did + 동사의 명사형(did drive)'으로 표현해도 괜찮다.

위와 같이 표현하면, 원어민들이 "drive의 과거 표현 모르는 거 아니야?"라고 생각하기보다는 오히려 "영어를 자유롭게 구사하는구나"라고 생각할 수도 있다.

11-3. '동사의 성격'은 곧 '문장'의 성격

이렇게 영어문장에서 '동사의 성격'을 인지하고 꺼내는 것을 연습하면 많은 이점이 생긴다. 예를 들어, 아래와 같이 다소 긴 문장을 하나 보자(아직 자세히 해석할 필요는 없다).

> The principal who is responsible for the whole school work teaches English to make his students globalized.

위의 문장을 우리가 다루고 있는 도형 그림에 넣으면 아래와 같다.

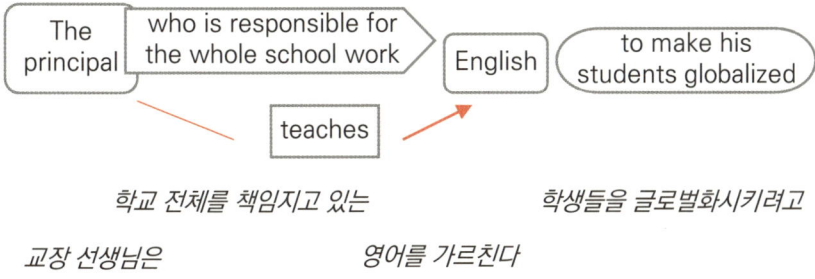

영어문장은 아무리 길어도 한 문장에는 '단 하나'의 '동사(의 성격)'를 가지고 있다. 이를 이용하여 문장 전체를 '요약'하는 것이다. 이런 감각이 생기면 긴 문장에 대한 부담감이 줄어든다.

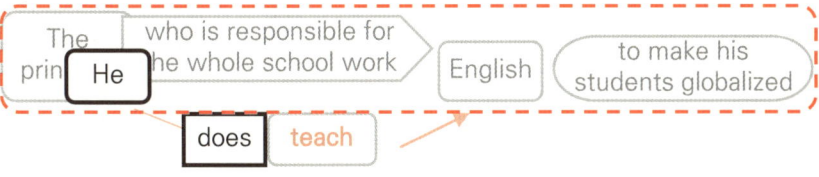

이렇게 긴 문장도 결국 'He does'의 표현이다. 동사 부분(동사의 성격 + 동사형 명사)이 문장 전체를 떠받치고 있는 것이다(추후 이 느낌을 더 설명할 예정이다).

모든 영어 문장은 이와 같이 '주어의 성격(대명사)'과 '동사의 성격'으로 '문장 전체'를 대표한다.

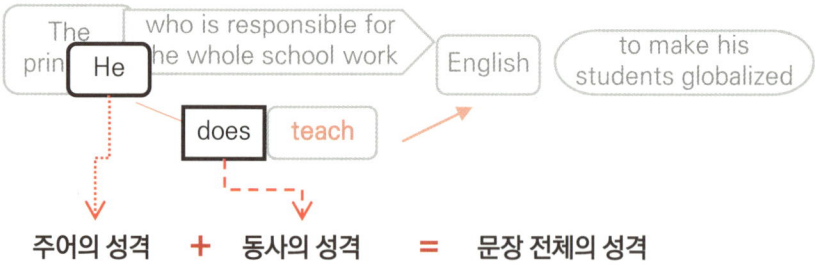

즉, 문장이 길든 짧든 이런 식으로 문장을 요약(주어와 동사의 성격으로) 할 수 있어야 하고, 이렇게 분리(동사의 성격+동사의 뜻)할 수 있어야 한다.

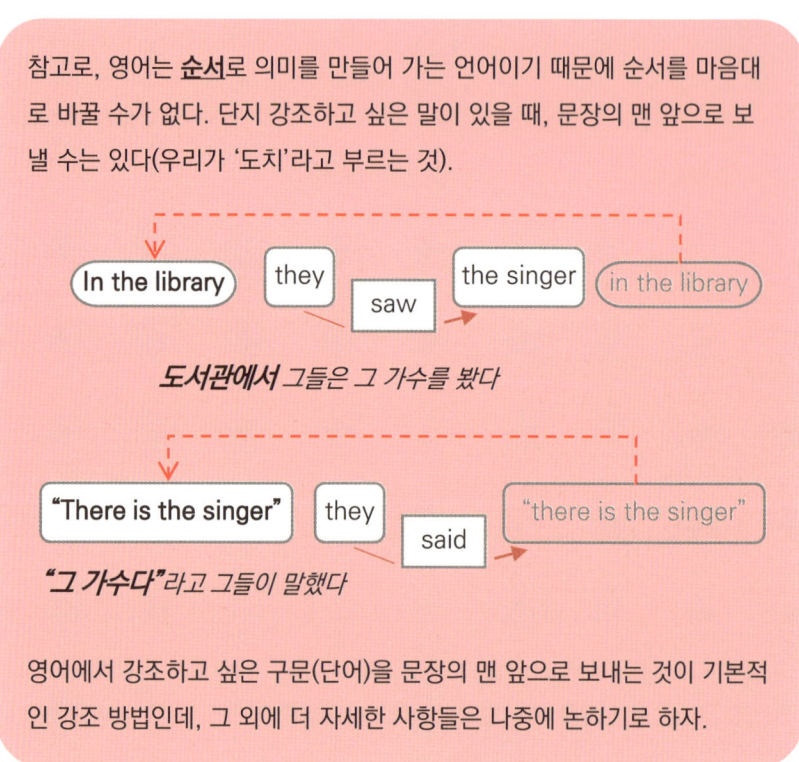

영어에서 강조하고 싶은 구문(단어)을 문장의 맨 앞으로 보내는 것이 기본적인 강조 방법인데, 그 외에 더 자세한 사항들은 나중에 논하기로 하자.

아래와 같은 문장도 쉽게 '동사의 성격을 꺼내고 'He did'로 문장을 요약할 수 있어야 한다.

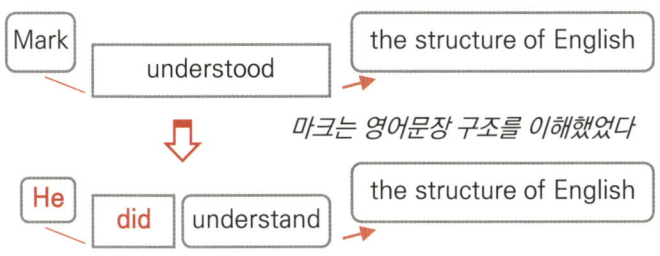

위의 문장을 부정하고 싶으면 부정어(never, little, barely 등)를 동사 앞에 붙이면 된다(본 책의 뒤에서 자세히 다룰 것이다).

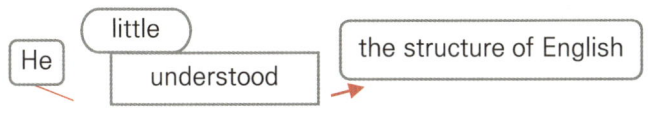

그는 영어문장 구조를 거의 이해하지 못했었다

그런데 만약 이 **부정어** 'little'을 강조하고 싶으면, 앞으로 이동시키면 되는데, 문장이 '부정문'임을 나타내기 위해 '동사의 성격'을 분리해서 앞으로 이동시켜야 한다. 이런 식으로 '동사'에서 '동사의 성격'을 분리하는 것은 영어에서 다양하게 활용될 것이다.

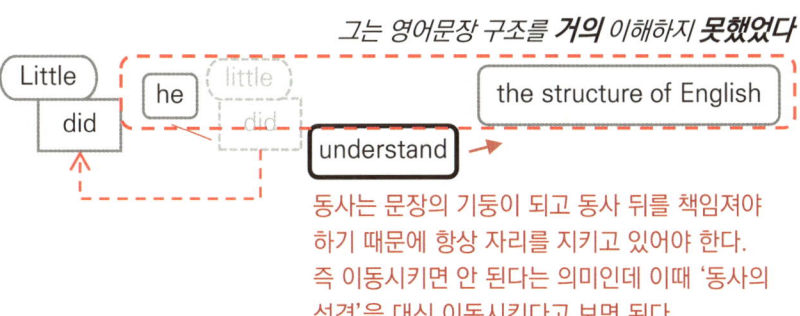

동사는 문장의 기둥이 되고 동사 뒤를 책임져야 하기 때문에 항상 자리를 지키고 있어야 한다. 즉 이동시키면 안 된다는 의미인데 이때 '동사의 성격'을 대신 이동시킨다고 보면 된다.

11-4. 이제 의문문과 부정문도 두렵지 않다

영어문장에서 '동사의 성격'을 분리하여 문장 앞으로 보내는 것(도치)의 가장 대표적인 역할은 '의문문'을 만드는 것이다. 의문문은 영어를 구사할 때 정말 많이 구사하는 표현이기 때문에(두말하면 잔소리) 완전히 익숙해져야 한다.

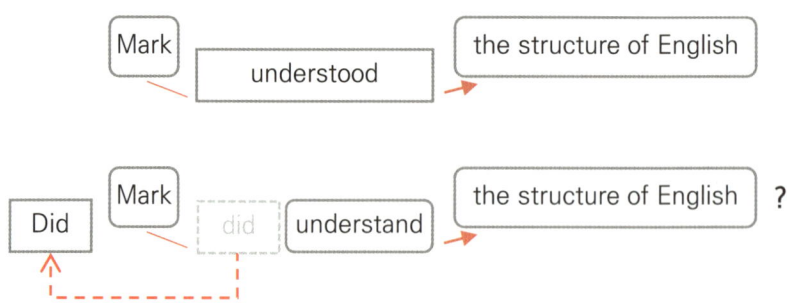

했었니? 마크가 영어문장 구조를 이해하는 것을?

다시 말해, 문장에서 '동사의 성격'을 즉각적으로 분리해 내는 감각이 없으면 영어에서 의문문을 자유롭게 구사하지 못한다는 뜻이다. '동사의 성격'을 분리하는 것을 '이해'했을지라도 완전히 입에 붙여야 한다. 대수롭게 여기지 말고 아래의 예문들을 소리 내어 읽고 지나가자.

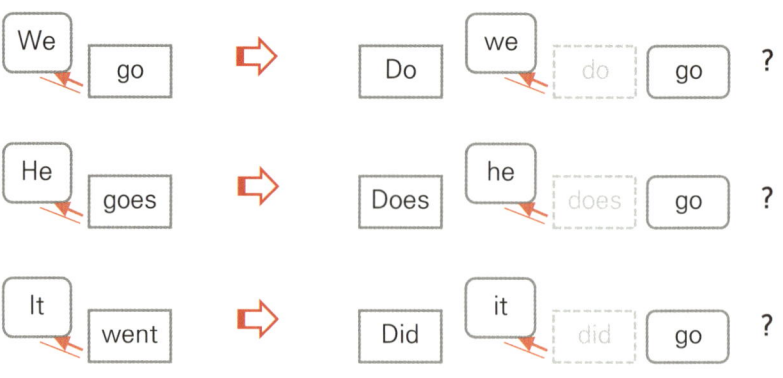

'BE동사와 비슷한 그룹의 동사들(look, feel 등)'도 똑같이 동사의 성격('do', 'does' 등)이 있음을 인지해야 한다.

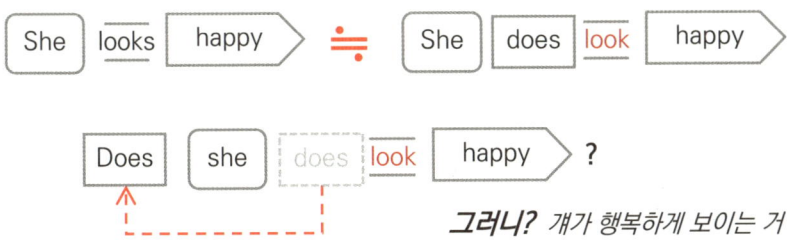

참고로, 'not'을 제외한 부정어들(never, hardly, barely 등)은 일반적인 '부사'처럼 취급하기 때문에 동사 앞에 붙이기만 하면 된다.

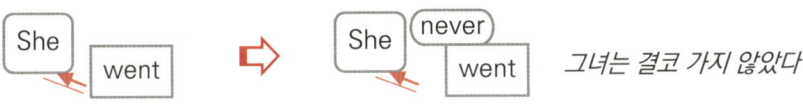

그러나 부정어 'not'은 아래와 같이 '동사의 성격'의 뒤에 붙여야 하기 때문에 '동사의 성격'을 직접 꺼내고 그 뒤에 'not'을 붙인다.

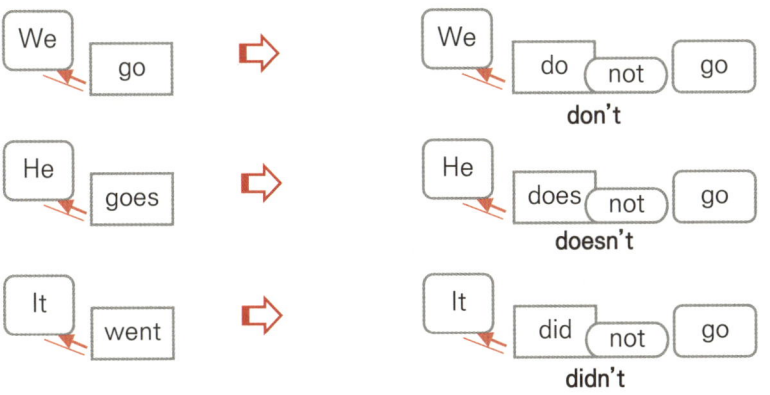

'do', 'does' 등은 '동사의 성격' 역할도 하지만 그 자체가 '동사(동사형 명사)'로도 사용된다. 그래서 아래와 같이 두 번(하나는 '동사의 성격' 또 다른 하나는 '동사')도 쓰일 수 있다.

위의 구문들을 꼭 반복하여 소리 내어 연습하자. '동사의 성격(do, does, did) 뿐만 아니라 소유격(her, their 등)도 자연스러워질 것이다.

우리가 영어로 '대화'를 하다 보면, 일반적으로 주어가 'I (1인칭)' 혹은 'you(2인칭)'를 쓰는 경우가 많다. 그렇다 보니, 'do'에는 어느 정도 익숙하지만 'does'에는 익숙하지 않을 때가 많이 발생한다. 따라서 3인칭 단수 주어의 동사 뒤에 붙이는 '~s'와 'does' 등에 별도로 익숙하게 만드는 시간이 필요하다.

Everyone know**s** you can do anything.

모든 사람들이 다 안다. 당신은 뭐든지 할 수 있다는 것을

This laptop computer **does**n't work.   이 컴퓨터 작동 안 해

Does this café open every morning?   이 카페 아침마다 열어요?

Does the friend want to come here?   그 친구 여기 오고 싶어 해요?

He **does**n't watch any horror movies.   그는 어떠한 공포영화도 보지 않아

She speak**s** English but James doesn't

그녀는 영어 하는데 제임스는 못하지

We **do** our best and she **does**   우리는 최선을 다하고 있고 그녀도 그래

Does your mom live there?   너희 엄마 거기 사시니?

Does she go to church?   그 사람 교회 다니니?

Does that guy help you whenever you want?

네가 원할 때마다 그가 너를 돕니?

Chapter 12. BE동사는 도대체 무슨 뜻일까?

12-1. 뜻은 없고 '동사의 성격'만 있는 BE동사

BE동사를 이해하려면 일반동사와 비교하면 된다(고 했었다). 우선 일반동사는 아래와 같이 '동사 부분'을 '동사의 성격 + 동사의 뜻(명사)'으로 나눌 수 있다.

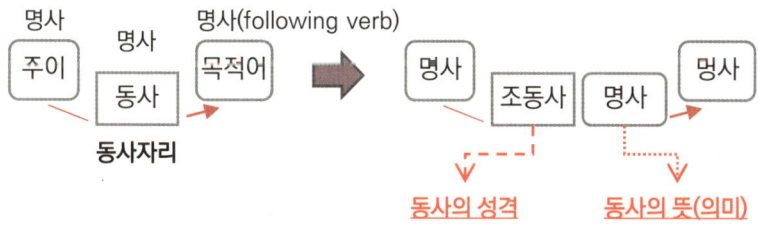

하지만, BE동사에는 아무런 '뜻'이 없다. 그 역할(A=B)만 있을 뿐이다. 즉 '동사의 성격'만 존재한다고 여기면 된다.

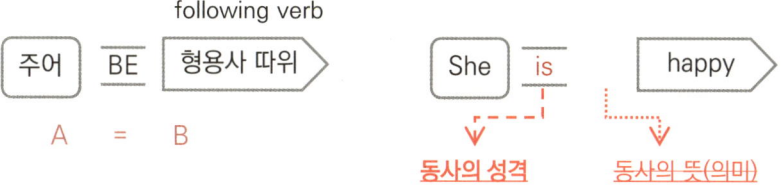

영어에서 의문문을 만들 때는 '동사의 성격'을 문장 맨 앞으로 이동(도치)시킨다는 사실을 BE동사에 그대로 적용하면 된다. 부정문도 '동사의 성격'에 'not'을 붙이는 원리를 적용하면 된다.

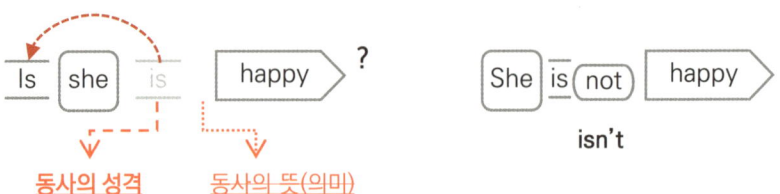

BE동사는 일반동사(do)보다 인칭의 변화가 더 다양하다. 만약 아래의 조합을 하나씩 소리 내어 본 후에 익숙하지 않은 조합이 있다면 반드시 소리 내면서 익숙하게 만들고 지나가자.

I am ~ (Am I ~ ?)	I was ~ (Was I ~ ?)
You are ~ (Are you ~ ?)	You were ~ (Were you ~ ?)
He is ~ (Is he ~ ?)	He was ~ (Was he ~ ?)
She is ~ (Is she ~ ?)	She was ~ (Was she ~?)
It is ~ (Is it ~ ?)	It was ~ (Was it ~ ?)
We are ~ (Are we ~ ?)	We were ~ (Were we ~?)
They are ~ (Are they ~ ?)	They were ~ (Were they ~?)

BE동사의 문장도 일반동사(do)와 같이 '동사의 성격(조동사)' 부분을 인식하는 것이 중요하다(특히, 일반동사와 성향이 다르기 때문이다). 위와 같이 의문문 혹은 부정문을 만드는 것에도 적용해야 하고, 문장의 순서를 바꿔서 뭔가를 강조하는 '도치'나 가정법을 자유롭게 구사해야 하기 때문이다.

> 참고로, 영어에서의 BE동사의 역할은 대상(주어)을 '존재'시키는 것이다. 따라서 BE동사만으로 '존재한다'는 것을 나타내기도 한다.
>
> I am 나는 존재한다

12-2. 일반동사는 '동사의 성격'을 분리하지만 BE동사는 인식만 하면 된다

일반동사는 문장 전체를 지지하고 떠받치고 있는 모습이라(동사형 명사), 이동이 불가능하지만, BE동사는 주어와 following verb(보어)를 단순히 연결(=)시키는 역할만 하기 때문에(문장을 지지하고 있지는 않다) 이동이 가능하다.

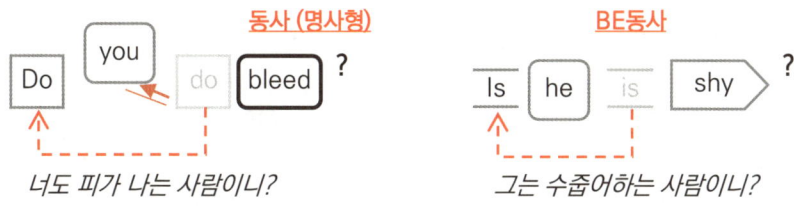

이 원리를 이용해 '도치'가 발생하는 문장을 보자. 문장을 부정적으로 바꾸는 부사들(never, little, barely 등)을 강조하고 싶을 때 이를 앞으로 꺼내는데, 여기서 항상 **'동사의 성격(조동사)'을 함께 꺼내 줘야 한다**(바로 인식해야 함).

물론 위와 같이 짧은 문장은 굳이 이런 식으로 문장의 순서를 바꿔가며(도치) 강조하는 경우는 많지 않을 것이다(도치를 하지 않고 'never'를 강하게 발음한다). 여기서는 (처음 접하는 분들의) 이해를 돕기 위해 짧은 문장을 이용한 것이고, **긴 문장**에서 많이 활용된다. 즉각적으로 동사(BE동사)를 인식하고 꺼낼 수(자리 이동) 있어야 한다는 뜻이다.

도치를 다룬 김에 여기서 정리를 하고 지나가자. 아래와 같이 두 가지(부정어가 있냐 없냐)의 경우로 구분하여 이해하면 간편해진다.

〈부정어가 아닌 경우〉 – '동사의 성격(조동사)'을 꺼내지 않는다

기본적으로 강조하고자 하는 구문을 앞으로 보내면 된다.

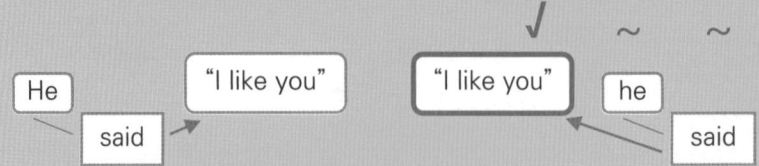

그런데 위와 같이 주어가 대명사(강하게 말할 필요가 없다)일 때는 어순이 바뀌지 않지만, 아래와 같이 <u>주어가 대명사가 **아니고**</u> '일반명사(Tom)'일 경우에는 강조하는 말("I like you")과 그 '일반명사'를 분리시킨다. 즉, 영어의 호흡(강•약•강) 상 주어와 동사의 순서를 바꾼다(도치).

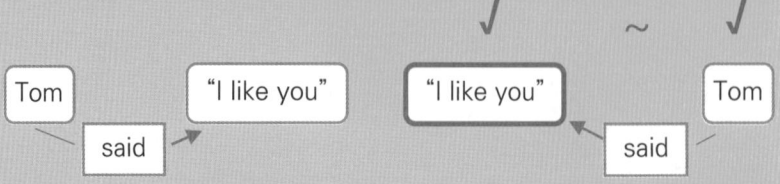

일반동사의 경우, '주어'와 '목적어'가 바뀌면 뜻이 바뀌기 때문에('Jim likes Tom'와 'Tom likes Jim'은 완전히 다른 뜻이다) 위와 같이 구분이 명확할 경우에만 쓴다. 하지만 BE동사(와 같은 동사들)는 더 자연스럽게 쓸 수 있다.

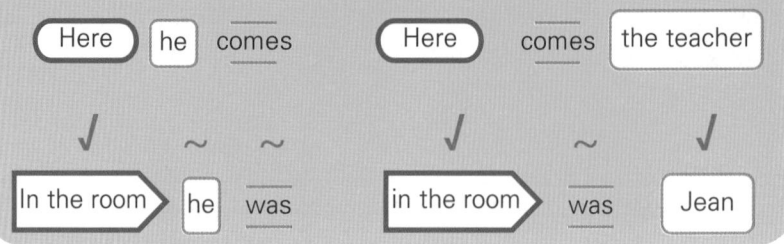

〈부정어인 경우〉 - '동사의 성격(조동사)'을 꺼내야 한다

부정어를 강조하는 경우는 아래와 같이 두 개의 경우로 구분하면 더 좋다.

① 문장 전체(혹은 동사)의 부정을 강조하는 경우

기본적으로 문장 전체(혹은 동사)에 부정적인 단어를 넣고 이를 강조하고 싶으면 이 부정어(주로 little, never 등 부사를 사용)를 맨 앞으로 꺼내고 바로 뒤에 '<u>동사의 성격</u>'**만 꺼내** 붙여주면 된다.

(다시 말하지만, 도치는 주로 긴 문장에서 이루어진다)

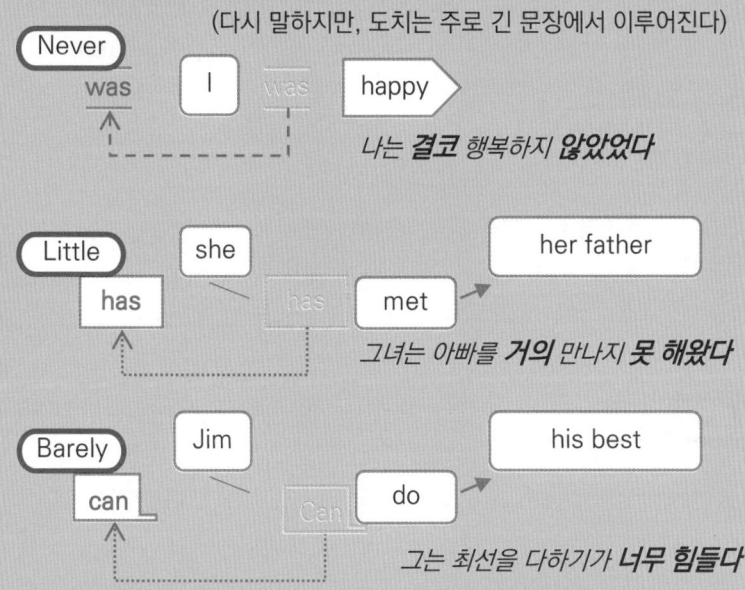

나는 **결코** 행복하지 **않았었다**

그녀는 아빠를 **거의** 만나지 **못 해왔다**

그는 최선을 다하기가 **너무 힘들다**

위와 같이 부정문을 도치할 때는 '동사의 성격'을 꺼낸다. 그래서 강조하는 말(little 등)과 일반명사 주어(Jim)가 붙어 있지 않기 때문에 (앞에서 한 것처럼) 주어(Jim)와 동사(do)의 위치를 바꾸지 않는다.
'have p.p.'나 'can'과 같은 형태는 뒤에서 다시 다룰 것이다.

② 특정한 구문(명사, 형용사, 부사)을 부정하며 강조하기

문장 전체가 아닌 특정 구문(명사, 형용사, 부사 등)을 부정어로 강조할 때는 주로 'not'을 많이 사용한다. 'Not'과 함께 **강조하고자 하는 구문**을 (통째로) 앞으로 꺼내고 '동사의 성격'을 뒤에 붙여주면 된다.

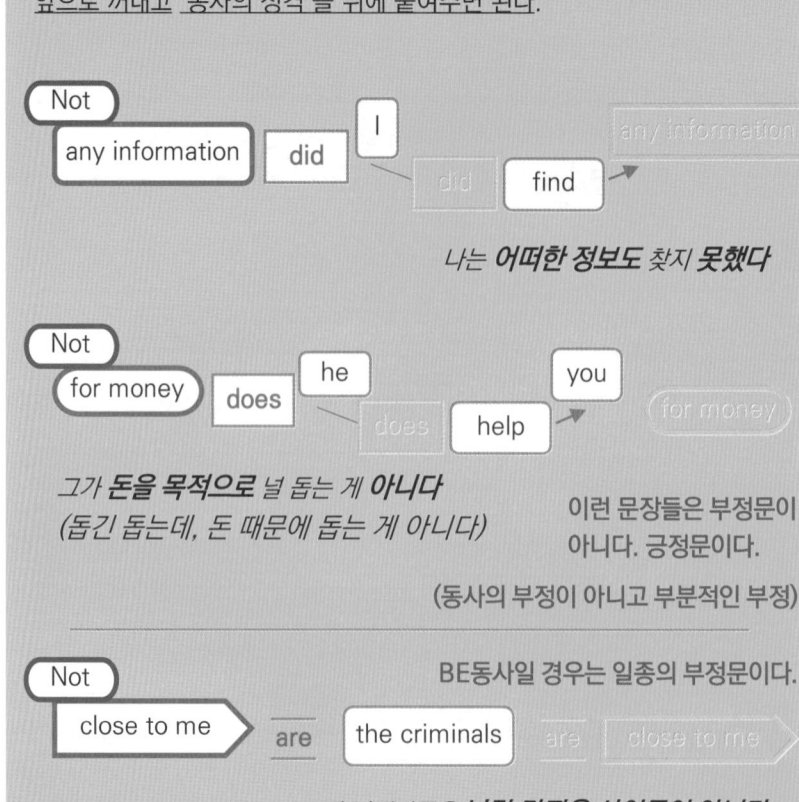

참고로, ①문장 전체를 부정하는 경우는 문장의 성격 자체가 **부정문**이지만, ②특정 구문만 부정하는 경우, 예를 들어 **부사구를 부정하는 경우**(두 번째 예문, not for money)는 문장 전체적으로는 부정문이 아닌 **긍정문**이기 때문에 해석에 주의를 요한다.

처음에는 이런 문장들이 어려워 보이지만, 익숙하게 만드는 방법은 아주 간단하다. 여러 번 소리 내어 읽거나 직접 써 보면 된다. 반드시 여러 차례 실행하고 다음으로 넘어가도록 하자.

12-3. 세상을 '이원화'시켜 바라보는 원어민

우리가 사람을 만나면 '남자'인지 '여자'인지 구별해내는 능력이 있다(이것을 '능력'이라고 표현한 이유가 있다). 이를 인식하는데(남자인지, 여자인지) 시간이 그리 오래 걸리지 않는다. 아니, 아주 순간적으로 알아차린다.

영어문장도 마찬가지이다. (이 책을 계속 봐왔다면 이제는 일반동사와 BE동사의 구분이 어느 정도는 될 것이다) 영어 문장도 ①일반동사와 ②BE동사를 **순간적으로 구분**하여 받아들여야 한다. 이는 영어문장을 처리할 때 매우 유용하다. 영어를 구사할 때 '능력'으로 작용된다.

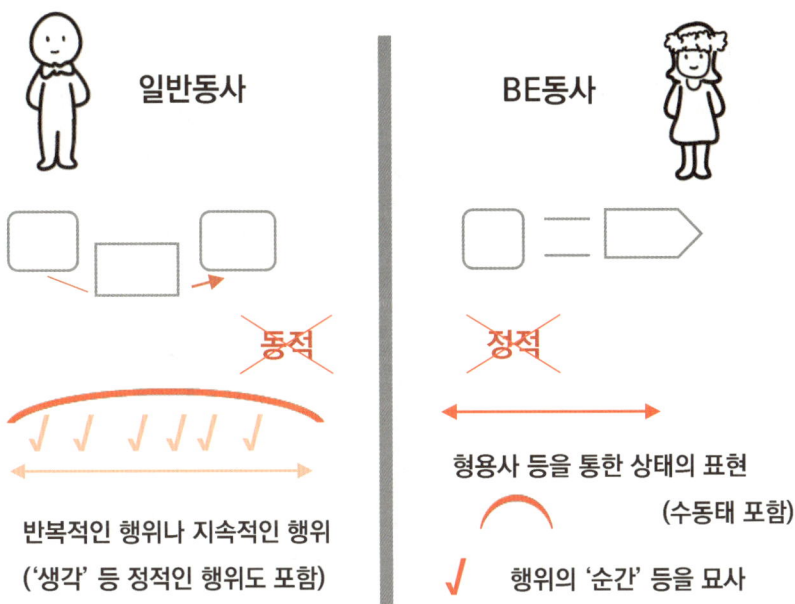

우리말 동사(動詞)라는 말 때문에 '동적'인 표현에 동사를 쓴다고 생각할 수 있으나(하지만 영어에서 동사는 'verb' 즉 '말'이다), 이 책을 통해 '현재시제'의 개념을 이해했다면, 어떤 상황을 '일반동사'로 이용해 표현할 수 있는지 쉽게 알아차릴 수 있을 것이다.

기본적으로 한 문장의 동사는 '하나'이니 문장 하나에 두 개(일반동사와 BE동사)를 동시에 품을 수 없다. 영어문장을 구사할 때도 둘 중에 하나를 선택해야 한다. 하지만 ①일반동사와 ②BE동사의 역할이 명확하게 구분되지는 않아 둘 다 '일반동사'나 'BE동사') 가능할 때도 많다.

우리가 사는 사회도 '남자'와 '여자'의 역할이 확실하게 분리되어 있지 않고, 남자가 할 수 있는 일을 여자도 할 수 있지만(그 반대도 가능하다), 조금 더 어울리는 일이 있을 뿐이다. 영어문장도 단지 좀 더 어울리는 표현이 있다고 생각하면 된다. 순간적으로 둘 중 <u>**하나를 고르고, 인식할 수 있는 감각**</u>을 만들면 된다.

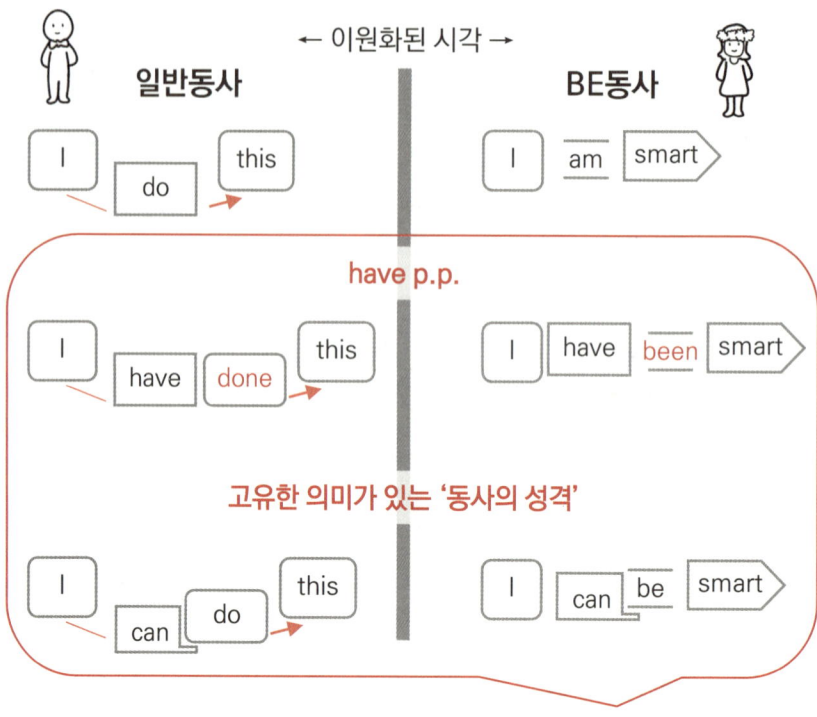

그리고 그 형태들을 위와 같이 나누어 보면 된다.

이제 '일반동사'와 'BE동사'를 구분하는 감각이 어떤 부분에 도움이 되는지 예를 하나 들어보자. 아래의 문법적인 설명을 본 적이 있을 것이다(없어도 상관없다).

used to + 동사 : ~하곤 했다

be used to + (동)명사 : ~에 익숙하다

그냥 숙어를 외우게 하는 설명이다. 혼동이 되기도 하며 이렇게 외워서는 별 도움이 되지 않는다(경험하지 않았는가?).

만약 둘(일반동사와 BE동사)을 순간적으로 구분하는 '감각(능력)'이 준비되어 있다면, 이 둘이 완전히 다르다는 것을 인식하고 있기 때문에 헷갈리는 상황이 발생하지 않을 것이다. 자연스럽게 둘 중 하나로 받아들일 것이다. 아래는 이 두 표현의 차이를 조금 더 자세하게 설명한 것이다.

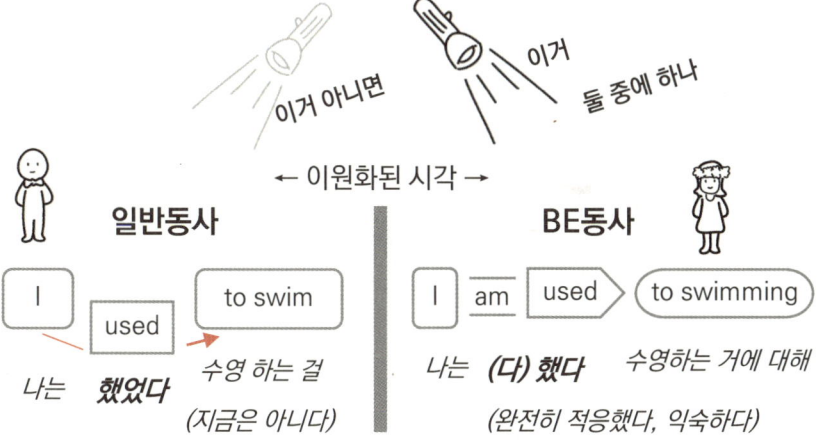

12-4. 뭐든지 명확히 구분하며 정리하는 영어식 사고

우리말과 영어의 또 다른 큰 차이점 중 하나는 우리(말)는 어떤 현상을 설명할 때 굳이 (모두) 문장 형식으로 다 만들어내지 않아도 된다. 특히 문장을 요약하거나 어떤 말에 '동의'를 할 때는 더더욱 그렇다. 아래와 같이 말이다.

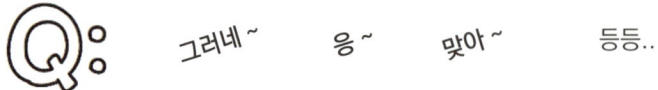

하지만, 영어는 완전히 다르다. 아주 간단한 대답도 가급적 '문장 형식(주어+동사)'으로 표현하려고 한다.

문장이 짧든 길든 상관없이 '주어'와 '동사(의 성격)'로 문장을 요약하고, 이를 이용해 소통한다(동의, 의문 등). 따라서 우리도 이렇게 '요약'하는 능력이 필요하다. 아래와 같이 아무리 복잡한 문장도 '간단히' 요약(It does)한다.

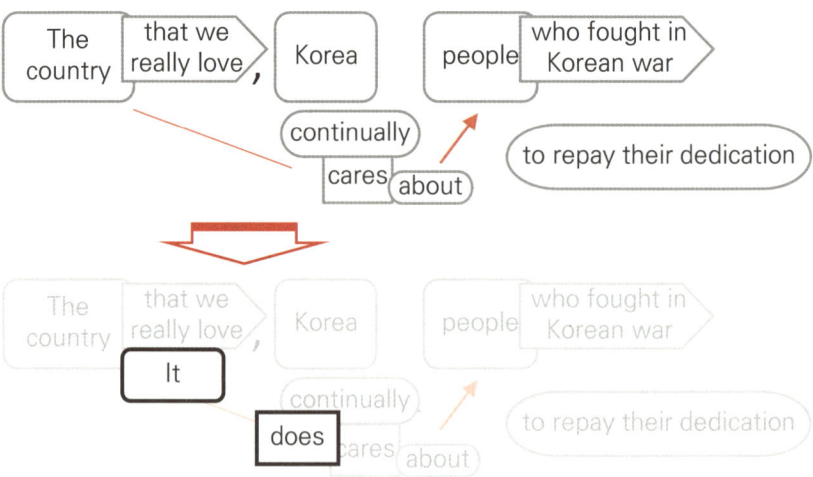

이러한 영어에서의 문장 요약은 결국 세 가지 요소로 귀결된다. 앞에서는 ① '주어의 성격'과 ② '동사의 성격'만 얘기했지만, 여기서 부터는 ③ '긍정문과 부정문의 구분'을 추가해서 확인해 보자.

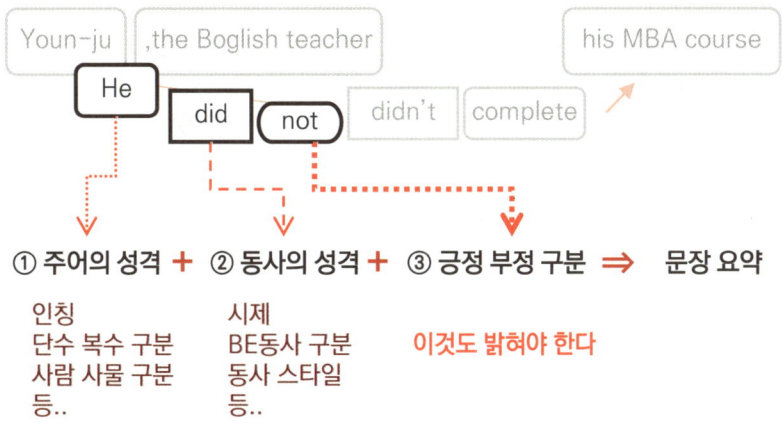

사실 상, 영어문장을 제대로 이해하고 정확히 표현하기 위해서는 위의 세 가지 특성들을 모두 고려하고 있어야 가능하다는 뜻이다. 이렇게 세 종류의 단어로 문장을 요약하는 능력은 여러 모로 도움이 된다. 그 예로, 우리가 흔히 헷갈려 하는 부정(의)문에 대한 대응('Yes'로 답할지 'No'로 답할지)을 자연스럽게 극복할 수 있게 해 준다.

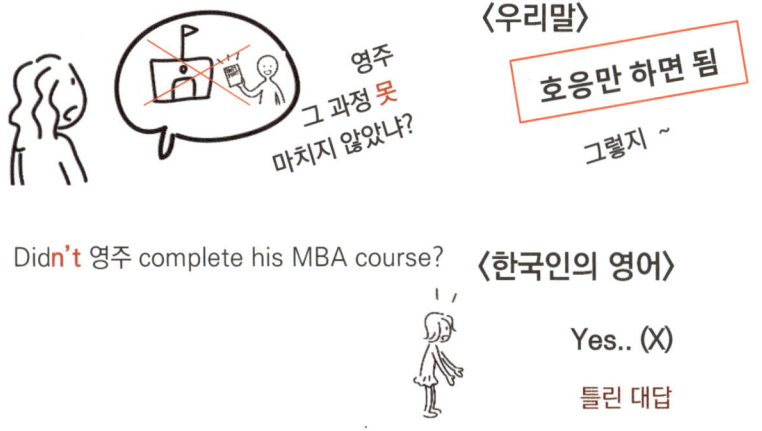

우리말은 어떤 문장에 '동의'할 때 '호응'만 하면 된다. 그렇다 보니, 부정문의 경우 앞과 같은 실수(Yes라고 대답하는)를 많이 한다. 하지만 '문장 형식(주어+동사의 성격+부정 여부)'으로 대응하는 영어(식 표현)에 습관이 들면 이런 실수는 하지 않게 될 것이다(문장을 요약하며 '**따라 하는**' 느낌을 만들면 된다).

Did**n't** 영주 complete his MBA course?

〈영 어〉

He did not (didn't)

3 요소로 대응하는 습관

마치 '앵무새'가 되어 따라 하는 느낌

이러한 감각을 만드는 데 필요한 연습방법은 아래와 같이 세 가지 형식이 있다.

The members love English. 그 회원들은 영어를 무척 좋아해	일반적인 요약	They do
	부가 의문문	Don't they?
	타인 일치 여부	So do I
She's not here. 그녀는 여기 없어	일반적인 요약	She isn't
	부가 의문문	Is she?
	타인 일치 여부	Neither is Jake
His phone doesn't work. 그의 폰 작동 안 해	일반적인 요약	It doesn't
	부가 의문문	Does it?
	타인 일치 여부	Neither does mine

이러한 연습을 하게 되면 앞으로 영어문장을 다루는 데 큰 도움이 된다. '<u>**문장의 시작에 대한 적응**</u>'이 되며(영어문장에 대한 두려움이 없어진다), <u>**의문문 등도 쉽게**</u> 그리고 즉각적으로 만들 수 있게 된다. 뒤에서 'have p.p.'와 고유한 의미가 들어 있는 '동사의 성격(will, can 등)'을 살펴본 후 연습을 더 해보자.

참고로, '타인 일치 여부'에 대한 설명을 조금 더 해보겠다. 앞서 '도치' 부분에서 다루었듯이 아래와 같이 '대명사(he나 she 등)'는 일반적으로 도치가 일어나지 않는다.

✓　~ ~　　　　　　　　　　　　✓　~　✓
"I am here" he said.　　　　　　　"I am here" said Nathan.

그러나 '타인 일치 여부'에서는 '대명사' 임에도 불구하고 도치가 일어난다.

Herbert really cares about National problems and political issues.
　　허버트는 국가적인 문제와 정치적인 이슈에 대해서 정말로 관심이 많다

　　　　　　　　　　　　　　　　　　✓　~　✓
타인 일치 여부　　So does she.　*그녀도 그래*　　So does Rachel.
　　　　　　　　So she does.(X)　　　　　　　　　*레이첼도 그래*

이유는 간단하다. 이런 식에 대화에서는 뒤에 말하는 대상(타인 일치 여부)인 'So does she'에서의 'she'는 '대명사'이지만 앞에 나온 대상을 반복하는 것이 아니라 **새로운 대상**이다. 즉 대명사이지만 일반적인 상황에서의 대명사와는 성격이 좀 다르다. 강하게 표현해 줘야 하기 때문에 도치가 일어난다.

　　　　　　　　✓　~　✓
　　　　　　　　So does she.　　　*그녀도* 그래

즉 소리를 낼 때도 위와 같은 경우의 'she'는 (일반적인 대명사와는 달리) 비교적 **강하게 발음**이 될 것이다. 이러한 '이해'가 영어에서의 '소리'조차 정확하게 낼 수 있도록 만드는 것이다.

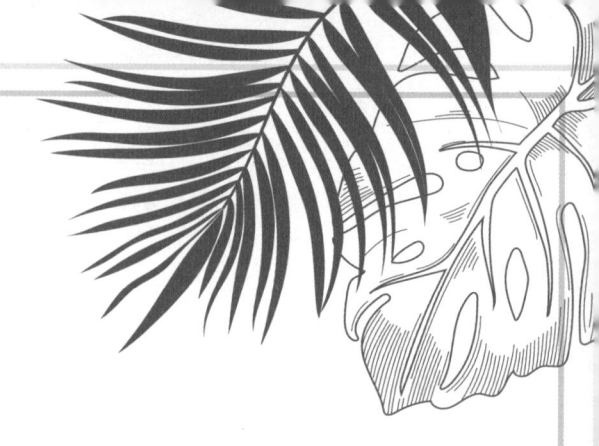

"Action is the foundational key to all success."

– Pablo Picasso

“ Action | is | the foundational key | to all success ”

–Pablo Picasso

Chapter 13. 우리말에는 없는 'have p.p.'

13-1. 시제를 알아야 'have p.p.'를 이해할 수 있다

'have p.p.' 형태가 우리에게 어려운 이유 중 하나는 그 '시제'를 어떻게 처리해야 할지 잘 모르기 때문이다. 따라서 'have p.p.'를 이해하기 전에 영어에서의 시제를 먼저 정리해 보는 것이 필요하다.

영문법을 공부할 때, 우리는 마치 문법을 규칙(수학공식과 같이)인양 여길 때가 많다. 하지만 아래의 그림처럼 유연하게 받아들이는 자세가 필요하다.

① 핵심 개념의 확장(활용)이 겹치는 상황

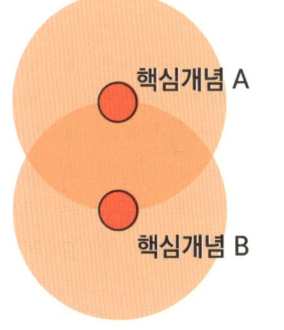

② 활용이 겹치지 않는 상황

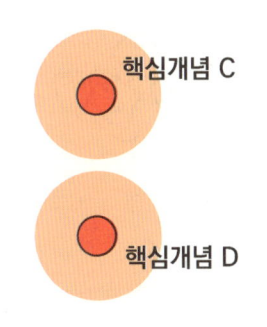

영어(단어, 문법 등)에서 ②번과 과 같이 어떤 개념이 다른 개념과의 영역에 겹치지 않고 명쾌히 분리될 때도 있지만 어떤 경우에는 ①번과 같이 중복될 때가 많다.

시제도 마찬가지이다. 영어에서 <u>미래시제는 사실상 존재하지 않으며</u>, 현재시제와 크게 구분해서 쓸 필요가 없는 경우가 많다. 영어에서의 시제는 '과거시제'와 '현재시제'만 명확히 구분하면 된다.

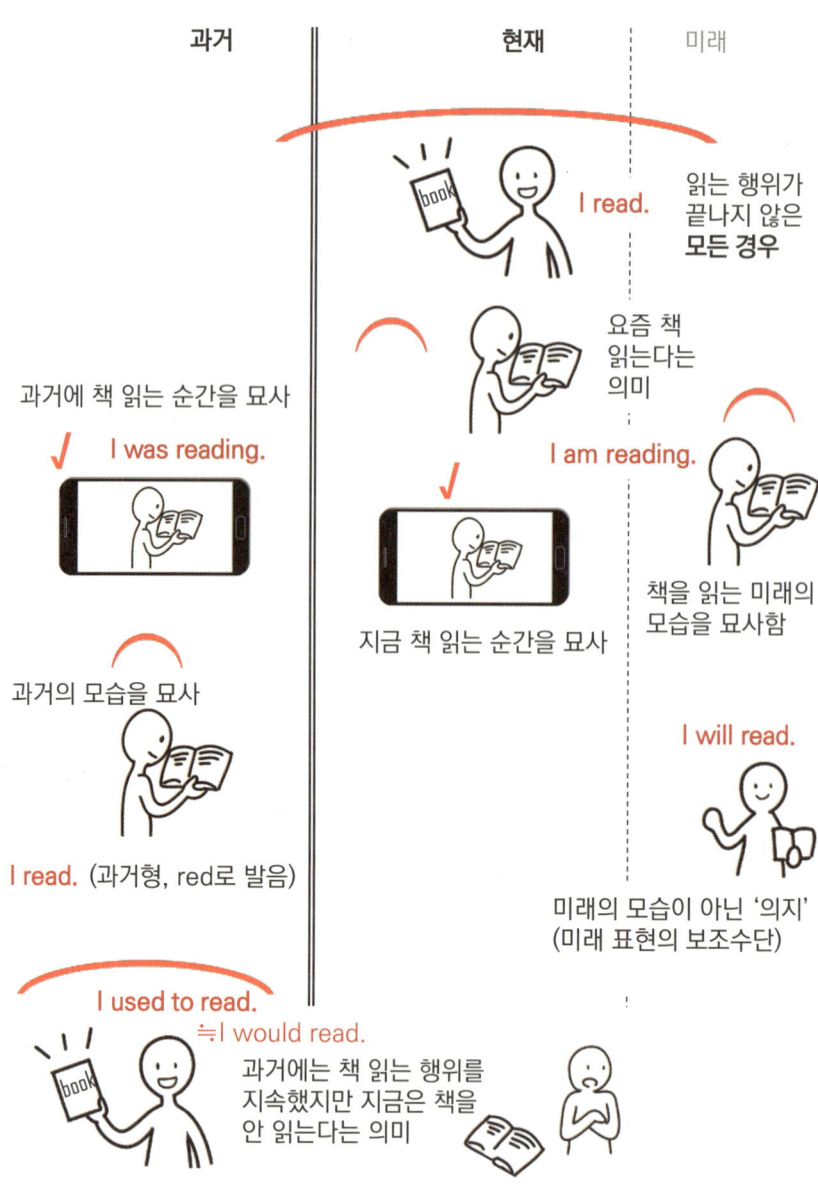

즉, 아래의 현재 시제(진행형 및 미래 포함) 세 가지 문장('I read', 'I'm reading', 'I will read')의 의미는 딱 하나로 정할 수 없다. **주된 의미가 있지만 딱 그 경우에만 쓰는 것이 아니라는 의미이다.**

I read.		난 책 읽는 사람이야	나의 캐릭터
I read.	I'm reading.	책 읽어 (취미로, 자주)	나의 일상
I read.	I'm reading.	요즘 책 읽어	나의 근황
I read.	I'm reading.	지금 책 읽고 있는 중	순간의 모습
I('ll) read.	I'm reading.	책 읽을 거야	미래의 모습
I (will) read.	I'm reading.	책을 읽고 말거야	강력한 의지

〈 현 재 〉
═══════════════════════════════
〈 과 거 〉

I read. (red로 발음)	I was reading.	책 읽었어	나의 과거
I read.	**I was reading.**	책 읽던 중	과거의 순간

동일한 시제 내에서는 대략 섞어 써도 큰 문제가 없다. 과거시제도 마찬가지이다. 과거의 어떤 '순간'을 묘사할 때는 'I was reading'이 가장 잘 어울리기는 하지만, 철저히 구별할 필요는 없을 때도 많다는 의미이다.

그러나, '현재'와 '과거'는 **명확하게 구분**해야 한다(앞서 다룬 '문장의 요약'과 관련이 있다). 즉 영어는 뭔가 명확하게 구별해야 할 때도 있지만, 많은 경우는 여러 가지 표현 중에 아무 거나 골라 써도 문제없을 때가 많다는 것이다. 영어의 '핵심 개념'을 정확히 이해하면, 하나의 정답을 찾아 쓰는 것이 아니라 오히려 영어를 대충 써도 된다(자격이 생긴다)'는 의미이다.

13-2. 'have p.p.'의 모양과 의미

앞에서 다룬 p.p.를 다시 얘기하면, 두 가지의 경우로 나눌 수 있다고 했다.

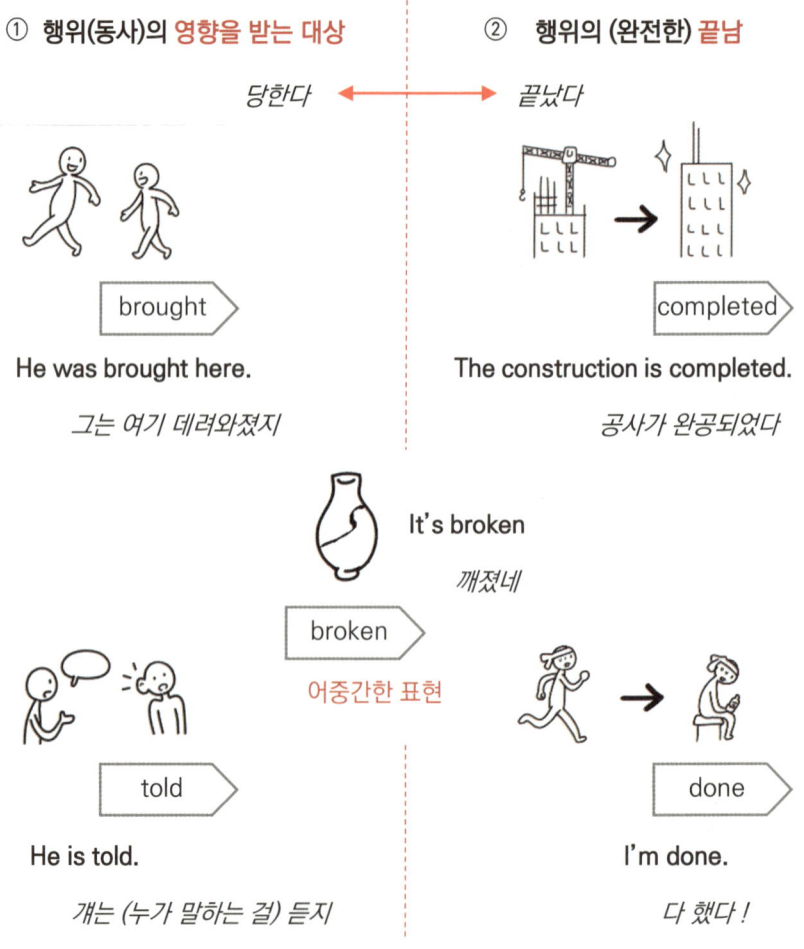

위의 '(It's) broken'과 같이 ①번과 ②번의 경계에 걸쳐 있는 경우도 있을 수 있지만, 보통은 위와 같이 상황에 따라 나눠서 받아들이면 된다. 그렇다면 'have p.p.'에 쓰이는 p.p.는 어떤 의미일까?

아무래도 'have p.p.'에 사용되는 p.p.는 ②번의 경우라고 생각하면 된다.

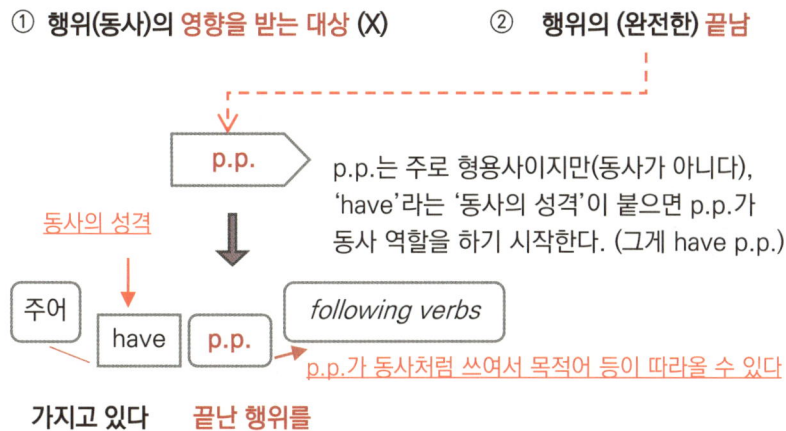

p.p.는 사실 '동사'가 아니다(주로 형용사처럼 쓰인다). 그런데 그 앞에 '동사의 성격'을 가진 'have'를 붙여서 p.p.가 '동사'의 역할을 할 수 있게 만들어 주는 것이다. 즉 'have p.p.'에서는 'have'가 '동사의 성격'의 역할을 하니, 아래와 같이 의문문이나 부정문을 만들 수 있다.

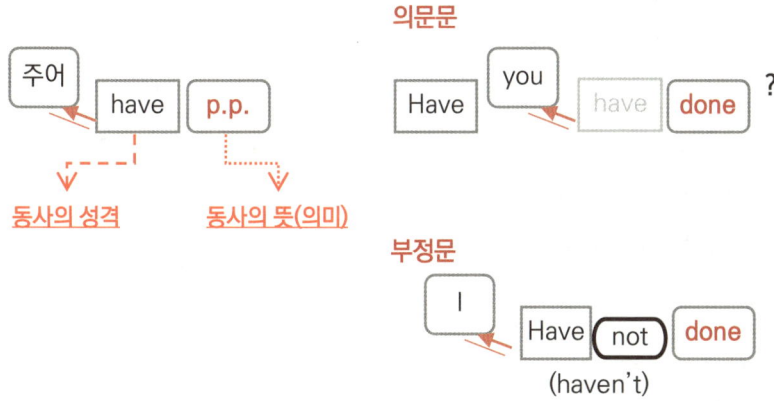

'have p.p.'의 의미를 정확히 이해하기 전에 우선 그 **형태**에 익숙해지고 넘어 가도록 하자.

일반 동사가 주어의 인칭에 따라 'do', 'does', 'did'를 사용하는 것처럼 아래와 같이 'have'도 주어와 시제에 따라 (has, had) 바꿔 쓰면 된다.

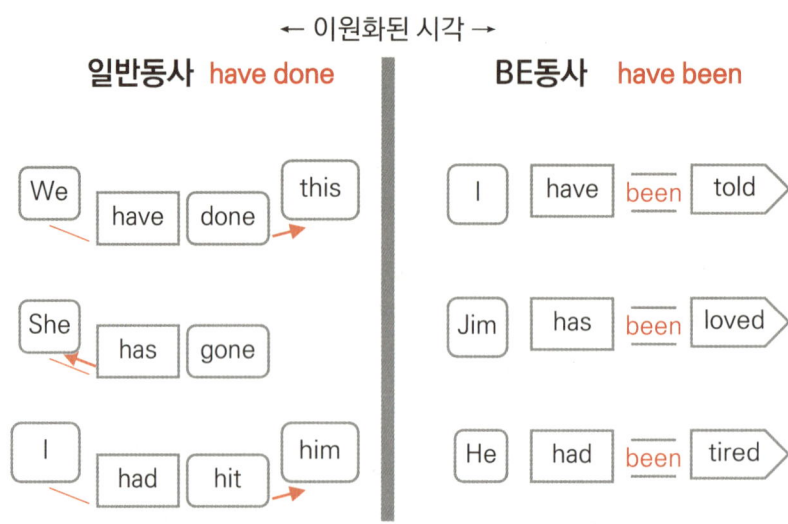

'have p.p.'도 일반동사(have done)와 BE동사(have been)로 나누어 볼 수 있으나, '동사의 성격'이 'have'로 바뀌었기 때문에 구분하는 의미가 떨어진다. 따라서 'have'를 '동사의 성격'으로 인식하는 감각을 만들기 위해 연습을 해야 한다. 여기서도 앞서 다루었던 부분을 이용하여 간단히 소개만 하겠다.

Matt has written many books.	일반적인 요약	He has
	부가 의문문	Hasn't he?
매트는 많은 책을 써 왔다	타인 일치 여부	So have you

I haven't seen it before.	일반적인 요약	I haven't
	부가 의문문	Have I?
나는 이거 전에 본 적이 없다	타인 일치 여부	Neither has Sara

13-3. 'have p.p.'와 과거시제와의 관계

이제 'have p.p.'의 의미를 정확히 이해해보자. '과거시제'와 구분하면 된다. 물론 'have p.p.'와 '과거시제'는 아래와 같이 혼용(비슷한 의미일 때도 있다)해서 쓸 수도 있다는 것도 우선 인지하고 본격적으로 구분을 시작해 보자.

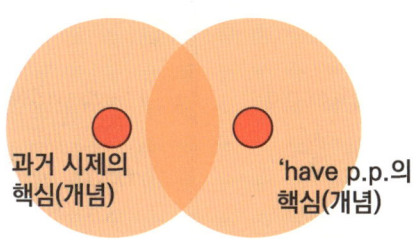

앞서 얘기했듯이, 영어에서는 '과거시제'와 '현재시제'는 명쾌하게 구분하는 것이 좋다고 했다. 하지만 'have p.p.'는 좀 애매하다. 결론부터 얘기하면 'have p.p.'는 <u>'과거'와 오묘하게 결합된</u> **'현재시제'**이다(결국엔 '현재시제').

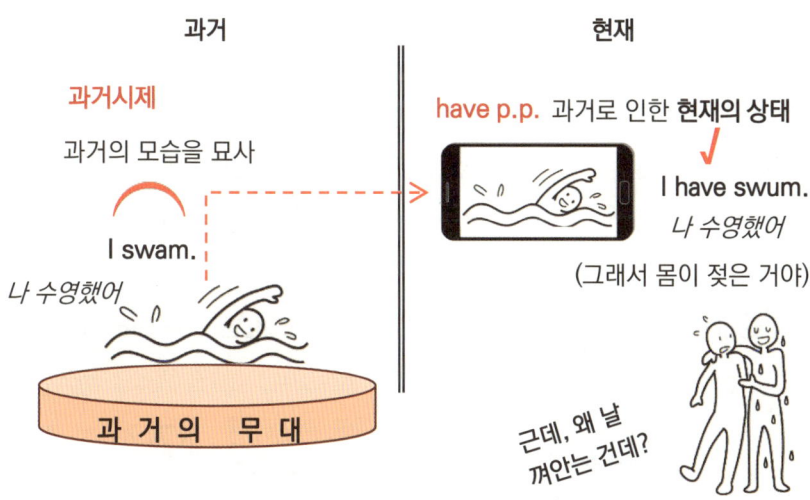

엄밀히 말하면, 'have p.p.'의 시제는 '현재시제'이다. 따라서 'have p.p.'는 과거를 표현하는 시점(yesterday, last night, when~과거시제 등)을 함께 표현할 수 없다. 과거의 사건으로 인한 일이긴 하지만, 아무튼 **현재의 상태**이기 때문이다.

과거

과거시제

I wrote something last night.

나는 어젯밤에 뭔가를 썼다

현재

have p.p.

I have written something. ~~last night~~

(지금은) 뭔가를 써 놓은 상태다

'과거시제'와 'have p.p.'를 감각적으로 구분하는 방법은 '과거시제'를 표현할 때 (과거를 직접 지칭하는 yesterday 등의 단어가 없더라도) 그 이야기의 무대를 아예 그때의 상황(과거)으로 직접 옮겨가면 된다. 우리말 '<u>그때~</u>'라는 감각을 넣으면 된다는 뜻이다. 'have p.p.'의 상태는 '과거'가 아닌 '현재'에 초점을 맞추면 된다.

이제 예문과 상황들을 보며 이 둘을 구분하는 감각을 만들어 보자.

과거시제

I sent an email to him.

나는 그에게 이메일을 보냈다

(이메일을 보내려고 누른 때를 생각하면 된다)

have p.p.

I have sent an email to him.

나는 그에게 이메일을 보낸 상태다

(이메일을 보낸 경험을 지금 가지고 있다고 생각하면 된다)

사실 상, 앞의 예시는 경우에 따라 큰 차이가 없을 수도 있다. 단지 내가 이메일을 '보냈다'는 사실만 표현하려면 '과거시제(I sent ~)'를 쓰든 'have p.p.(I have sent ~)'를 사용하든 큰 차이가 없다.

하지만 아래의 예시들은 조금씩 의미 차이가 나기 시작한다.

과거시제

I painted the car.

나는 차를 도색했다

(차에 색을 칠하는 그 사건을 지칭)

He studied meteorology.

그는 기상학을 공부했다

(기상학을 공부하는 과거의 모습)

My mom lived there.

우리 엄마는 저기 살았었어

(다른 곳으로 이사 갔을 가능성이 큼)

have p.p.

I have painted the car.

나는 차를 도색한 상태이다.

(차의 색이 바뀌어 있음을 의미)

He has studied meteorology.

그는 기상학을 공부한 상태다

(기상학에 대해 뭔가 얘기할 수 있다는 것을 의미할 수도 있다)

My mom has lived there.

우리 엄마는 저기 살고 계신 상태다

이사하는 날까지는 써도 좋음

쭉 살아오고 있다는 느낌으로 늘리고 싶다면
My mom <u>has been living</u> there.

'have p.p.'는 과거가 어떤 형태로 이루어졌든지 간에 '현재 상태'에 관심을 가지고 있으면 된다.

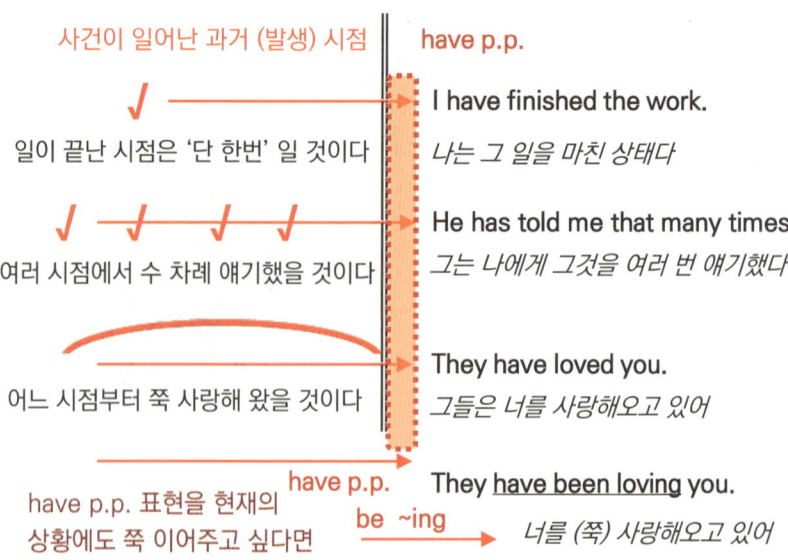

즉, 'have p.p.'의 상태가 만들질 때의 시점(과거)은 위와 같이 다양할 수 있다. 하지만 이는 크게 중요하지 않다는 의미가 된다.

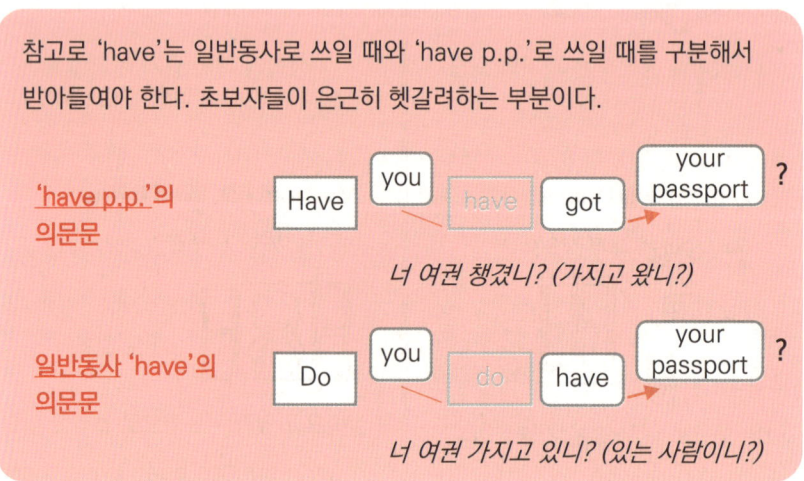

13-4. had p.p.는 뭘까?

'have p.p.'를 이해했다면 'had p.p.'도 어렵지 않게 사용할 수 있다. 단순히 'have p.p.'의 개념을 과거의 시점으로 옮기기만 하면 된다. '(과거의) 그때' 이미 뭔가 되어 있는 상태였다는 의미이다.

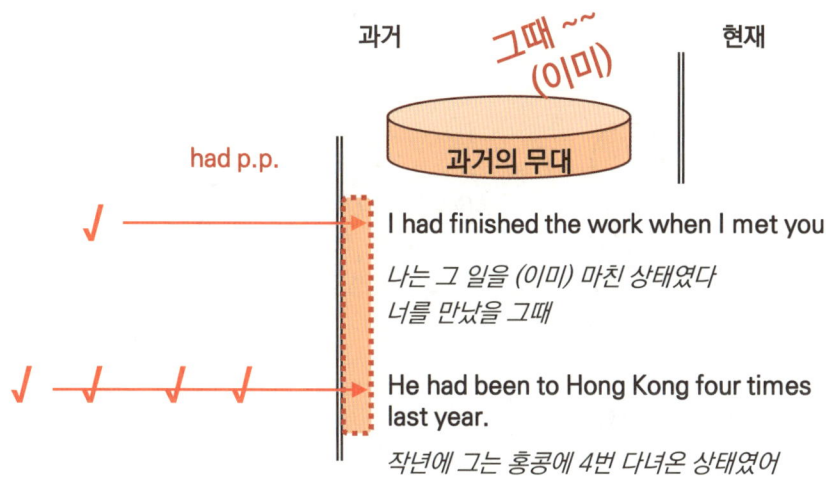

After that, he went there one more. He has been there five times in total.
그 후 1번 더 다녀왔으니, 총 5번 다녀온 거네

'had p.p.'를 '과거의 과거'라는 의미로 '대과거'라는 표현을 쓰지만, 이는 조금 부족한 설명이다. 특정한 과거의 시점을 모두 나열되면 더 오래된 과거라도 그냥 '과거시제'를 쓴다.

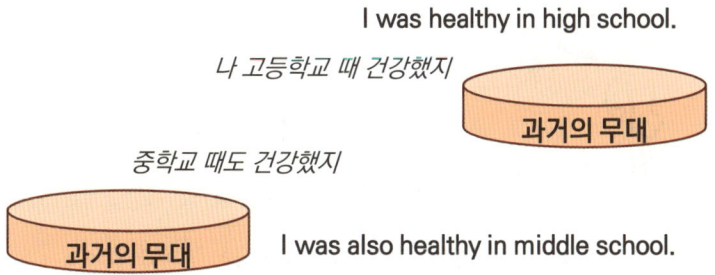

13-5. have p.p.와 be p.p.를 만나게 하면?

이제 'have p.p.' 문장에 'be p.p.'를 적용해보도록 하자. 앞서 다루었던 'be p.p.' 문장 형태를 다시 언급하면 아래와 같다.

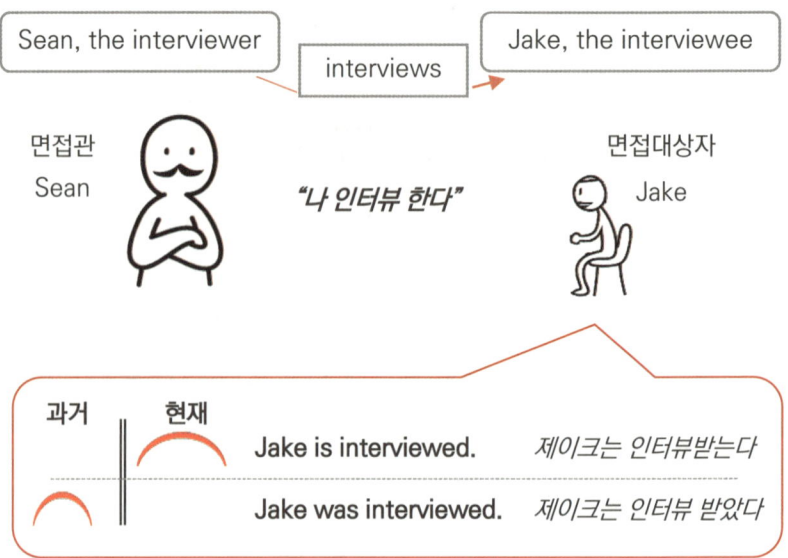

현재시제와 과거시제를 이해하고 있다면 'Jake is interviewed'와 'Jake was interviewed'의 의미를 위의 그림과 같이 받아들일 수 있을 것이다. 그러면 아래와 같은 상황은 시제를 어떻게 표현하면 좋을까?

Scene 1.

면접을 보러 온 Jake가 화장실에 간 사이 Jake의 순서가 되었다.

잠시 후, 화장실에 다녀온 Jake 옆에 있던 친구가 말해 준다. "너 불렸었어" 그리고 지금은 여전히 Jake의 면접 차례라고 생각해보자.

Scene 2.

제이크 님 순서예요~

너 불렸었어~

화장실에 다녀온 Jake

자 이때 "너 불렸었어"를 영어로 표현한다면 어떤 시제가 가장 잘 어울릴까? '과거시제'일까? '현재시제일까?

과거

You were called.

너는 불렸다

여전히 Jake의 면접 순서이기 때문에 '과거시제'는 어울리지 않는다.

현재

You are called.

너는 불린다(불리는 사람이다)

여전히 Jake의 순서이긴 하나, 의미가 넓은 '현재시제'는 좀 어색하긴 하다.

Jake가 불린 시점이 과거이긴 하나, 여전히 Jake의 순서이므로

have p.p.가 가장 잘 어울린다

You have been called.

Jake~

너는 불린 상태다
(네 순서야)

| have | **p.p.** |
| | be | p.p. |

You | have | **been** | called

186 | 조동사와 다양한 시제: 보여줄게 완전히 달라질 내 영어

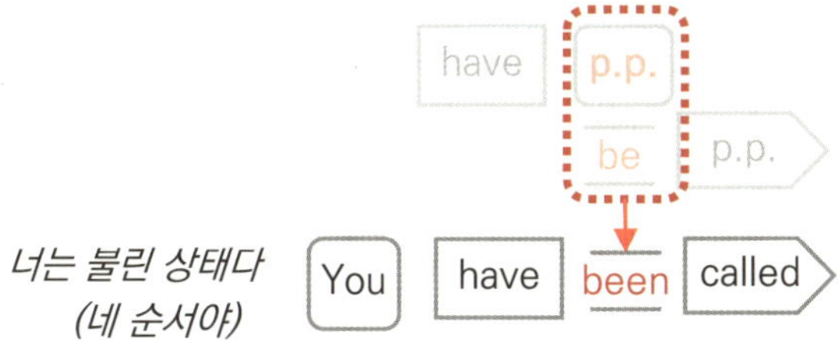

이런 형태의 또 다른 예시를 하나 더 보자. Jake가 요즘 여러 회사에 면접을 보러 다녔다면 아래와 같이 표현할 수도 있을 것이다.

이렇게 원리를 이해한 후 확대해서 쓰면 된다. 아래의 예시를 조금 더 읽어보며 감각을 만들어 보자(이해가 끝이 아니다. 반드시 소리 내어 읽고 지나가자).

This book has been loved from many different kinds of people.
이 책은 여러 다양한 계층의 사람들로부터 쭉 사랑받아오고 있다

I have been told "You are a genius".
나는 "너 천재구나"라는 얘기를 들어오고 있다

기왕 'be p.p.'의 시제를 정리하고 있으니 완벽하게 파악하고 지나가자. 아래와 같이 추가적인 상황을 하나 더 머릿속에 그려보자.

앞에서 필요한 대답을 영어로 어떻게 표현할까?

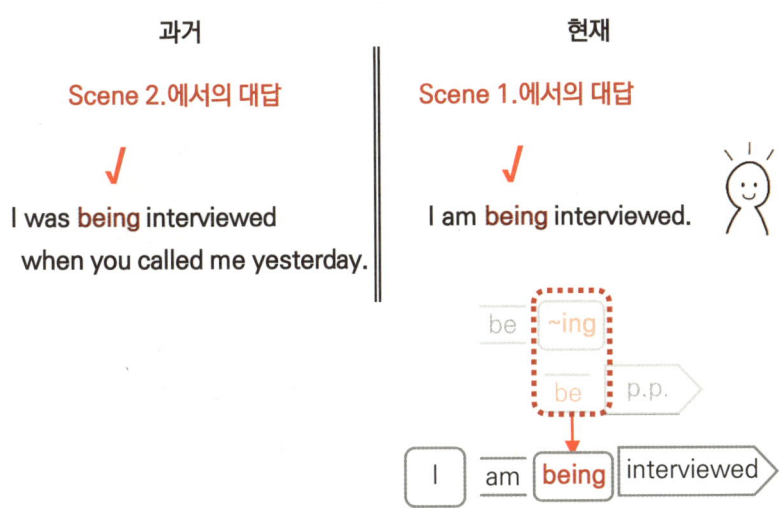

이제 소리 내어 연습해 보자. 이렇게 동사 부분이 긴 경우 비교적 덜 중요한 단어를 줄여서 발음한다(특히, 구어체의 경우). 함께 익숙해져 보자.

I've been told that many times.	일반적인 요약	I have
	부가 의문문	haven't I?
그 거 여러 번 들었다	타인 일치 여부	So has she
(has)	일반적인 요약	He hasn't
He's not been shot.	부가 의문문	Has he?
그 사람은 총에 안 맞아 봤다	타인 일치 여부	Neither have I
They're being hit.	일반적인 요약	They are
	부가 의문문	Aren't they?
걔네들 맞고 있어	타인 일치 여부	So is Jack

다음의 표현은 흔하게 쓰지는 않지만, 이해할 수 있을 것이다. 면접을 계속 봐 오고 있는 Jake가 이제 좀 지쳤다. 면접 중에 아래와 같이 말할 수도 있을 것 이다(아무튼 동사 부분이 너무 길어서 원어민들도 좋아하지 않는다).

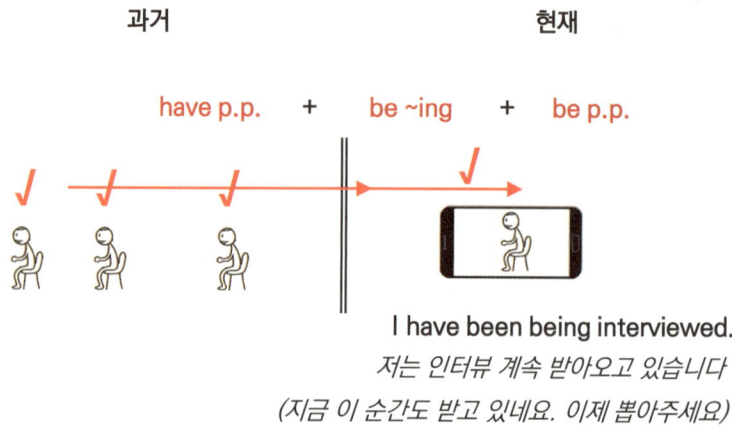

I have been being interviewed.
저는 인터뷰 계속 받아오고 있습니다
(지금 이 순간도 받고 있네요. 이제 뽑아주세요)

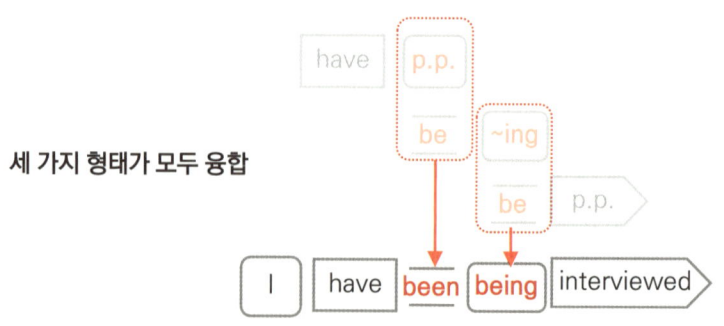

영어의 기본적인 원리를 충분히 이해하면 다소 복잡해 보이는 문법들도 쉽게 처리할 수 있다는 것을 알 수 있다.

Chapter 14. 고유한 의미가 있는 '동사의 성격'(조동사들)

14-1. '동사의 성격'을 대신하며 의미를 부여하는 녀석들

앞에서 총 3가지 형태(동사의 성격 기준; 일반동사, BE동사, 'have p.p.')의 문장들을 살펴봤다. 이제 마지막 단계이다. 이 마지막 '동사의 성격'들에는 각각 고유한 의미가 들어 있다. 기존의 '동사의 성격(do 등)'과 비교하면서 시작해 보자.

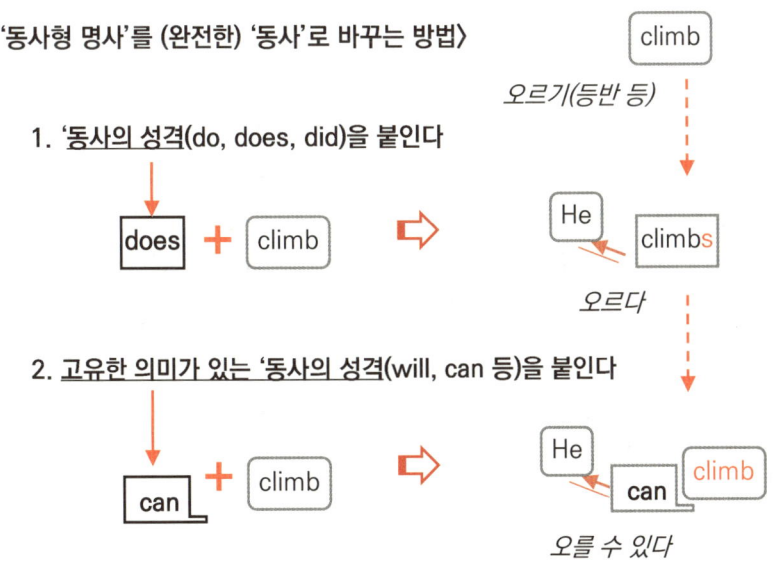

이런 고유의 의미가 있는 (의미가 추가되는) '동사의 성격'들은 아래와 같이 세 가지 문장 형태 모두에 적용될 수 있다(정확한 뜻들은 뒤에서 다시 보자).

① 일반동사

He climbs
does climb
그는 등반한다

⇒ He will climb
그는 등반할 거다

② BE동사

I am tall
그는 크다

⇒ I will be tall
난 클 거다

③ have p.p.

She has changed
그녀는 변했다

⇒ She will have changed
그녀는 변한 상태가 될 거다

기존의 '동사의 성격들'   고유의 의미가 있는 '동사의 성격'

②번 BE동사의 경우는 모든 BE동사들(am, is, was 등)이 'be'의 형태로 고정된다는 것과 ③번 'have p.p.'의 형태는 'has'와 'had'등도 모두 'have'로 통일된다는 것을 주의하면 된다.

의문문이나 부정문을 만드는 원리도 앞에서 다룬 원리와 똑같다.

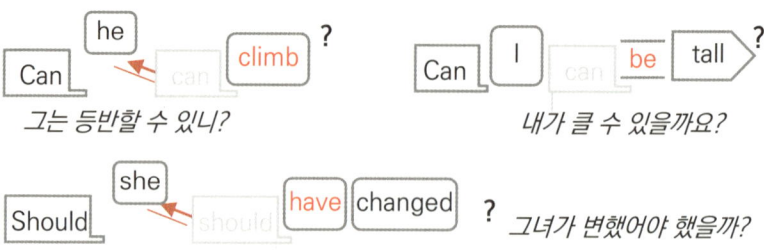

Can he can climb? 그는 등반할 수 있니?
Can I can be tall? 내가 클 수 있을까요?
Should she should have changed? 그녀가 변했어야 했을까?

이제 이러한 (고유의 의미가 존재하는) '동사의 성격'들은 어떤 종류들이 있는지 알아보자.

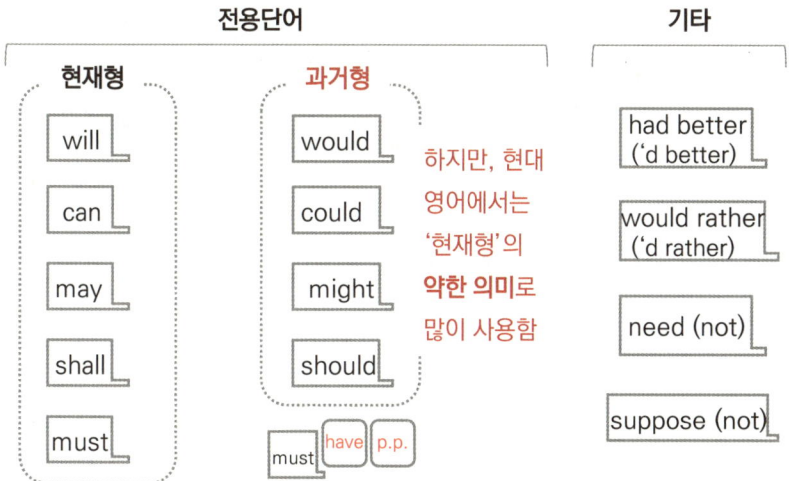

위의 '기타'와 같은 표현도 '동사의 성격'으로 받아들이면 그 이해와 활용이 쉬워진다.

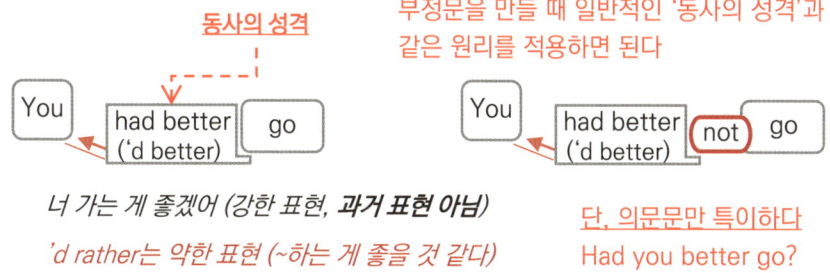

결국, 이러한 '동사의 성격'들을 활용하는 데 있어서 가장 중요한 것은 그 '고유한 의미'가 '정확히 무엇인가'를 제대로 이해하는 것이라 볼 수 있다.

14-2. 도대체 그 '고유한 의미'는 무엇일까?

'will'을 우리가 보통 '미래'라고 알고 있지만, 본질적인 뜻은 '의지'이다. 영어에서는 <u>직접적으로 미래를 나타내는 동사 표현이 없기 때문에 '미래 표현의 대용'으로</u> 'will'을 쓰는 것이다. 'will'에 시제를 접목하여 그 의미의 활용(확산)을 이해해 보자. 아울러 'will'의 약한 의미인 'would'의 역할도 함께 보자.

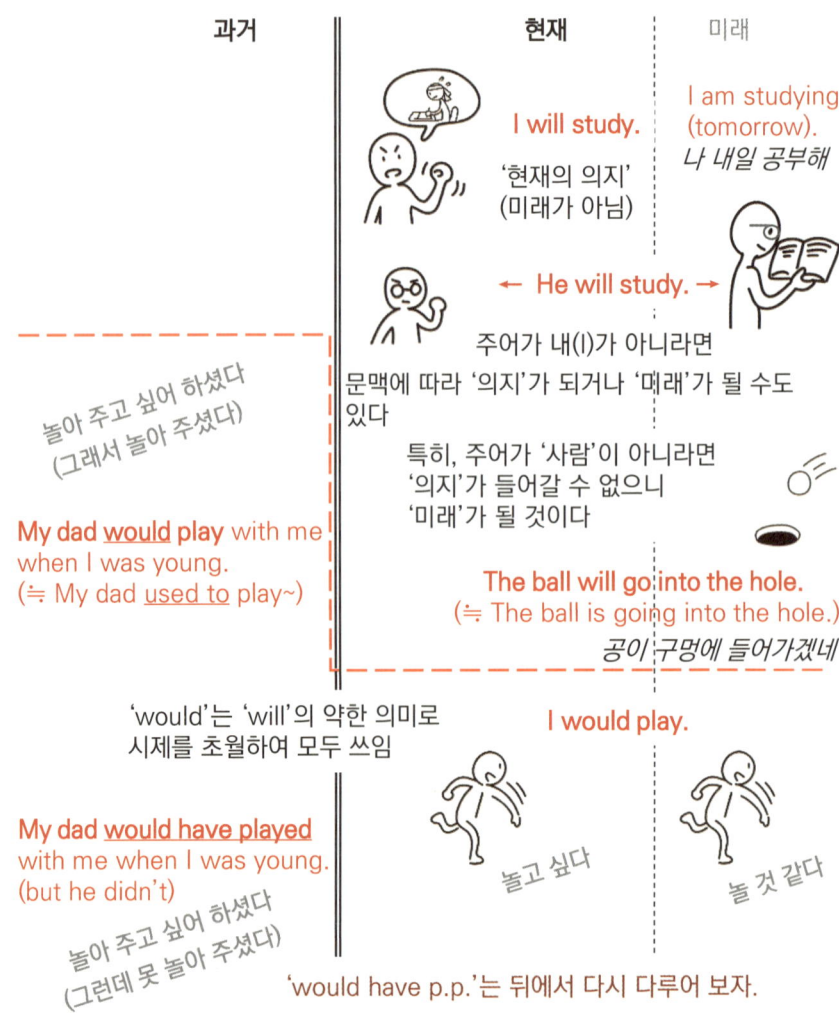

'would have p.p.'는 뒤에서 다시 다루어 보자.

이렇게 문맥에 따라 다양하게 확대되기 때문에 많은 연습이 필요하다.

한편, '할 수 있다'의 의미를 가진 'can'은 경우에 따라 ①'능력(나는 할 수 있는 사람이다)'을 표현하는 말이기도 하지만 ②'실행(진짜로 하겠다)'을 나타낼 때도 있다. 그래서 이 구분을 명확하게 하는 보조적인 수단(be able to~, 할 수 있어서 <u>할 것이다</u>)을 함께 알아 두면 좋다.

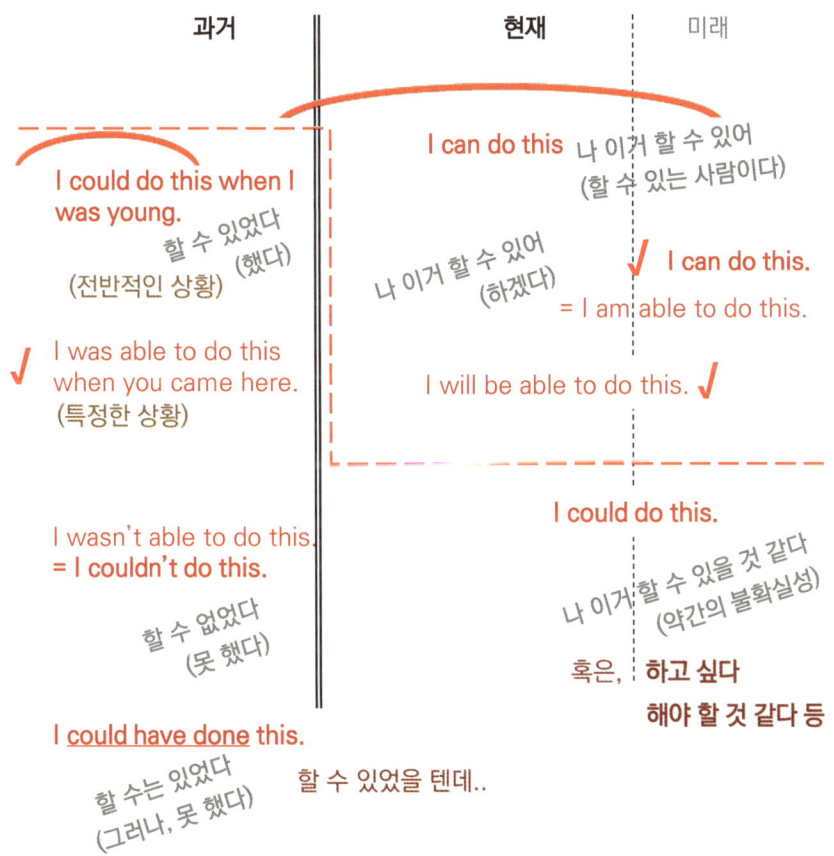

'can'과 'be able to~'를 동시에 사용하며 어감의 차이를 느끼는 것도 좋지만, '동사의 성격'을 구분(can과 be)하는 기회로 삼아도 된다.

예문으로 확인해 보자.

Whenever you are in trouble, she can help you.
그녀는 네가 어려움에 빠질 때마다 너에게 도움을 줄 수 있는 사람이야
위의 문장에서는 'she is able to help you. (✓)'는 어울리지 않음

Can you come here? ✓   여기에 올 거니?   두 표현 모두
Are you able to come here? ✓   어울림

아래의 문장들을 연습하며 형태의 차이도 느껴보도록 하자.

He can give a chance to you.   일반적인 요약   He can
                                          부가 의문문   Can't he?
그는 너에게 기회를 줄 수 있어   타인 일치 여부   So can Jimmy.
(그런 역량을 가진 사람이야)

(is)
He's able to complete the mission.   일반적인 요약   He is
                                          부가 의문문   Isn't he?
그는 그 미션을 끝낼 수 있다   타인 일치 여부   So are you.
(끝낼 거다, 지금 하고 있음)

'may'는 원 뜻 자체가 '불확실성'을 나타내는 '동사의 성격'이기 때문에 그 과거형인 'might'와 의미 차이가 크게 없다(좀 더 불확실하다고 하나, 그 기준이 없기 때문에). 'would(could)'와 비교하면서 그 뜻을 받아들이자.

I may buy you that.   내가 그거 너에게 사줄 수 있을 거 같아
                              (사줄 가능성이 좀 크지만 못 사줄 수도 있다는 뉘앙스)

I would(could) buy you that.   ①사줄 수 있을 거 같다   혹은,
                                   ②사주고 싶지만 못 사 준다 (+ if I had money)
        (문맥에 따라 둘 다 가능)

'shall'의 의미는 좀 독특하기 때문에 평소 긍정문에는 자주 쓰이지 않는다(권유의 표현인 의문문 형태로 많이 쓴다). 아울러 ('shall'의 과거형인) 'should'의 정확한 의미를 제대로 알기 위해서 'shall'의 본질적인 뜻을 이해하자.

shall

그렇게 되게 되어 있다 (나의 확신이 아님)
- 성경, 혹은 법전의 어투

I shall come again.
내가 다시 올 것이니라

All staffs shall report any issue to the C.E.O.
모든 직원은 어떤 문제든지 사장에게 보고한다

의문문(주로 1인칭 주어)
그렇게 될까?

Shall we go? *갈까?*

Shall I do this?
이거 해도 돼?

should

〈원 뜻〉

그런 것 같아 (될 것 같아)

(It) Should be right.
(= would, could)
맞는 것 같아

부정문(예상)
그렇게 되지 않을까?

(It) Shouldn't be long.
오래 안 걸릴 것 같아요

〈확 장〉

해야 할 것 같아
(**약한** 권유 및 의무)

You should come here.
너 여기 와야 할 것 같아
(오는 게 좋을 것 같아)

긍정문은 약하지만 부정문은 강한 표현

부정문(**강한** 어감으로 확대 가능)
You shouldn't come here.
너 여기 오면 안 돼
(= You can't come here.
로 말하기도 함)

해야 한다
(**강한** 권유 및 의무)

You have to come here.

You must come here.

긍정문은 강하지만 부정문은 약한 표현

부정문(**약한** 어감)
You don't have to come here.
너 여기 안 와도 돼
(= You don't need to come here.)

앞서 다룬 'shall', 'should', 'must', 'have to' 등의 정확한 의미를 파악하긴 했지만 언어를 너무 규칙처럼 다루어서는 안 된다. 언어라는 것은 본래 핵심적인 의미들(🔴 ⚫ ⚪)이 별도로 존재하지만 오랜 시간 사용되면서 그 의미가 아래와 같이 확장되는 것이다.

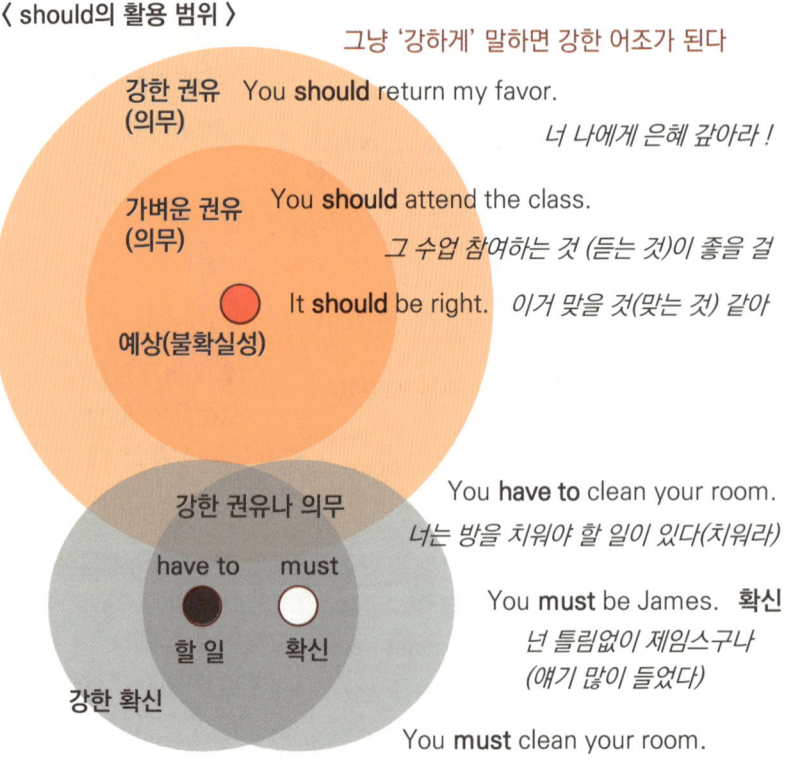

물론 핵심적인 뜻을 정확히 알고 출발하는 것이 좋다. 그러나 '어떻게 어디까지 확장되는가'에 대해서는 경험치(많이 접하고 사용하는 것)를 쌓는 것이 중요하다.

14-3. 당신은 모든 문장에서 '동사의 성격'을 바로 파악할 수 있는가?

'고유한 의미가 있는 동사의 성격들'의 정확한 의미를 아는 것도 중요하지만, 문장을 접했을 때 '동사의 성격'을 **빠르게 인식**하는 능력도 중요하다. 아래의 붉은색의 '동사의 성격'들을 바로 파악해야 한다.

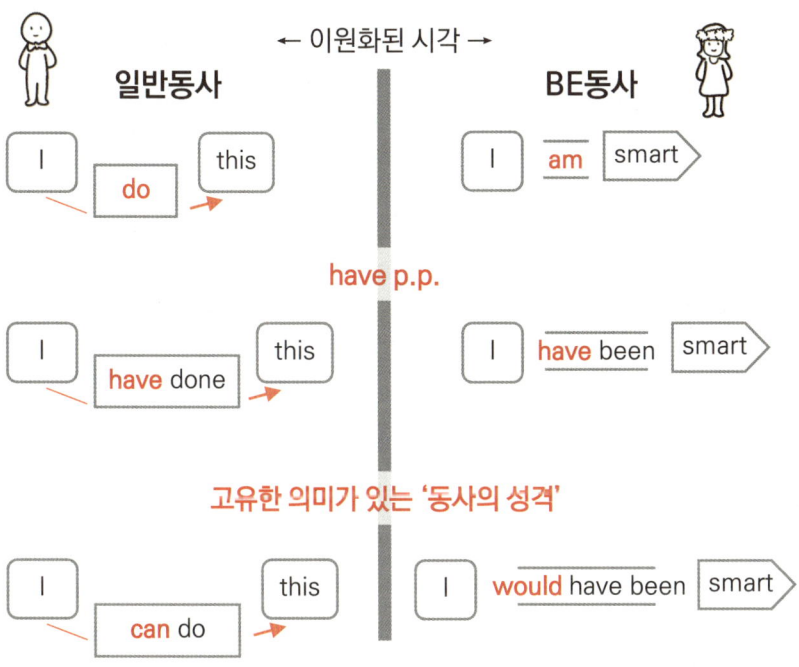

위 예문에서 '동사의 성격'을 파악하였다면, '의문문'으로 빠르게 바꿔보자('동사의 성격'을 신속하게 파악할 수 있는지 점검하는 것이다). 정확한 의미는 뒤에서 다루어 보자.

Do I do this?   Am I smart?

Have I done this?   Have I been smart?

Can I do this?   Would I have been smart?

'동사의 성격'으로 동사 부분이 길어지면 축약을 많이 하게 된다. 특히 구어체에서는 이런 축약형을 주로 쓰기 때문에 익숙해져야 한다.

〈 BE동사 축약 〉

(is)
He's running.
그는 뛰고 있네(뛸 거야)

일반적인 요약	He is
부가 의문문	Isn't he?
타인 일치 여부	As are other athletes 'So' 대신 'As'도 쓴다

was, were 같은 과거표현은 생략하지 않는다

They weren't tired.
그들은 피곤한 상태가 아니었어

일반적인 요약	They weren't
부가 의문문	Were they?
타인 일치 여부	Neither was I

〈 will, would 축약 〉

(will)
She'll call you tomorrow.
그녀가 내일 전화할 거야

일반적인 요약	She will
부가 의문문	Won't she?
타인 일치 여부	So will her secretary

'will'의 줄임말인 만큼 '의지'나 '확실성'이 다소 약해짐

(would)
I'd like to drink mineral water.
생수 좀 마시고 싶어요

일반적인 요약	I would
부가 의문문	Wouldn't I?
타인 일치 여부	So would he

일상에서 무척 자주 쓰는 표현이며, 주로 줄여 씀

'have p.p.'에서도 p.p. 부분에 '동사의 의미'가 들어 있고, 'have' 부분에는 큰 의미는 없고 '동사의 성격'만 부여하기 때문에 'have'부분을 줄여 쓴다.

〈 have부분 축약 〉

(have)	일반적인 요약	You have
You've been there.	부가 의문문	Haven't you?
너 거기에 (계속) 있었잖아	타인 일치 여부	As have I

(has)	일반적인 요약	He has
He's been in Korea for a year.	부가 의문문	Hasn't he?
그는 한국에 일 년째 머물러 있다	타인 일치 여부	So have his friends

'is p.p.'와 'has p.p.'의 줄임말이 모두 's p.p. 이긴 하나 영어 문맥에 익숙해져 가면서 자연스럽게 분리가 되기 때문에 너무 걱정하지 않아도 된다.

'would have p.p.'의 형식도 아래와 같이 'have'부분이 상대적으로 덜 중요하기 때문에 자주 줄여 쓴다.

(have)	일반적인 요약	I would
I would've finished it.	부가 의문문	Wouldn't I ?
끝내고 싶어 했다(못 끝냈다)	타인 일치 여부	So would everyone

'would have p.p.'의 형식은 주로 <u>과거에 대한 (이루지 못한) '희망사항'</u>을 나타내는 말로 일상에서도 무척 자주 쓰이는 만큼 반드시 익숙해져야 한다. 특히 이러한 표현들은 동사 부분이 길기 때문에 어려워 보이지만 이 책을 순서대로 봐왔다면 문제가 되지 않을 것이다. 다음 페이지에 이 표현을 더 살펴볼 것이다.

14-4. 누구나 과거를 바꾸고 싶어 한다

과거에 대한 후회는 (큰 것이 아니더라도) 누구나 할 때가 있다. 그 후회는 이미 발생한 일의 반대의 경우를 '희망사항'으로 표시하는데 영어에서의 그 표현이 'would (could, should 등) have p.p.'이다.

would, could, should는 과거 형태이지만 현재, 미래의 표현일 때가 많다. 그래서 과거의 상황을 명확히 표현하기 위하여 (이루어지지 않은 과거의 표현) 'would'와 'have(had) p.p.'를 합쳐 표현하는 것이다

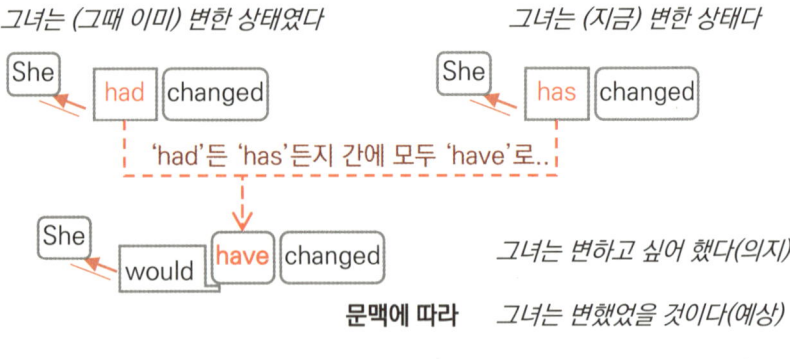

(아무튼 결과적으로 그녀는 변하지는 않았을 가능성이 클 때 쓰는 문장)

She could have changed.	그녀는 변할 수 있었다	(할 수 있었음)
She should have changed.	그녀는 변했어야 했다	(했어야 했음)
She might have changed.	그녀는 변하지 않았을까 싶다	(반대의 예상)

(아무튼 그녀는 변하지는 않았다)

'would 등'의 뒤에 따라오는 형태는 <u>'have p.p.'</u>의 모양이 변하지 않는다. 그렇기 때문에 생각보다 그리 어렵지 않을 수 있다. 반복적으로 연습하여 적응하면 된다.

아래와 같은 예문들로 연습하되, 구어체에서는 대부분 줄임말을 사용하므로 이 표현들도 함께 적응해야 한다.

I would have helped you. (but I didn't. Sorry.)

널 도와주고 싶었다 (못 했네. 미안)

I would've helped you. (축약형도 반드시 소리 내어 읽고 지나가자)

원래 if you had changed~가 더 타당 (뒤에 설명)
You could have been globalized. (if you changed your perspective.)

넌 글로벌화가 될 수 있었다 (네가 관점만 바꿨다면)

You could've been globalized. (또 소리 내어 읽자)

I shouldn't have shown him my mind. (That was my mistake.)

그에게 내 마음을 보여주면 안 되는 거였어 (그건 내 실수야)

(부정문의 형태는 'have'를 발음하는 편)

You shouldn't have picked me up   나를 태우러 오면 안 되는 거였어

질책의 표현일 수도 있지만 경우(문맥)에 따라
"뭘 이렇게 까지 해 줘(고마워) 일 수도 있음

It would have been nice of me if I (had) told him the truth.

내가 그에게 진실을 말했다면 좋았을 텐데

It would've been nice of me if I told him the truth.

4부

형용사, 부사 그리고 그들의 덩어리들
: 붙히고보니 풍성해진 내 영어

Chapter 15. 모든 형용사 덩어리 한 방에 끝내기

15-1. 형용사는 어디에 붙이는 걸까?

'형용사'는 한 마디로 **'명사'에 의미를 추가**하는 말이다. 그리고 아래와 같이 그 명사의 ①<u>앞에서 설명</u>(형용사 단어들만 나열)할 수도 있고, 그 ②<u>뒤에서 설명</u> <u>(주로 문장 형식의 덩어리)</u>할 수도 있다.

〈 ① 명사의 앞에서 〉　　　〈 ② 명사의 뒤에서 〉

저　젊은　한국인　청년
The　young　Korean　guy
관사　외형　국적

젊고　잘생긴　청년
young and handsome　guys
외형

특성이 같은 형용사(외형)는
중간에 'and'를 써서 붙인다

아무도 (그 외에는) 고칠 수 없는
저 TV
the TV　no one else can fix

주로 덩어리 형태의 형용사

"우리말과 어순이 반대"

(이번 장에서 공부할 내용)

형용사의 위치를 확인하기 전에 우선, 문장에서 **명사**가 들어갈 수 있는 자리를 확인(동사의 앞과 뒤, 그리고 전치사 뒤)하고, 형용사를 붙여보면 된다.

〈 형용사가 없는 문장 〉 - 명사의 위치를 확인하자

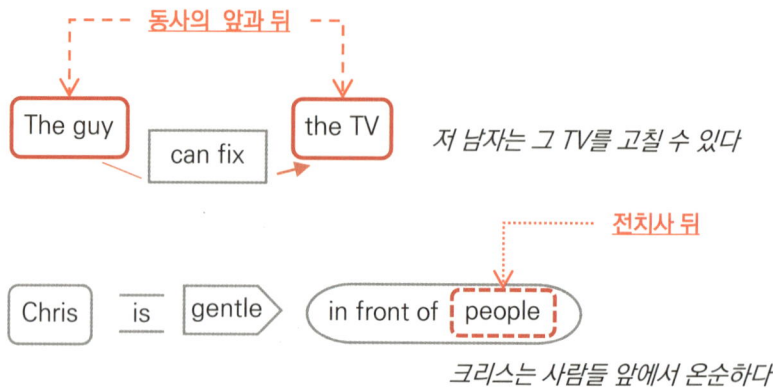

〈 형용사를 붙인 문장 〉

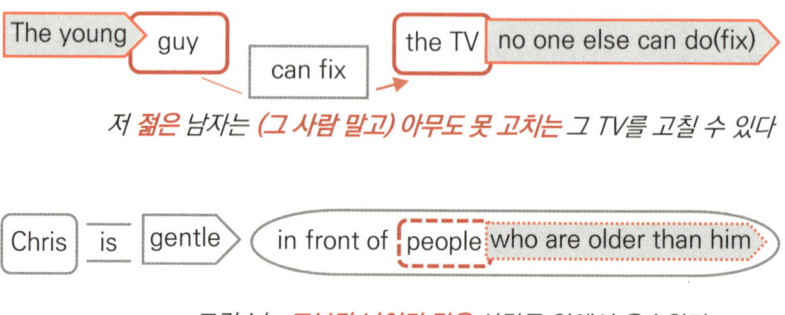

기본적인 문장에 형용사를 붙임으로, 문장의 의미를 훨씬 풍성하게 만들 수 있다. 이번 15장에서는 형용사가 명사의 '**뒤**'에 붙을 경우(우리말과 반대의 어순)에 대해 중점으로 알아보고자 한다.

15-2. 명사 뒤에 붙는 '형용사 덩어리'들의 형태

'명사' 뒤에 붙는 '형용사 덩어리'는 다양한 형태들이 존재하는 것처럼 보이지만 사실 상, **'문장 형식'을 기본**으로 하고 이 형태를 줄여 나가는 것이라 생각하면 된다. 아래와 같이 크게 3가지 형태로 정리해 볼 수 있다.

따라서 '문장 형태'로 이루어진 '형용사 덩어리'부터 순차적으로 익숙해져 나가면 된다. 이것(①문장 형식)을 먼저 정리해 보자. 알아야 할 것은 **(문장을 묶어)** 형용사 덩어리를 만들 때, 이 덩어리를 묶어주는 **단어들**(which, who, that 등)이 별도로 있다는 것이다. 이들과 **익숙**해져야 한다(아래에서는 'that').

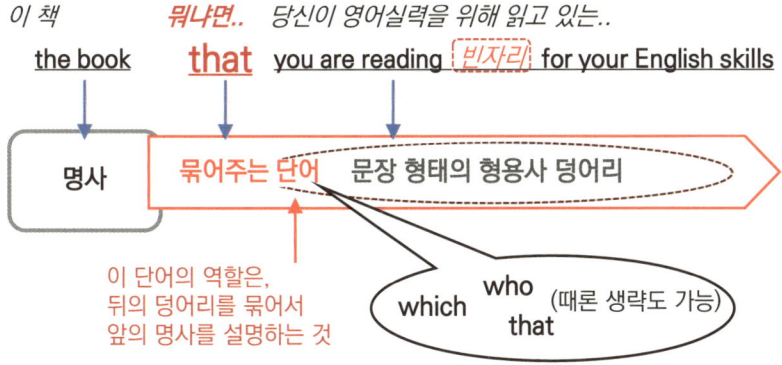

다른 예문(예시 구문)을 좀 더 표현하면 아래와 같다. 이러한 구문들은 일반적으로 그 형용사 덩어리(문장 구조)에 '빈자리'가 존재한다. 뒤에서 자세히 설명하겠지만 그 빈자리는 '주어자리'나 '동사 뒤' 혹은 '전치사 뒤' 일 수도 있다.

〈 형용사 덩어리의 문장 구조에 빈자리가 있는 경우 〉

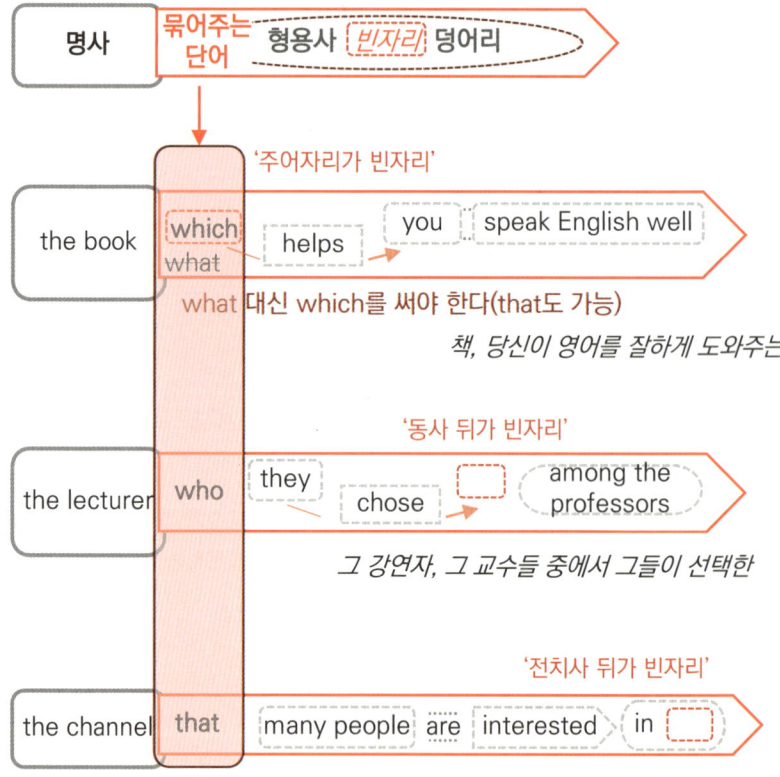

먼저 위의 구문들을 여러 차례 읽고 하나의 덩어리(마치 한 단어의 느낌처럼)로 인식하고, 문장에 넣어보자.

앞에서 만든 구문이 들어간 예문들도 여러 차례 읽어 익숙하게 만들어 보자.

I also have <u>the book that you are reading for your English skills</u>.
　　　　　　　나 역시 네가 영어능력을 위해 읽고 있는 책을 가지고 있다

He informed me of <u>the book which helps you speak English well</u>.
　　　그는 당신이 영어를 잘할 수 있도록 도와주는 책에 대한 정보를 나에게 줬다

<u>The lecturer who they chose among the professors</u> is on the stage.
　　　　　　　그들이 그 교수들 중에서 선택한 강연자가 무대 위에 있다

He runs <u>the channel that many people are interested in</u>.
　　　　　　　그는 많은 사람들이 관심 있어하는 그 채널을 운영하고 있다

한편 명사를 설명하는 (형용사) 문장 덩어리에 빈자리가 없는 완전한 문장 구조가 올 수도 있다. 이 경우 앞의 명사에는 **특정 단어들**만, 그리고 그 뒤에는 'that'만 가능하다(which 등은 불가_문장 구조에 빈자리가 없으므로).

〈 형용사 덩어리에 (문장의) 빈자리가 <u>없는</u> 경우 〉

'(빈자리가 없는) 완전한 문장 구조'

the theory | that a language controls our thinking
언어라는 것이 우리의 생각을 통제한다는 이론

특정 단어들 　'that'만 가능

소위 이를 '동격의 that'이라고 부르기도 하지만, 나중에 다시 언급하기로 하고 먼저 'that'에 대해 더 자세히 알아보자.

15-3. 헷갈리는 'that' 정리해 보기

영어에서의 'that'은 너무나 많은 역할을 하기 때문에 영어의 문장 구조에 익숙하지 않을 경우 어려워 보일 수 있다. 따라서 그 용도를 모두 정리할 필요가 있다. 우선 <u>'that'의 **의미**</u>를 정확히 알기 위해 다른 단어들과 비교를 해보자.

앞에 표시한 단어들 중(this, that 등) 'that'은 아래와 같이 확장되어 활용되기 때문에 별도로 더 익숙해져야 한다. 문장에서 쓰일 수 있는 that의 역할을 모두 정리해 보자.

〈 that이 단독(단어)으로 쓰이는 경우 〉 - '(대)명사'나 '형용사'로 사용

〈 that 덩어리 〉 - 묶어서 '명사 덩어리', '형용사 덩어리' 심지어,
　　　　　　　　　　　　　　　　　　'부사 덩어리'로 쓰기도 함

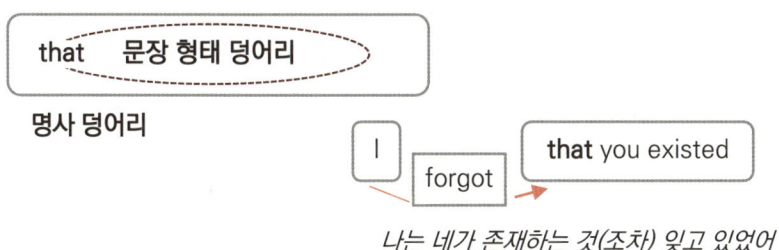

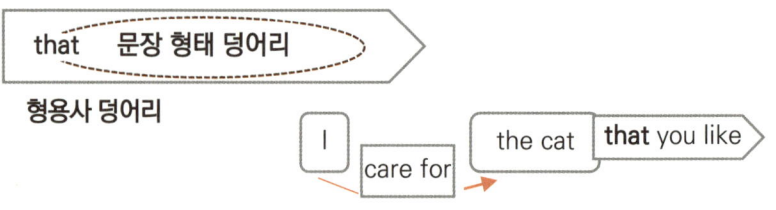

이렇게 'that덩어리'는 '명사'처럼 혹은 '형용사'처럼 쓰일 수 있는데, 이 형태를 두 가지로 나누어 볼 필요가 있다. 뒤에 따라오는 문장 덩어리에 빈자리가 없는 ① 완전한 문장 구조가 따라오는 경우와 문장 구조에 ② 빈자리가 있는 경우이다.

이 두 경우는 that의 역할(의미)을 다르게 받아들이면 된다. ①번의 경우는 that이 뒤에 오는 문장 전체를 지칭하고 ②번의 경우는 뒤에 오는 문장 구조의 빈자리(그 자리에 왔어야 하는 단어)를 지칭한다. 우리말로 의미를 파악(번역의 도움을 받으면서)하면서 그 차이점을 인지해보자(두 구문의 구분은 문장 구조를 파악하는 능력이 생기면 자연스럽게 되니 지금 걱정할 필요는 없다).

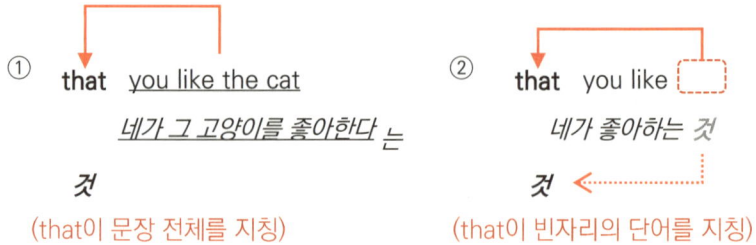

이 두 덩어리를 명사(덩어리)와 형용사(덩어리)로 쓰는 경우를 정리해 보자.

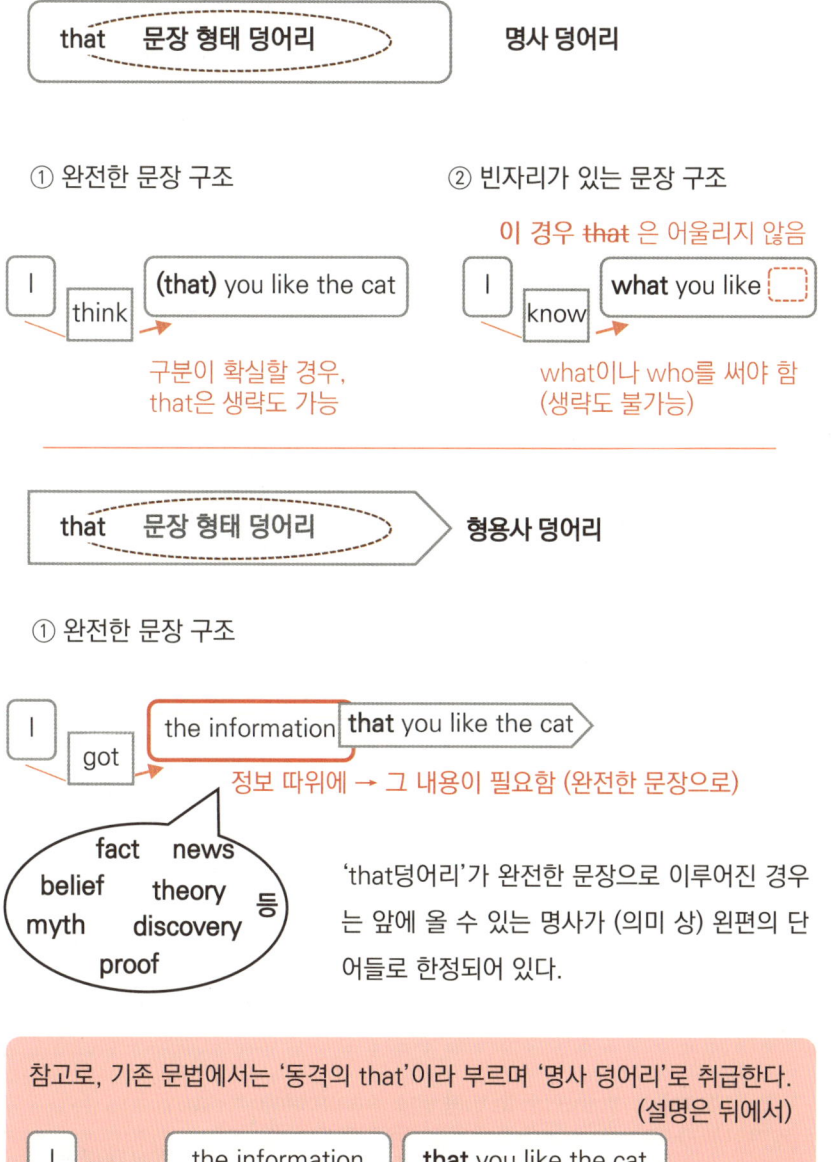

212 | 형용사, 부사 그리고 그들의 덩어리: 붙히고보니 풍성해진 내 영어

앞의 경우의 예시를 조금 더 보자.

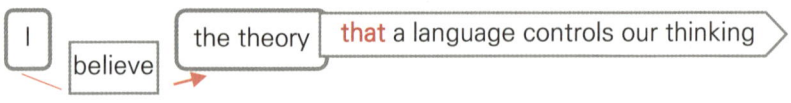

언어라는 것이 우리의 생각을 통제한다는 이론

이때 that은 원칙적으로는 생략 불가 (생략하는 원어민들도 있음)

앞에서 만들어진 구문을 문장에 넣으면 된다.

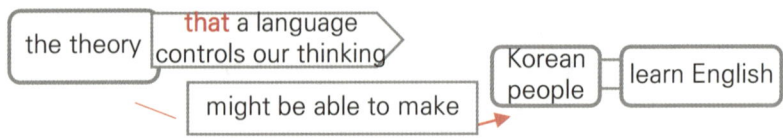

나는 믿는다, 그 이론을, 언어라는 것이 우리의 생각을 통제한다는 것

그 이론(~~)이 한국사람들이 영어를 배우게 만들 수도 있지 않을까 한다

이제부터는 위와 같이 조금 복잡한 형태의 문장(도형)도 쉽게 받아들일 수 있을 것이다(이 책을 차근차근 봐 오고 있다면 신기하게도 어렵지 않을 수 있다). 이제 도형이 없어도 어느 정도는 문장 구조를 느껴야 한다.

The information that the competitor was launching a new product was valuable.

경쟁사가 새로운 제품을 출시한다는 정보는 가치가 있었다.

I don't agree with the myth that age is a problem to start something new.

나는 동의하지 않는다.
나이가 새로운 것을 시작하는데 문제가 된다는 (잘못된) 사회적 통념을

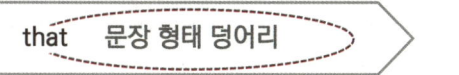

② 빈자리가 있는 문장 구조

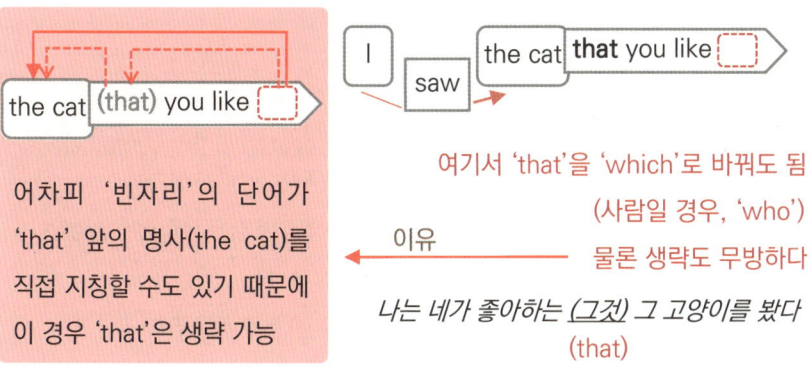

심지어 'that 덩어리'는 부사 덩어리처럼 쓰일 때도 있다. 예를 들어 'because' 의 의미를 표현하고 싶지만, '원인'임을 굳이 강하게 말하고 싶지 않을 때는 간단히 'that'을 사용하기도 한다(의미상 완전한 문장 구조만 따라온다).

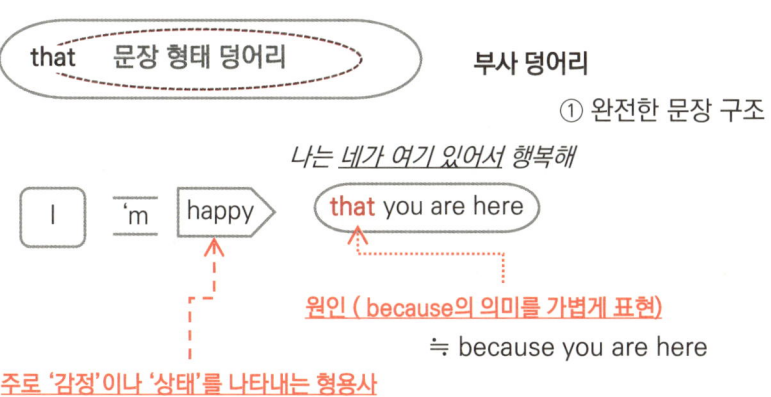

이와 같이 'that'의 활용은 복잡하기 때문에 어려워 보이지만, 영어 문장 구조의 대한 이해도가 높아지면 자연스럽게 해결된다. 각각의 예문들을 더 보자.

먼저 'that덩어리'가 형용사(빈자리가 있는 문장 구조)처럼 쓰인 경우의 예문들이다.

I joined the team that Michael had told me.
  (which로 바꾸거나, 생략도 가능)
  나는 마이클이 나에게 얘기했던 그 팀에 합류했었어

He told me about the building which was located in the central city.
  (that으로 바꿀 수 있지만, 생략은 불가)
  그는 시내 중심부에 있는 그 빌딩에 대해서 나에게 말했었다

The team's role that I also used to do was to support the CEO's decision-making.
  나도 해왔었던 그 팀의 역할은 CEO의 의사결정을 돕는 일이었다

The team gave me a lot of great experiences that I am very proud of.
  그 팀은 나에게 내가 아주 자랑스러워하는 많은 대단한 경험을 주었다

참고로, 명사(덩어리)처럼 쓰이는 경우의 예문도 조금 더 보자.

뒤의 문장 덩어리를 묶어서 명사(덩어리)로   (완전한 문장 구조)

What "Kkanbu" means for him is that he can give everything he has.
  "깐부"가 그에게 의미하는 것은 그가 가진 모든 것을 줄 수 있다는 뜻이다

our culture를 지칭하는 단독 (대)명사

We are really proud of our culture, and we want to represent that when we talk to others from overseas.
우리는 우리의 문화를 자랑스러워하고 다른 나라 사람에게 그것을 표현하고 싶어 한다

'that덩어리'가 '부사 덩어리'처럼 쓰이거나(이 경우 because나 about의 의미와 비슷하다), 조금 특별하게 쓰이는 경우를 조금 더 보자.

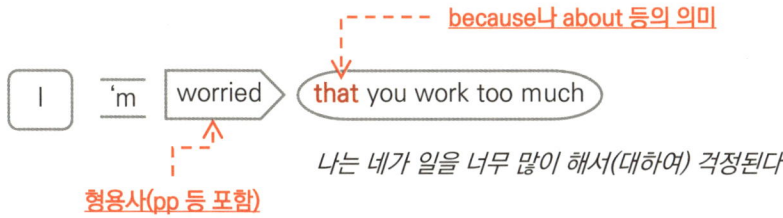

나는 네가 일을 너무 많이 해서(대하여) 걱정된다

He looks sad that Jane has left.   그는 제인이 떠나서 슬퍼 보인다

위와 같은 형태는 형용사 뒤에 that이 따라온다. 비슷하게는 아래와 같은 형태도 있는데, 이 경우는 역할이 조금 다르다.

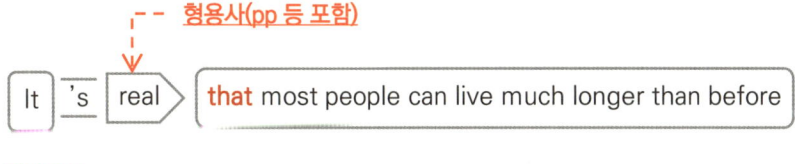

주어가 It   대부분의 사람들이 전보다 훨씬 오래 산다는 것은 (이제) 현실이다

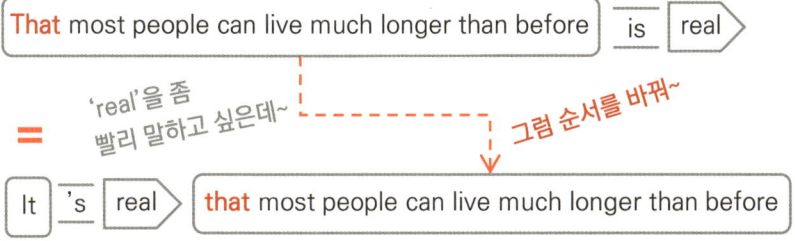

'that덩어리'가 주어로 쓰일 경우, 뒤에 따라오는 중요한 단어들(여기서는 'is real')이 너무 늦게 나타나서 주어를 'it'으로 바꾸고 뒤로 보낸 것이다.

15-4. 어떤 '문장 형식'을 줄일 수 있나?

아래 두 형태 중 '빈자리가 **있는** 문장 구조'를 다시 집중적으로 살펴보자.

(빈자리가 없는) 완전한 문장 덩어리

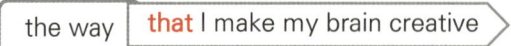

the way | that I make my brain creative

내가 나의 두뇌를 창의적으로 만드는 방법

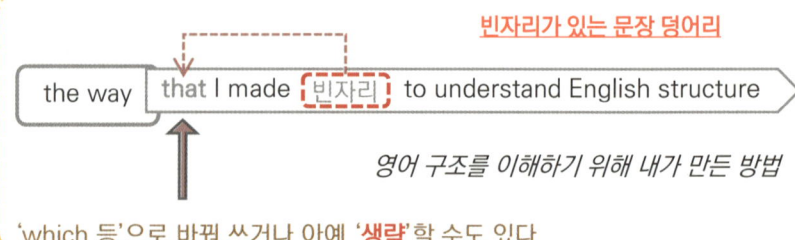

여기에 집중! (that이 쓰은 문장은 위의 경우보다 아래의 경우가 더 많음)

빈자리가 있는 문장 덩어리

the way | that I made 빈자리 to understand English structure

영어 구조를 이해하기 위해 내가 만든 방법

'which 등'으로 바꿔 쓰거나 아예 '**생략**'할 수도 있다

'빈자리가 있는 문장 덩어리'는 ①번과 ②번의 경우로 나누어 따져봐야 한다 ('주어자리'이냐 아니냐).

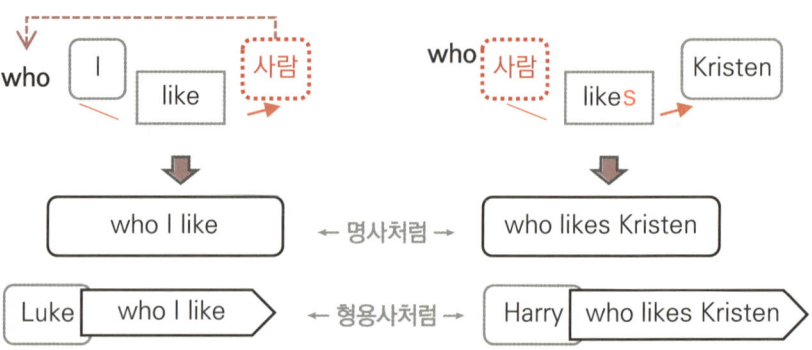

① **주어자리가 아닌 자리가 빈자리**

who | I | like | 사람

→ who I like

Luke | who I like ← 형용사처럼 →

② **주어자리가 빈자리**

who | 사람 | likes | Kristen

→ who likes Kristen

← 명사처럼 →

Harry | who likes Kristen

이런 내용들을 한눈에 정리해 보자. 법칙을 외우는 것이 아니라 앞서 언급한 내용들을 토대로 자연스럽게 이해하면 된다.

① <u>주어자리가 아닌 자리가 빈자리</u>　　② <u>주어자리가 빈자리</u>

〈 동사 뒤가 빈자리 〉　　　　　　　〈 일반동사 앞의 주어 〉 - ing로 축약 가능

the suit | which I need ▢　　　　　the suit | which makes me look cool
그 정장　나에게 필요한　　　　　　그 정장　나를 멋져 보이게 만드는

the suit | that I need ▢　　　　　 the suit | that makes me look cool
　　'that'으로 바꾸거나 (강조)　　　　　　'that'으로 바꾸거나 (강조)

the suit | I need ▢　　　　　　　　the suit | making me look cool
일반적으로는 생략(짧은 구문)　　　　　'~ing' 형태로 줄일 수 있음

〈 전치사 뒤가 빈자리 〉　　　　　〈 BE동사 앞의 주어 〉 - be동사까지 생략
　　　　　　　　　　　　　　　　　　　　　형용사(pp) or 전치사 등

Jamie | who I am proud of ▢　　 the guy | who is called "Kkondae" by people around
제이미　내가 자랑스러워 하는　　　저 남자 주변 사람들에게 '꼰대'라고 불리는

'that'으로 바꿀 수는 있음　　　　　the guy | called "Kkondae" by people around
(사람일 경우 'who'가 선호됨)　　　　'who is'를 생략할 수 있음

구문이 **길어질수록** 'who'나 'that'을
잘 생략하지 않음　　　　　　　　　parks | which are across Korea
　　　　　　　　　　　　　　　　　공원들　한국(땅)에 걸쳐 있는

　　　　　　　　　　　　　　　　　parks | across Korea

이런 형태의 구문들을 문장에 넣어보자.

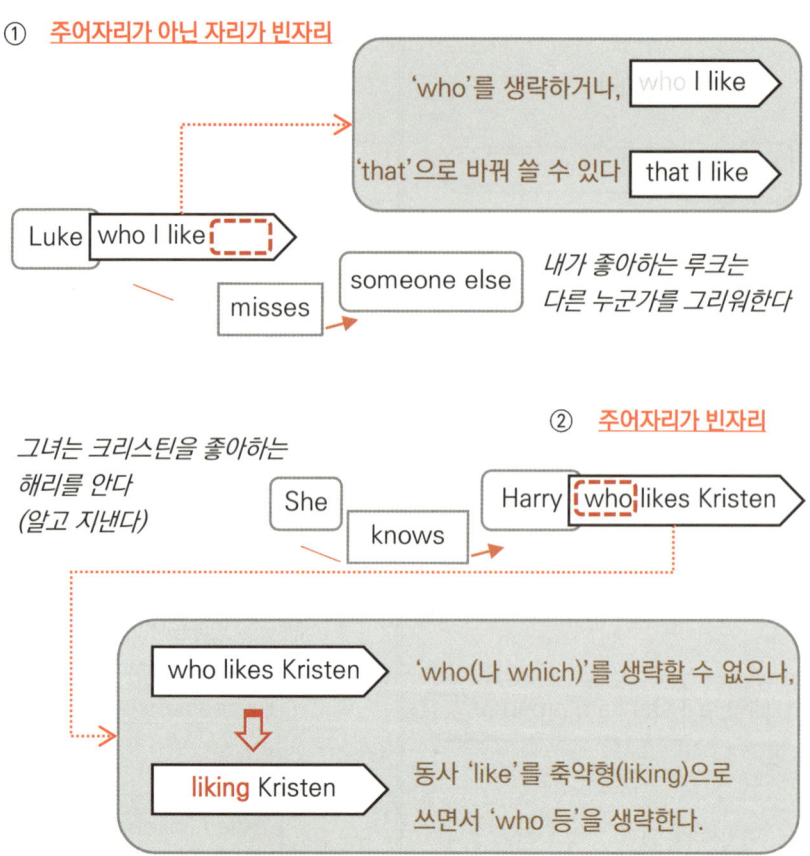

②번의 경우는 'who'를 생략하게 되면 주어가 (직접적으로) 'Harry'가 되므로 (Harry likes Kristen이라는 문장이 되어 버림) 뜻이 바뀌어 버리기 때문에 생략하지 않는다. 이제 (②번의 경우에서) '문장 덩어리'를 **줄이는 법**에 대해 더 알아보도록 하자.

이렇게 줄여진 형태(축약)는 '~ing'모양이 가장 대표적이다..

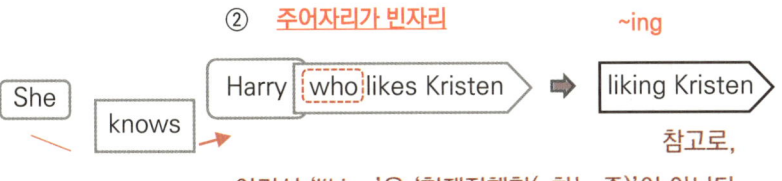

참고로,
여기서 'liking'은 '현재진행형(~하는 중)'이 아니다.
'행위의 주체(~하는)'를 나타낸다. 그래서 '~ing' 표현이 가능

일반적인 동사의 형태는 주로 '~ing'로 축약되지만, 아래와 같이 다른 형태들 (to~ 등)도 활용될 수 있다.

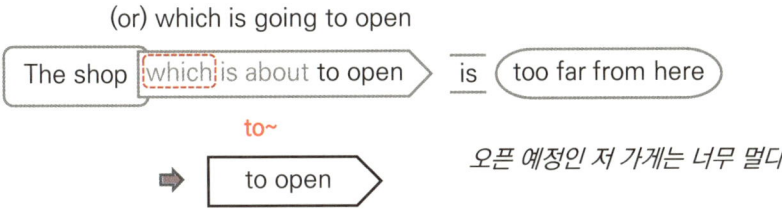

오픈 예정인 저 가게는 너무 멀다

혹은, 아래와 같이 반드시 ②번의 형태(주어가 빈자리)가 아닌 ①번과 같은 경우라도 <u>주어와 동사가 너무 **뻔하면**</u> 위와 같이 축약할 수 있다.

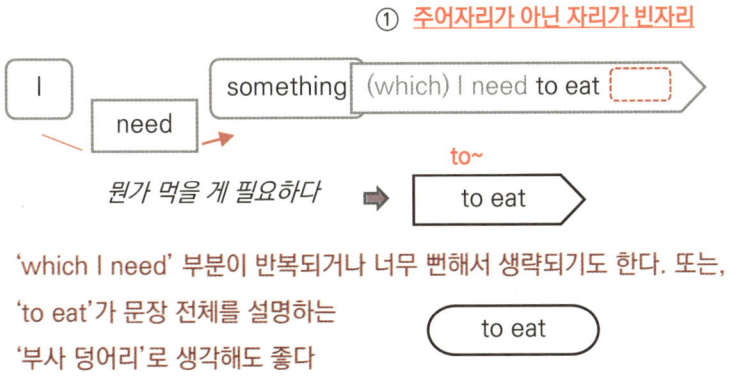

뭔가 먹을 게 필요하다

'which I need' 부분이 반복되거나 너무 뻔해서 생략되기도 한다. 또는, 'to eat'가 문장 전체를 설명하는 '부사 덩어리'로 생각해도 좋다

'형용사 덩어리'나 p.p.의 형태도 이렇게 축약할 수 있다. 주로 'who is~'나 'which is(are)' 등이 생략된다.

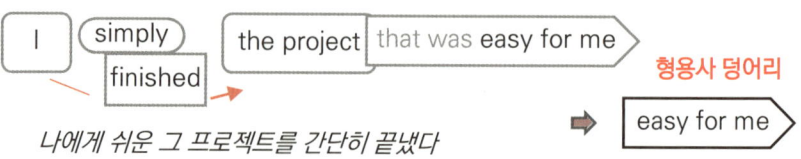

나에게 쉬운 그 프로젝트를 간단히 끝냈다

위와 같은 '형용사 덩어리' 형태는 때론 (그 형용사 부분을) 명사 앞으로 보낼 수도 있다. 다양한 형태가 가능하다는 것을 알고 유연하게 대처해 보자.

나에게 쉬운 (어떤) 프로젝트를 간단히 끝냈다

전치사 덩어리도 아래와 같이 줄일 수 있다.

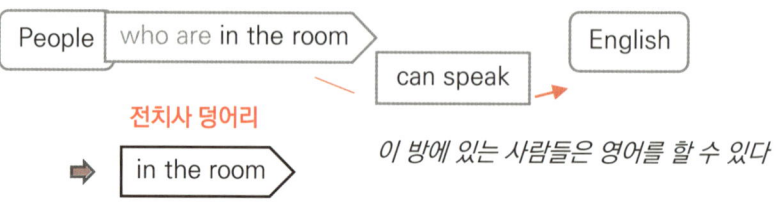

이 방에 있는 사람들은 영어를 할 수 있다

물론 끝난 상태이거나 상태가 계속되어 있음을 표현하려면 'have p.p.'를 쓰듯이 'having p.p.'의 형태도 가능하다.

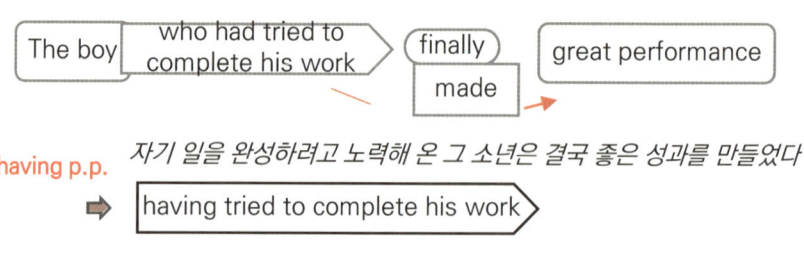

자기 일을 완성하려고 노력해 온 그 소년은 결국 좋은 성과를 만들었다

15-5. 정보를 축약할 수 없으면 다시 '문장 형식'으로 늘리면 된다

말을 '축약'한다는 것은 간단명료한 표현으로 나타낸다는 말이기도 하지만, '**정보의 손실**'을 가져올 때도 많다. 만약 정보를 자세히 말하고 싶다면 이 형용사 덩어리를 <u>다시 (긴) 문장형태</u>로 확장하면 된다.
예를 들어, '~ing'와 '전치사 덩어리'등에는 과거시제를 명확히 표시할 수가 없다. 이럴 때 '문장형태'로 늘리는 것이다.

I know engineers **working here**. 나는 여기서 일하는 기술자들을 알고 있다

만약 '과거'를 표현하고 싶다면 '~ing'로는 표현할 수 없기 때문에 아래와 같이 늘려야 한다

I know engineers **who worked here**. (혹은 ~ **who used to work here**)
나는 여기서 일했던 (지금은 일하지 않는) 기술자들을 알고 있다

다른 각도로 더 설명해 보겠다. 'to~'나 '~ing' 등은 똑같은 모양이 아래와 같이 세 가지의 역할을 한다고 했다. 이 구분이 어려울 때 ②번의 경우의 형용사 덩어리를 '문장의 형태'로 늘려주면 명쾌하게 분리가 될 것이다.

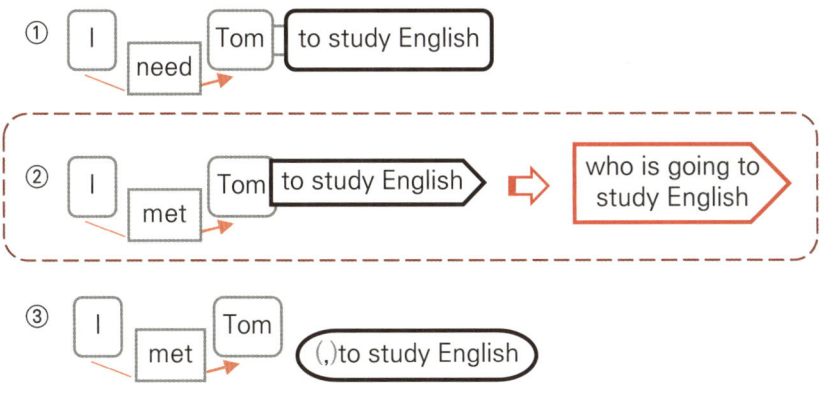

이제 이런 구문들을 도형의 도움을 받지 않고 연습해 보자

                                        (who can lift this?)
Have you ever seen <u>a strong guy</u> **being able to lift this** ?

                      너 이때까지 이걸 들 수 있을 정도로 힘센 사람 본 적 있니?

<u>The singer</u> **known as "가왕"** definitely sings well.

                        '가왕'이라 알려진 그 가수는 확실히 노래를 잘한다

Tom gave me <u>the book</u> **that's important to him**.

                              톰은 그의 중요한 책을 나에게 주었어

<u>Many kinds of creatures</u> **under the deep sea** look weird.

                       바다 깊숙이 있는 많은 종류의 생명체들은 기묘해 보인다

한 단어 형용사는 때로는 명사 앞에 보내는 것이 자연스럽기도 하다

                            (people tiring for other colleagues.)
It's very hard to work with <u>tiring people</u> **for other colleagues**.

                   다른 동료들을 피곤하게 만드는 사람들과 일하는 것은 매우 힘들다

'who덩어리'가 형용사의 역할이 아닌 명사 역할을 하는 경우도 잘 알아야 함

                                  ('who'를 생략할 수 없음)
Do you remember **who we used to be**?

                      우리가 누구였는지 (어떤 사람들이었는지) 기억하니?

15-6. 'something' 뒤의 형용사(덩어리)

something, all, everything, anything 등은 <u>설명해주는 말이 주로 **뒤에 붙는**</u> 단어들이다. 익숙하게 만들어 놓자.

All | (which *or* that) you need | is | love

너에게 필요한 거, 그 전부는 (바로) 사랑이잖아

이런 감각을 만드는 데, 위와 같은 단순한 문장(All you need is love.)을 이용해 연습하는 것도 좋은 방법이다. 아래의 문장들도 보면서 더 익숙하게 만들어 보자.

I need someone who trusts me.
　　　　　　　　　　　나는 누군가 나를 믿어줄 사람이 필요하다

There must be someone you will love somewhere.
　　　　　　　　　　　어딘가 틀림없이 있을 거야. 네가 사랑할 누군가가

I can do everything he asks me
　　　　　　　　　　　나는 그가 나에게 부탁하는 건 모두 할 수 있어

He knows all I want to do.　　그는 내가 하기를 원하는 모든 것을 알고 있다

문장 형태뿐만 아니라 '형용사 덩어리', '~ing', p.p.등도 모두 쓸 수 있다.

I met someone knowing you.　　너를 아는 누군가를 만났었다

Everything made in Korea might be safe.　　한국에서 만들어진 모든 것들은 아마 안전할 것이다

'something 등'은 일반적인 명사와는 달리 앞에 형용사를 붙이면 어색해진다 (한 단어의 형용사 일지라도). 무조건 뒤에서 설명한다고 생각하면 된다. 'something'과 같은 단어들은 사실상 대상이 정확히 정의되지 않았기 때문에 일반적인 명사와는 다른 것이다.

Can I say something <u>crazy</u>? 정신 나간 소리 하나 해도 돼요?

I was looking for someone <u>like you</u>. 나는 너 같은 사람을 찾고 있었어

Do you need anything <u>else</u>? 무엇이든 그 밖에 (더) 필요한 게 있으세요?

There was something <u>wrong about what you wanted to solve</u>.
내가 해결하고 싶은 것에 대해 뭔가 틀린 게 있어

Chapter 16. 부사의 자유로움을 이해하자

16-1. '부사'란 무엇인가?

'부사'는 '형용사'와 비교하면 이해가 쉬워진다. '형용사'와 '부사'의 사용 형태는 기본적으로 비슷하기 때문이다. 우선 형용사의 형태를 다시 보자.

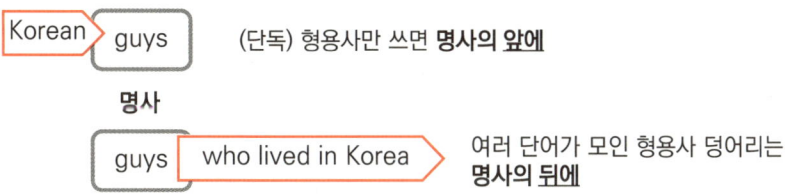

(형용사와는 달리) 부사는 명사를 제외한 모든 단어들에 의미를 추가한다.

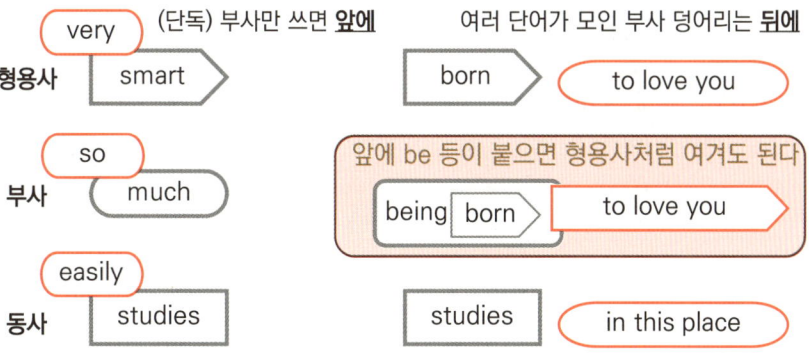

사실상, 결국, 형용사나 부사는 단어에 의미를 추가하는 역할을 한다. 따라서 때로는 굳이 분리할 필요가 없을 때도 많다. 동사를 설명할 때는 그 위치와 의미가 다르게 때문에 이 부분만 좀 더 살펴보면 된다.

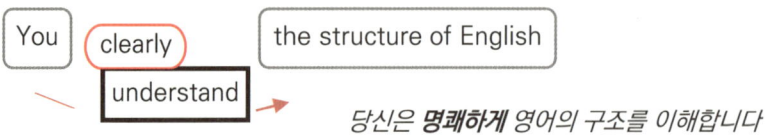

영어에서 동사는 아래와 같이 문장의 기둥 역할을 한다. 따라서 동사를 설명한다는 의미는 '문장 전체'를 설명한다는 의미와 비슷하기 때문에 동사를 설명하는 말(부사)들은 대부분 문장의 맨 앞이나 맨 뒤로 옮길 수 있다(강조 등으로 어감이 달라지는 것).

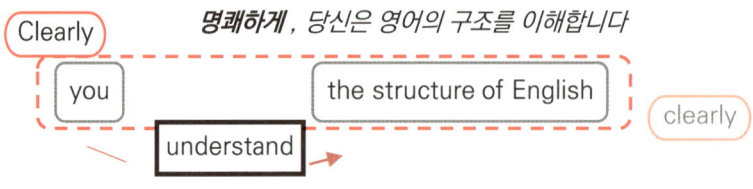

길어진 덩어리(부사 덩어리)도 마찬가지의 원리가 적용된다.

이렇게 긴 부사 덩어리(결국 동사를 설명하는 말)는 문장의 맨 뒤가 가장 자연스럽지만 문장의 맨 앞 혹은 동사 앞에 위치시켜서 강조 등을 할 수 있다.

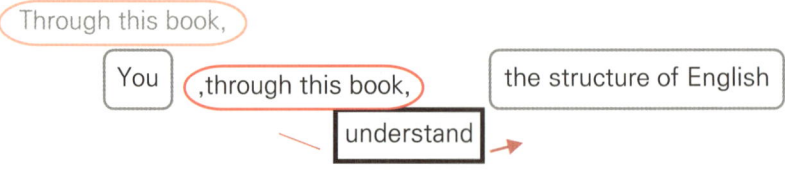

Ch 16. 부사의 자유로움을 이해하자

16-2. 'not'은 부사일까? 형용사일까?

'not'과 'no'는 모두 '부정'을 의미하는 단어이지만 이들의 역할은 조금 다르기 때문에 명확히 구분해 놓는 것이 좋다. 기본적으로는 'no'는 형용사처럼, 'not'은 부사처럼 쓰면 된다.

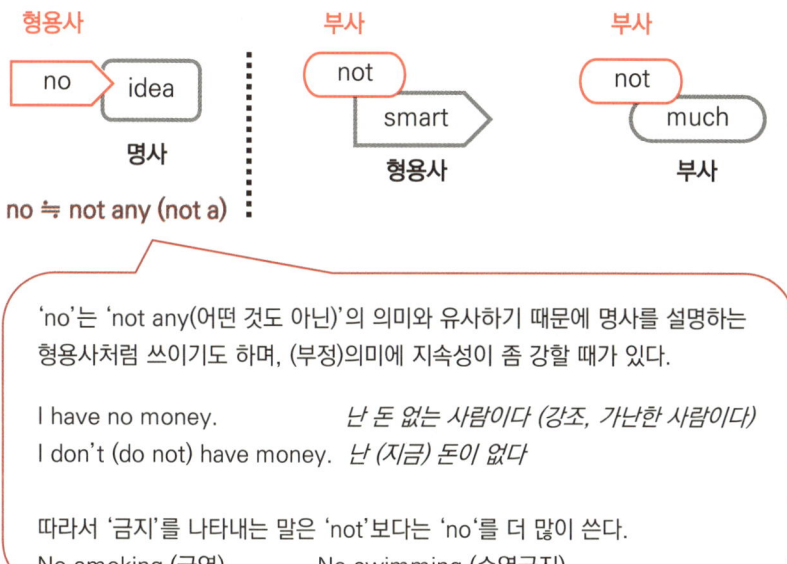

'no'는 'not any(어떤 것도 아닌)'의 의미와 유사하기 때문에 명사를 설명하는 형용사처럼 쓰이기도 하며, (부정)의미에 지속성이 좀 강할 때가 있다.

I have no money.   난 돈 없는 사람이다 (강조, 가난한 사람이다)
I don't (do not) have money. 난 (지금) 돈이 없다

따라서 '금지'를 나타내는 말은 'not'보다는 'no'를 더 많이 쓴다.
No smoking (금연)   No swimming (수영금지)

하지만, 단순히 'no'를 일반적인 '형용사'로 'not'을 일반적인 '부사'로 취급하는 것보다는 이들의 역할들이 좀 더 다양하기 때문에 문장에 직접 넣어보고 지나가는 것이 좋다.

〈 문장 전체를 부정문으로 〉

앞서 얘기했듯이 영어문장에서는 긍정문이냐 부정문이냐를 극명하게 나누어 받아들이는 습관이 중요하다(3요소 중 하나, 주어 성격, 동사 성격, **긍정 부정**).

예를 들어, 문장의 성격을 대표하는 '동사의 성격(do)'에 부정어(not)를 붙여주면 문장 전체가 부정문이 된다(문장 전체의 색이 바뀐다고 생각해도 좋다).

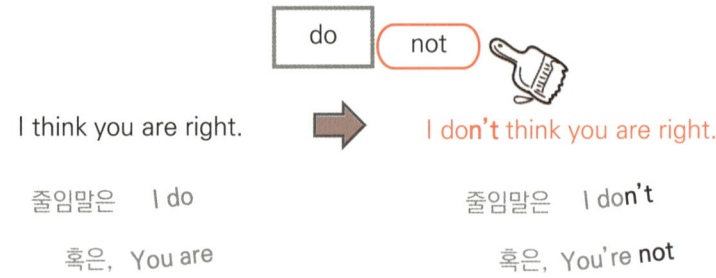

줄임말은   I do

혹은, You are

줄임말은   I don't

혹은, You're **not**

주어나 목적어에 'no'를 붙여도 (즉, 동사의 앞 뒤 단어에 'no'를 붙이는 것) 문장 전체가 부정된다.

특히, 'everyone' 혹은 'everybody'등이 주어인 문장을 부정할 때는 주어를 'no one' 등으로 많이 쓴다('모두'가 아니라는 의미는 일종의 강조이기 때문). '~중에 아무도'라는 'none of~'와 같은 표현도 익숙해져 놓자.

~~Everyone doesn't hate you.~~ ⟹ **No one hates you. Don't worry.**

아무도 널 미워하지 않아. 걱정 마

None of us did that.   우리들 중 아무도 그것을 하지 않았어

Ch 16. 부사의 자유로움을 이해하자 | 229

이렇게 문장 전체를 부정하는 표현 중, 특히 우리가 알아 둬야 하는 문장이 있다. 상황을 하나 상상해보자. 어느 카페에 갔다. 와이파이가 작동하지 않는다. 그러면 우리는 "여기 와이파이 안 되는데요?"라며 말할 것이다.

The Wi-Fi is **not** working here.

그렇다 보니 영어로 위와 같이 말할 가능성이 크다. 하지만 '말하는 화자'의 입장에서는 사실 상 와이파이가 안 되는 것을 '확신'할 수 없는 것이다(그래서 우리말로도 "안 되는 거 같은데요?"라는 표현을 쓰기도 한다). 이런 경우 원어민들은 아래와 같이 표현한다.

I don't think the Wi-Fi is working here. (많이 연습하자)

원어민들은 특히 '부정적인 표현'을 직접 하기보다는 'I don't think~'로 많이 말한다. 특히 우리는 뒤에 나오는 문장 구조(the Wi-Fi is working)까지 부정문으로 인식하지 못하는 실수를 종종 하기 때문에 많은 연습이 필요하다.

'he can~구문'을 부정으로 인식 못하면 안 된다
I don't think he can speak English. (X)

모두 부정어로 인식
I don't think he can speak English. (O)   그는 영어 못하는 것 같아

I don't think you are hungry.   너 배고프지 않은 것 같은데

혹은 아래와 같이 'the Wi-Fi is~' 구문을 하나의 덩어리로 생각해도 실수하지 않을 것이다.

I → don't think → the Wi-Fi is working here

16-3. 한 단어의 부사들을 정리해 보자

앞서 얘기한 문장 전체를 부정하는 것이 아닌, 하나의 구문만 부정하는 'not'은 **한 단어의 부사**처럼 다루면 된다.

이렇게 쓰이는 'not'은 문장 전체를 부정문으로 바꾸는 것은 아니다. 아래와 같이 'to be lazy'만 부정하는 것이다.

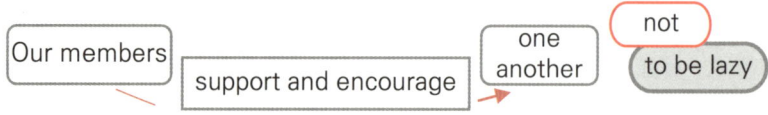

우리 멤버들은 서로서로를 지원하고 격려한다. 게을러지지 않도록

위의 문장의 줄임말(요약)은 'We do(부정문 아님)'이다. 'not'은 'to be lazy'라는 구문만 부정하는 것이다. 이러한 한 단어 부사들을 정리해보자.

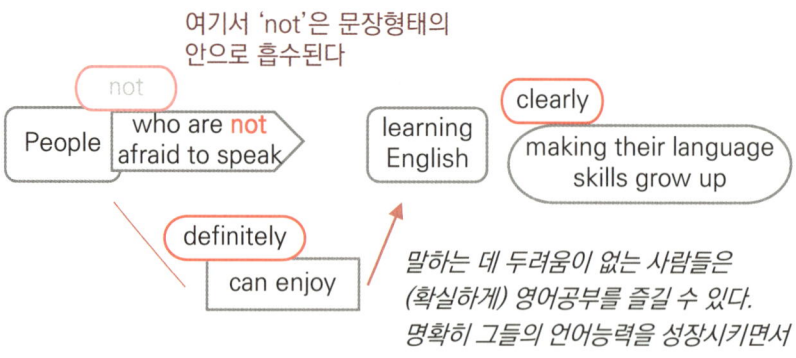

말하는 데 두려움이 없는 사람들은 (확실하게) 영어공부를 즐길 수 있다. 명확히 그들의 언어능력을 성장시키면서

위와 같이 한 단어 부사들은 '형용사 혹은 부사' 덩어리 앞에 붙이기만 하면 되는데 동사 부분에 넣을 때는 알아 둬야 할 사항들이 존재한다.

동사 부분에 한 단어 부사를 넣을 때는 주로 '동사의 성격'을 고려하면 된다. 자주 사용되는 형태들이 있으니 익숙해져 놓아야 한다. 동사의 유형별로 하나씩 보도록 하자.

일반동사 앞에 쓰는 것 같지만 '동사의 성격'을 꺼내지 않았기 때문이다

우선 기본적으로는 주로 '동사의 성격' 뒤에 붙는다고 생각하면 된다.

때로는 의미 상 문장 맨 뒤에 붙이는 경우도 있다(yet, though 등).

16-4. 저절로 부사가 되는 신기한 단어들

영어에서 '명사'라는 것은 일종의 고정된 개념이다(역동적이지도 않고 방향성도 없다). 원어민들의 사고(영어식 사고)를 이해하려면 아래와 같은 시각을 이해하는 것이 좋다(편하다).

〈 영어식 사고 측면에서 단어의 활용 〉

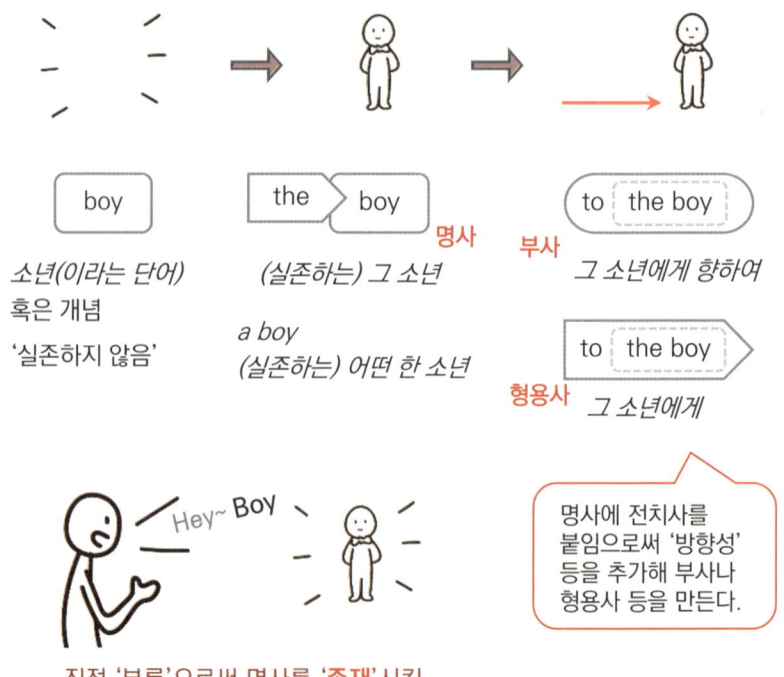

즉 부사에는 위와 같이 '방향성 등'이 있기 때문에 명사가 아닌 동작이나 상태(동사나 형용사 등)를 설명할 수 있는 것이다. 이 개념을 생각하면서 'there'라는 단어를 한번 떠올려 보자.

'there'라는 단어는 좀 독특하다. 'there'라는 장소(명사)는 어딘가로 고정되어 있지 않는다. 말할 때마다(이 단어를 사용할 때마다) **항상** 어딘가를 **지정**하거나 **지칭**해야 한다.

즉 'there'라는 단어를 쓰는 것만으로 이미 방향성(to, 거기로)나 공간감(in, 거기에)이 들어 있어서 그 단어 자체가 부사(나 형용사)로 바로 쓰인다. 쉽게 말해, 전치사 'in'이나 'to'를 다시 붙일 필요가 없다는 의미이다.

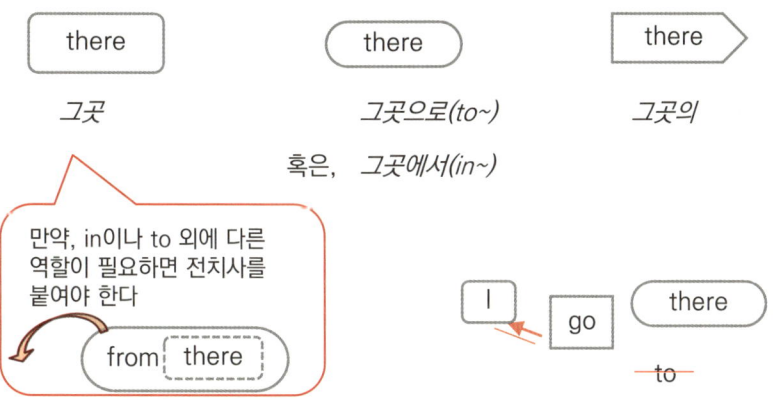

이렇게 '전치사(to, in, on)의 의미가 숨어 있어 부사처럼 쓸 수 있는 단어들은 조금만 생각해보면 쉽게 알아차릴 수 있다.

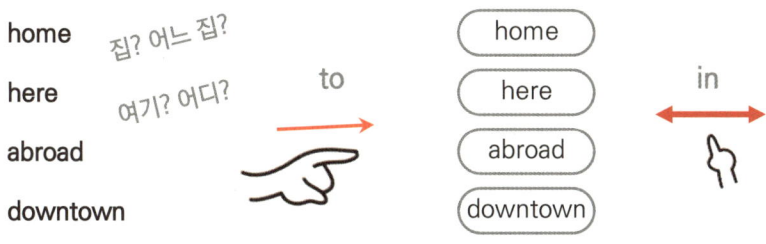

따라서 이런 단어들은 암묵적으로 'to'나 'in'의 의미가 이미 들어 있어서 이들을 별도로 붙이지 않아도 '부사'나 '형용사(덩어리)'처럼 쓸 수 있다.

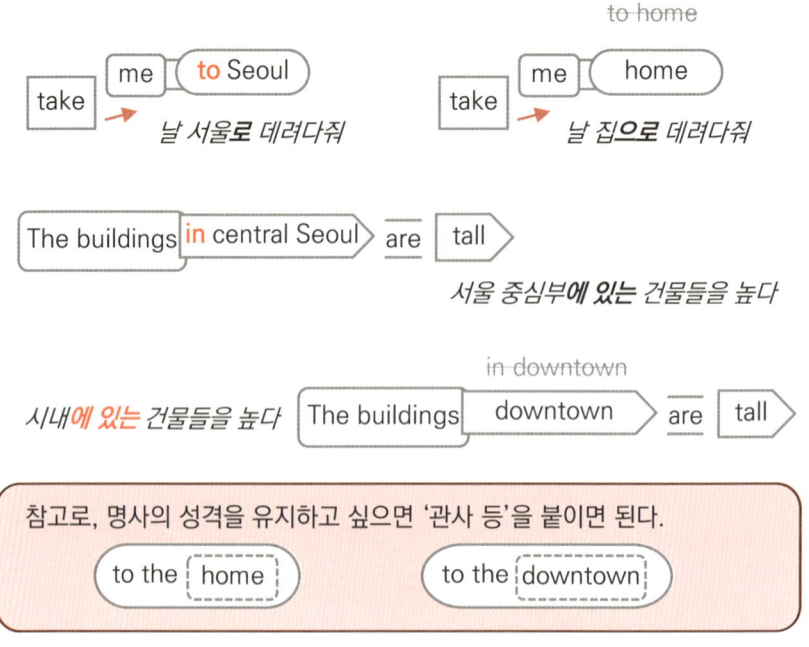

특정한 날(day)을 지칭할 때는 'on'을 붙여야 하는데, 'today', 'yesterday' 등은 'on'이 내포되어 있다고 생각하면 된다(on을 별도로 붙이지 않는다). 따라서 이런 단어들은 한 단어이지만, 단독으로 '부사'의 역할을 하기 때문에 동사를 설명할 경우 자리 이동이 자유롭다.

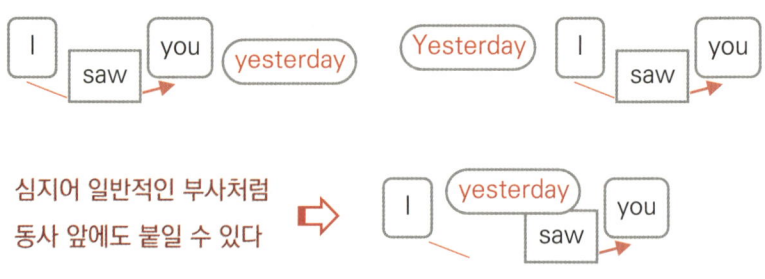

여러 단어가 합쳐져서 이렇게 부사(덩어리)가 되는 경우도 있다. 주로 'this', 'next', 'last' 등 특정한 곳(혹은 때)을 지칭해야 하는 단어들이 들어간 경우이다. 이렇게 만들어진 부사 덩어리들도 '전치사(in, to 등)'의 의미가 포함되어 있다고 생각하면 된다.

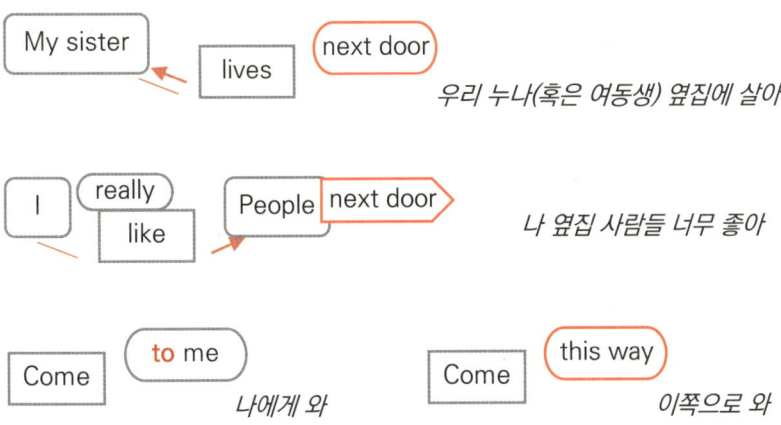

아래와 같이 시간의 덩어리를 지칭하는 부사 덩어리도 마찬가지이다.

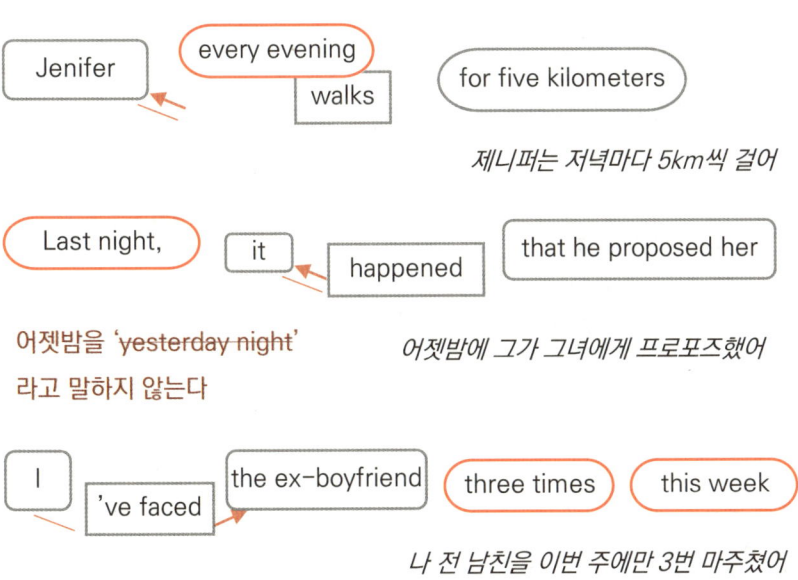

16-5. 어떤 의문사가 부사가 될까?

영어 문장 구조가 한 덩어리의 단어로 '명사'나 '형용사'처럼 쓰이는 경우를 다시 한번 정리해 보자. 아울러 빈자리가 있음을 암시하는 단어들을 '의문사(what, who, how 등)'라 했었다. 이들도 다시 한번 보자.

앞의 나열된 의문사들 중 'where'와 'when'은 앞서 얘기한 '부사가 만들어지는 원리'로 in, to, on 등의 의미가 포함되어 있기 때문에 이들은 '부사 덩어리'로 사용될 수 있다.

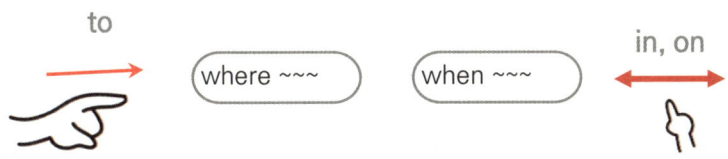

따라서 'where~'와 'when~' 덩어리는 일반적인 부사와 똑같이 (아래와 같이) 문장에 넣을 수 있다(위치 이동도 가능).

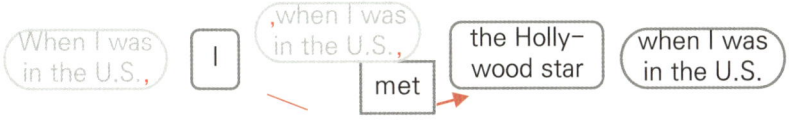

내가 미국에 있을 때, 그 할리우드 스타를 만났다

'where'와 'when'에 전치사(in, to, on)의 의미가 포함되어 있다는 사실은 무척 다양한 결과를 초래한다. 알아 두면 영어에서 많은 실타래가 풀리기도 할 것이다.

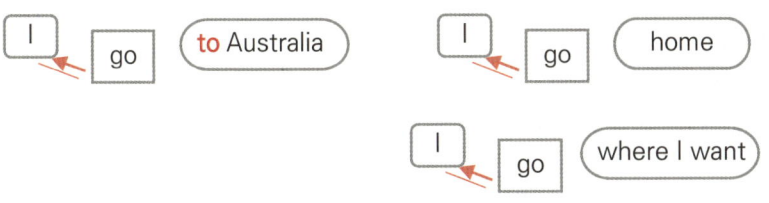

Where are you going to?

Which school are you going to?

너 어느 학교로 가니?

'where'에 'to'의 의미가 들어 있으므로 생략, 'where'를 쓰지 않으면 'go' 뒤에 (원칙적으로는) 'to'를 붙여야 한다소위 '관계부사'라고 부르는 것들(본 책에서는 형용사로 묘사한다)도 아래와 같이 적용할 수 있다.

그 사람이 온 그 나라는 지금 위험에 빠져 있다

(다시 한번 언급하면) 위의 문장에서 'which'는 'that'으로 바꿔 쓰거나 아예 생략할 수도 있다.

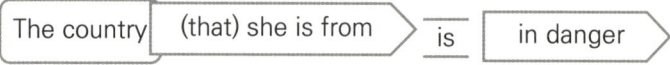

혹은 아예 문장을 딱딱한 문어체로 from을 'which' 앞으로 이동시킬 수 있다 (이때는 'which'를 생략할 수 없으며 'that'으로 바꿔 쓸 수도 없다).

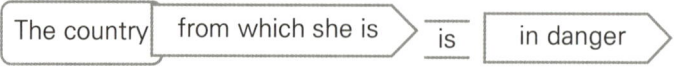

이것이 우리가 기존 영문법에서 부르는 '관계부사'이다(그러나 본 책에서는 'from which~' 구문은 앞에 있는 명사 'the country'를 설명하는 '형용사'의 느낌으로 설명했다).

예문을 하나 더 보자.

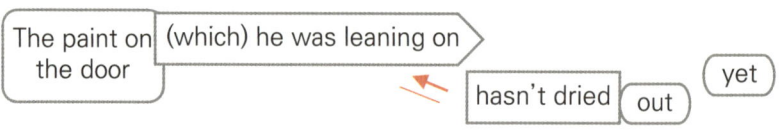

그가 기대고 있었던 문은 아직 페인트가 마르지 않았다

마찬가지로, 'which'를 생략하거나 'that'으로 바꿀 수 있다.

혹은 아래와 같이 'on'을 'which' 앞으로 이동시켜 문어체로 바꿀 수 있다.

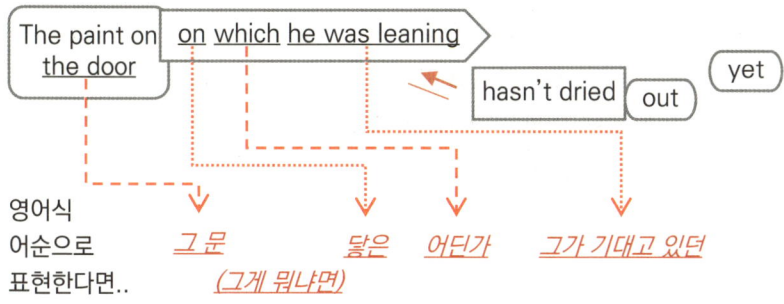

이제 '전치사 + which('관계부사'라는 용어는 안 쓴다)'는 어느 정도 이해되었을 것이다. 그런데 이런 'which' 앞에 'in'이나 'to'가 붙은 경우도 보자.

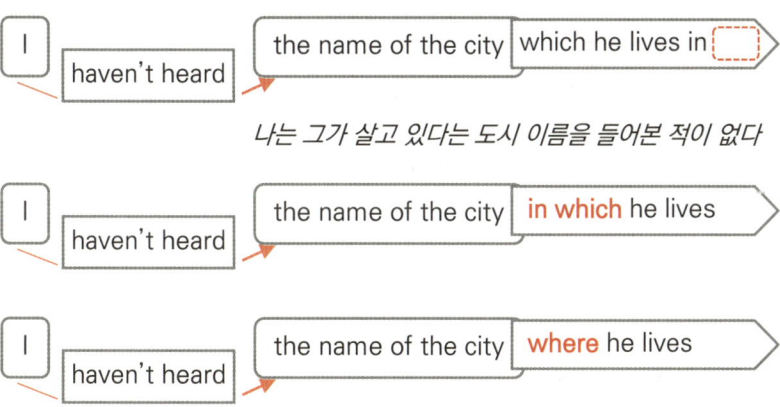

'in which'나 'to which'는 'where~'로 바꿀 수 있다('where~'로 쓰는 것이 훨씬 더 자연스럽다).

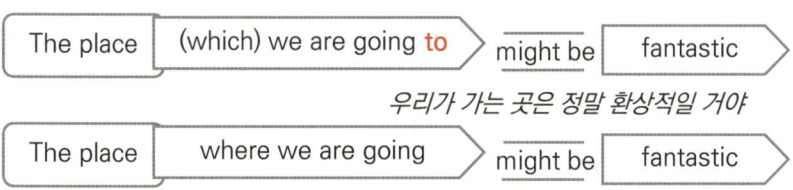

16-5. 부사 덩어리와 형용사 덩어리의 비교(때로는 구분할 필요 없다)

형용사 덩어리와 부사 덩어리의 모양은 거의 똑같다. 문장에서 어떤 역할을 하는지 파악하면 된다. 또한 이 둘을 크게 분리할 필요가 없는 경우도 많다고 했었다(결국 앞에 있는 단어나 문장을 설명하는 말). 아래는 해석을 달지 않고 모양만 제시했다. 의미는 뒤에서 다시 보자.

참고로, 앞에서 아직 제시되지 않은 별도의 부사 덩어리들은 다음 장에서 설명할 예정이다.

특별한 의미를 가진 부사 덩어리들
(책의 마지막 부분에서 다룰 내용)

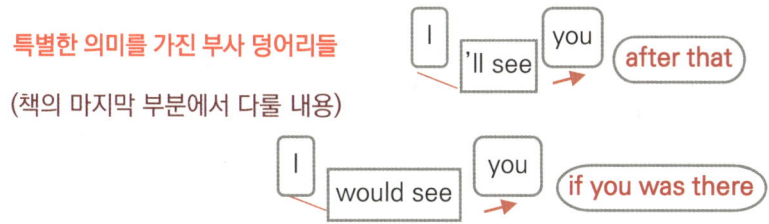

영어는 **'자리(혹은 문맥)'**가 <u>의미</u>를 만드는 언어라고 했었다. '~ing' 등도 결국 자리에 따라 역할이 달라지는 것인데, 이를 우리말로 받아들이면서 표현이 달라지는 것이다(혹은 뜻이 바뀌는 것처럼). 형용사 덩어리는 주로 '~하는'의 의미가 될 것이고, 부사 덩어리는 주로 '~하면서'의 의미가 되지만, 궁극에는 우리말을 사용하지 않고 자연스럽게 구분하여 받아들일 수 있도록 해야 한다.

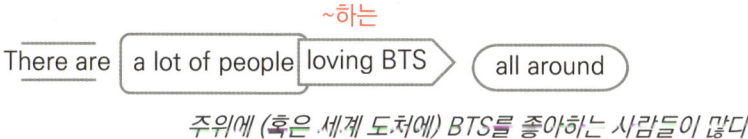

주위에 (혹은 세계 도처에) BTS를 좋아하는 사람들이 많다

BTS를 좋아하면서 그들은 '아미'가 되었다

(문맥에 따라) BTS를 좋아<u>하기 때문에</u> 그들은 '아미'가 되었다

> '~ing'가 문장 맨 앞에 '부사 덩어리'로 쓰면 다양한 의미가 들어갈 수 있다.
>
> Because they love BTS | they | became | ARMY
>
> 위의 문장에서 '원인' 임을 특별히 강조하고 싶지 않다면, 아래와 같이 쓴다. 'because' 외에도 'if', 'even though' 등의 의미도 (강조하고 싶지 않다면) 간단히 '~ing'로 줄일 수 있다.
>
> ≒ Loving BTS, | they | became | ARMY

'to~' 구문도 마찬가지로 형용사처럼, 혹은 부사처럼 사용할 수 있다. '형용사 덩어리'가 되면 우리말 '~하려는', '부사 덩어리'는 '~하려고(가벼운 방향성)'로 표현하면 되지만 앞에서와 마찬가지로 우리말을 쓰지 않고 받아들이도록 하자.

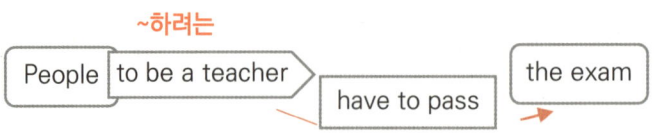

교사가 되려는 사람들은 그 시험(임용고시)을 통과해야 한다

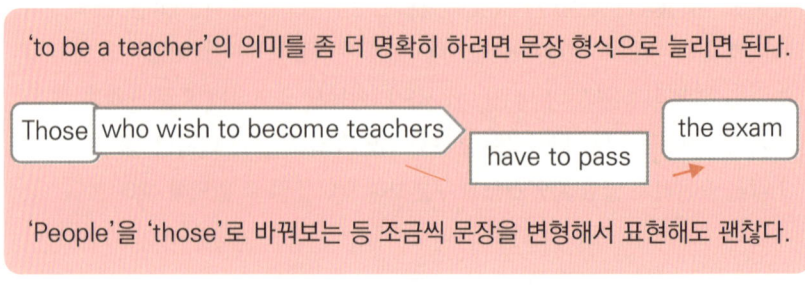

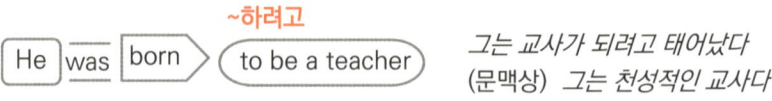

그는 교사가 되려고 태어났다
(문맥상) 그는 천성적인 교사다

p.p.도 마찬가지로 형용사 역할과 부사 역할로 나눌 수 있다.

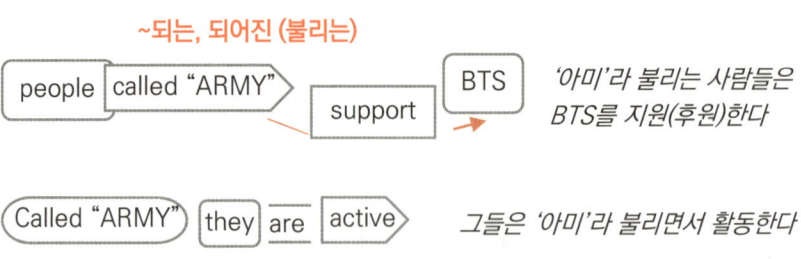

'아미'라 불리는 사람들은 BTS를 지원(후원)한다

그들은 '아미'라 불리면서 활동한다

사실 상 이러한 p.p.앞에는 'being'이 생략되어 있는데, 수동의 의미를 강조(Being called~)하거나 일반적인 형용사(Being happy)로 쓸 경우에 'Being' 을 생략하지 않는다.

또한, p.p.가 문장 맨 앞에서 부사 덩어리로 쓰이면 결국 '~ing(being)'로 시작되는 문장이다. 따라서 '~ing'로 시작하는 문장과 똑같이 취급하면 된다.

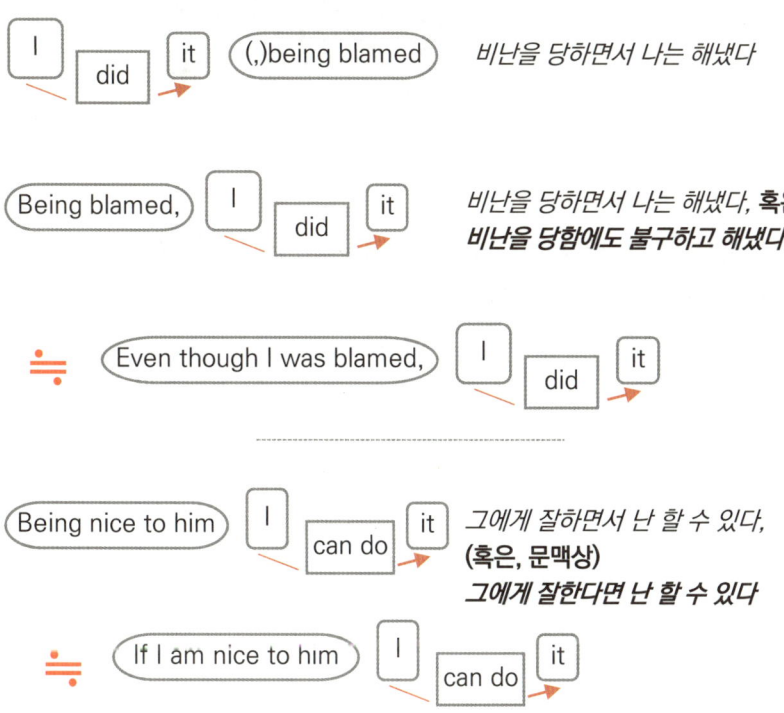

한편, 앞서 이야기했듯이 'being'의 주체가 다를 경우 그 주체를 아래와 같이 직접 표현해도 된다.

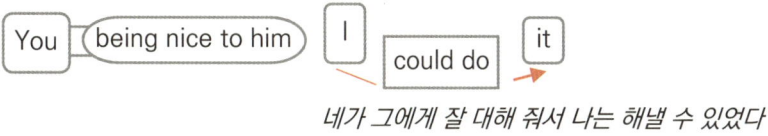

네가 그에게 잘 대해 줘서 나는 해낼 수 있었다

그것이 '원인임'을 더 뚜렷이 나타내 주고 싶다면 아래와 같이 쓴다.

"Without continuous personal development, you are now all that you will ever become and hell starts when the person you are meets the person you could have been"

– Eli cohen

" Without continuous personal development ,

you are now all that you will ever become

and

hell starts when the person you are meet the person you could have been "

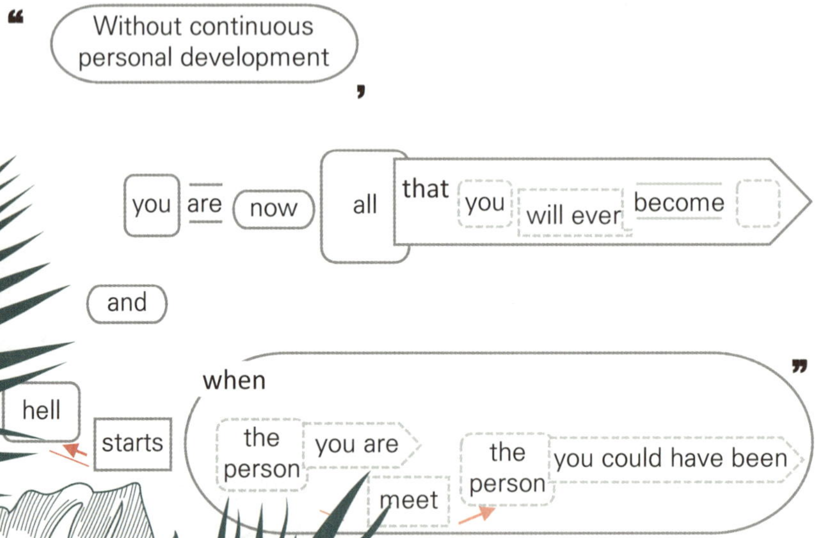

−Eli cohen −

Chapter 17. 의문사를 통해 문장의 빈자리를 느껴보자

17-1. 이제 의문문을 마음껏 만들어 보자

앞에서 문장의 '동사의 성격'을 감각적으로 꺼내는 연습을 했었다. 이는 의문문을 순간적으로 만들 때 꼭 필요한 감각인데, 의문사가 있는 의문문도 마찬가지이다. 게다가 의문사가 있는 의문문들은 **모든 문장 구조에 익숙**해져야만 자유롭게 만들어 낼 수 있다. 사실 상 쉬운 것이 아닐 수도 있다. 정리를 해보자.

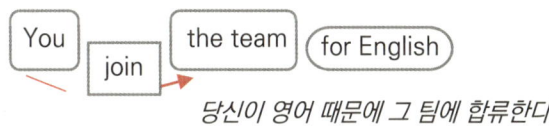

위의 문장은 우리가 공부해 온 전형적인 문장 구조이다. 이를 의문문으로 바꾸거나('동사의 성격'을 꺼내는 데 익숙해져 있어야 한다), 문장에 빈자리가 있는 구문을 만드는 것은 아래와 같았다.

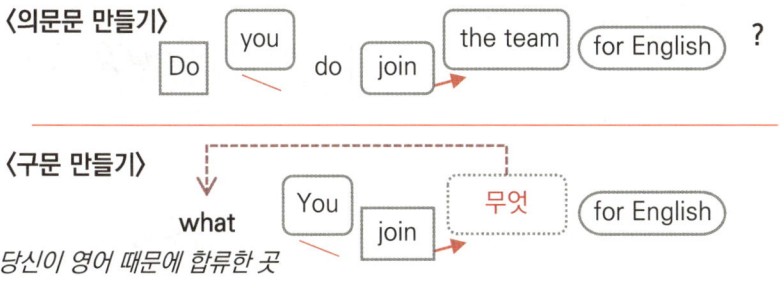

의문사가 있는 의문문은 이 두 원리를 합하면 되는 것이다.

〈의문사가 있는 의문문 만들기〉

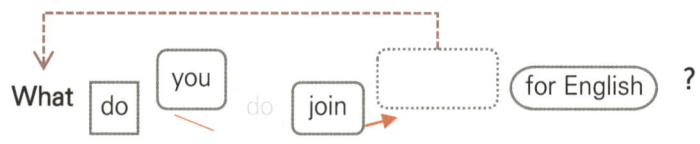

너는 영어를 위해 **어디**(뭐)에 합류해 있는 거야?

우리말로 번역을 하면 '어디'라는 단어를 쓰기 때문에 'where'를 써야 할 것 같지만 영어로는 'what'이 더 어울린다

아래와 같이 다른 자리('for'의 뒤)에 빈자리가 생길 수도 있다. 이렇게 전치사로 끝나는 구문도 익숙해져야 한다.

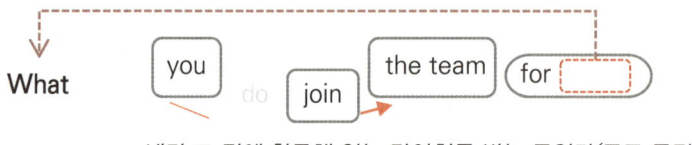

네가 그 팀에 합류해 있는 값어치를 받는 무언가(주로 목적)

위와 같은 원리로 만들어진 구문(what you join the team for)은 '명사'처럼 혹은 '형용사'처럼 문장 안에 쓰일 수 있다(복습이다).

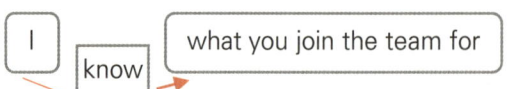

나는 당신이 그 팀에 합류해 있는 목적을 알고 있다

나도 역시 당신이 그 팀에 합류해 있는 목적에 해당되는 언어를 좋아한다

참고로, 다시 언급하면 이 구문(what you join the team for)이 형용사로 쓰일 때는 'which'로 시작하거나 생략할 수 있다는 것을 알아야 하고, 뒤에 있는 전치사 'for'는 'which'의 앞으로 이동할 수 있어야 한다(문어체).

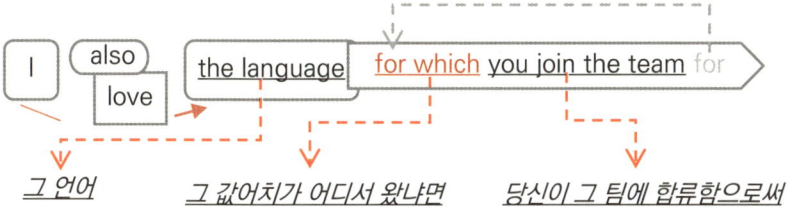

위와 같이 영어식 어순으로 설명하다 보면, 오히려 우리말이 어색할 수 있다. 하지만, 영어식 어순으로 받아들이는 습관을 들이면 궁극에는 우리말이 필요 없어진다

아무튼 'what you join the team for' 구문을 의문문으로 바꿀 수도 있어야 한다.

너는 **뭘 위해** 그 팀에 합류해 있는 거야?

이유를 명확하게 묻는 의문문을 만들고 싶으면 'for what'을 'why'로 바꿔도 좋다

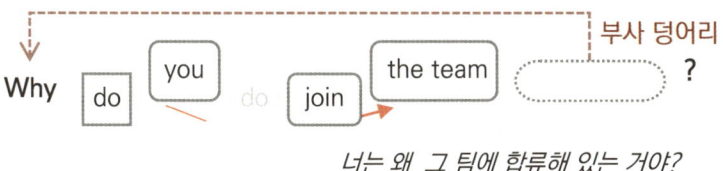

너는 왜 그 팀에 합류해 있는 거야?

즉, 'why'로 시작하는 의문문의 빈자리는 이유에 해당되는 '부사 덩어리'이다.

주어자리가 빈자리인 구문을 보자. 맨 앞의 자리(주어자리)가 빈자리이므로 특별한 자리 이동은 없지만 (특별히 복수가 아니라면) 동사에 3인칭 단수의 's'를 붙인다.

영어를 위해 그 팀에 합류한 누군가

특이한 점은 **위의 구문과 '의문문'의 형태가 똑같다**. 특별한 자리 이동이 없기 때문에 '동사의 성격(조동사)'을 꺼내지 않기 때문이다.

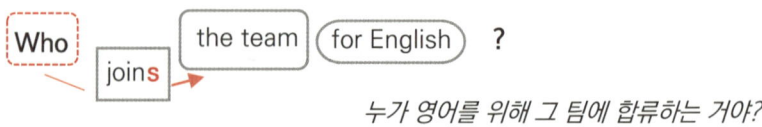

누가 영어를 위해 그 팀에 합류하는 거야?

그리고 이런 구문(who joins the team for English)도 아래와 같이 '명사 덩어리'로 쓸 수 있다. 하지만, '(주어자리가 빈자리인) 이런 구문을 명사자리에 넣을 때 문장 맨 앞(주어자리)에는 잘 넣지 않는다(원어민의 언어습관).

크리스토퍼가 (바로) 영어 때문에 그 팀에 합류해 있는 사람이다

이 구문(who joins the team for English)을 형용사처럼 쓸 수도 있어야 한다. 그리고 앞의 chapter들에서 다루었듯이 '~ing 덩어리' 형태로 줄일 수도 있어야 한다.

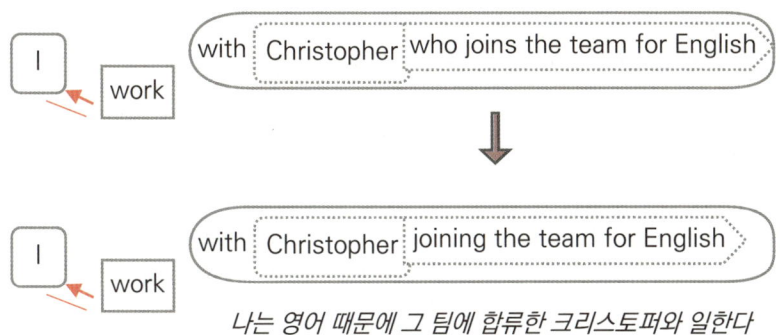

나는 영어 때문에 그 팀에 합류한 크리스토퍼와 일한다

이번에는 조금 더 복잡해 보이는 문장을 이용해 보자.

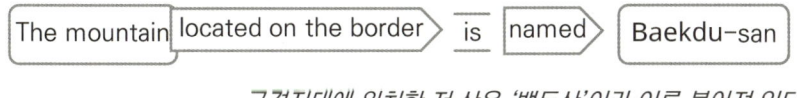

국경지대에 위치한 저 산은 '백두산'이라 이름 붙여져 있다

위의 문장에서 'Baekdu-san' 자리에 빈자리가 있는 구문과 의문문도 보자.

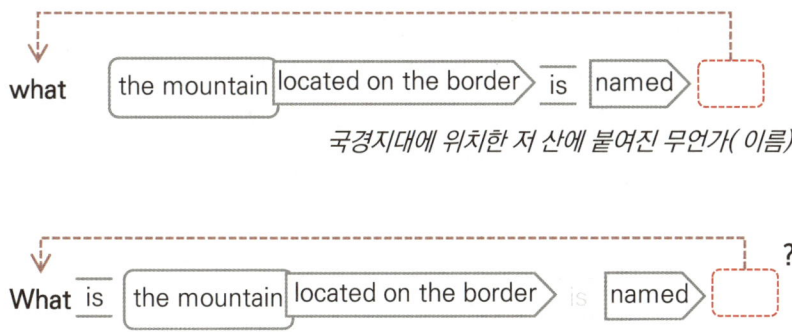

국경지대에 위치한 저 산에 붙여진 무언가(이름)

국경지대에 위치한 저 산에 붙여진 이름은 뭐냐?

앞의 구문은 아래와 같이 명사 덩어리와 형용사 덩어리로 쓸 수 있다.

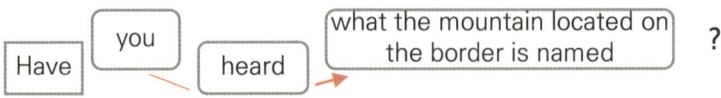

그 국경지대에 위치한 저 산에 뭐라고 이름이 붙여졌는지 들어본 적 있나요?

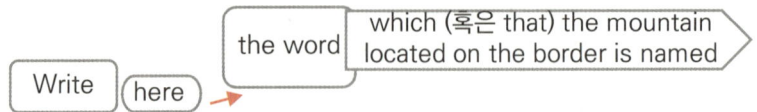

여기다 적어봐! 그 국경지대에 위치한 저 산에 이름 붙여진 단어를

이번엔 'have p.p.' 문장을 이용해 보자.

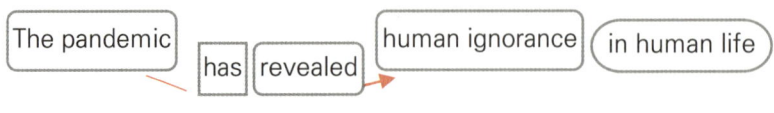

그 전염병 사태는 인간의 생활에 있어서의 '인간의 무지'를 드러냈다

이 문장도 빈자리 구문과 의문문으로 만들어 보자.

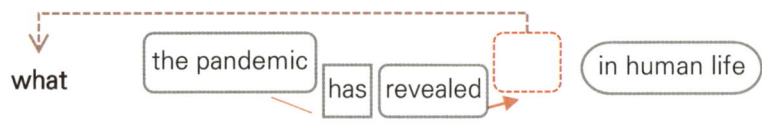

그 전염병 사태 인간의 생활에 있어서의 드러낸 무언가

그 전염병 사태는 인간의 생활에 있어서 무엇을 드러낸 상태인가?

앞의 구문은 아래와 같이 명사 덩어리와 형용사 덩어리로 쓸 수 있다.

| It | 's | sad | what the pandemic has revealed in human life |

이 전염병 사태가 인간의 생활에 있어서 드러낸 무언가는 슬픈 일이다

앞에서 다루었던 'It's sad that~' 형태에서 'that덩어리' 대신 'what덩어리'를 사용할 수도 있다는 것을 참고로 알아 두면 된다.

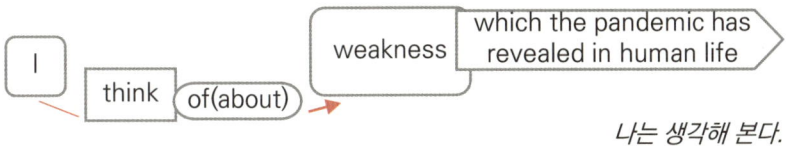

나는 생각해 본다.
이 전염병 사태가 인간의 생활에 있어서 드러난 나약함에 대해

이번엔 도형을 통하지 않고 문장 구조(빈자리)를 생각해 보며 의문문들의 예시들을 더 보자.

Who were you thinking of (about)?   누구에 대해 생각하고 있던 거야?

What have you got for the meeting?
이번 모임(회의)을 위해 뭘 챙겨 온 거야?

What does he look like when he wears the uniform?
그가 그 유니폼을 입으면 무엇처럼 보인다고?

17-2. 동사부분이 빈자리

동사의 빈자리(do 동사 계열의 빈자리)는 결국 명사자리이기 때문에 'what'으로 시작해야 하며, 이 명사(동사형 명사)자리가 빈자리가 되게 되면 '동사의 성격(조동사)'만 남게 되어 do(done, doing, to do)가 남게 된다. 즉 'what~'으로 시작하는 구문 중에는 **동사에 빈자리**가 있을 수 있다는 것을 알아야 한다.

동사의 성격인 'do'를 남겨 놓는다(결국 swim이라는 명사자리가 빈자리).

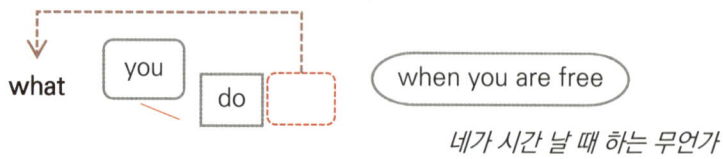

위의 구문도 명사 덩어리로 쓸 수 있다.

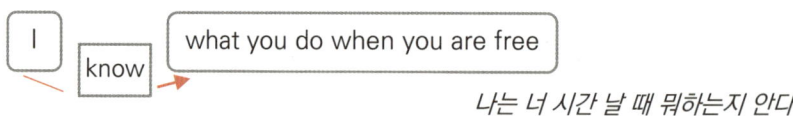

'what you do~'구문을 의문문을 만들 때 'do'를 또 꺼내야 한다.

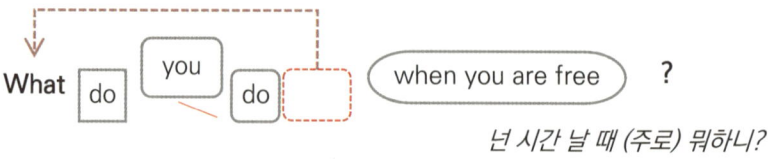

일반적인 동사형태가 아닌 'be~ing'나 'have p.p.' 등도 보자.

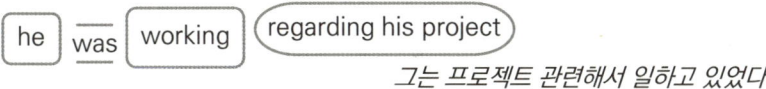

그는 프로젝트 관련해서 일하고 있었다

빈자리가 '~ing'임을 나타내기 위해 'doing'을 남겨 놓는다.

그가 프로젝트와 관련되어 하고 있던 무언가

명사 덩어리로 쓸 수도 있어야 하며, 의문문도 만들 수 있어야 한다.

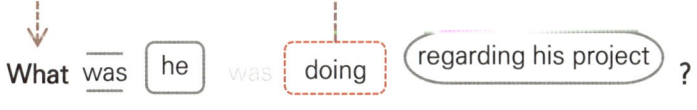

나는 보았다. 그가 프로젝트 관련해서하고 있던 일을

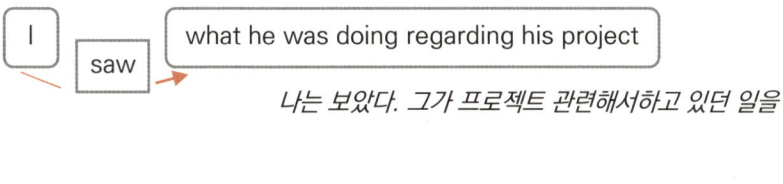

그는 프로젝트 관련해서 뭐 하고 있던 중이었어?

'have p.p.'문장도 보자. 동사 부분(blamed)이 빈자리라면 뒤에 나오는 'you'가 어떤 영향을 받는지 알 수가 없기 때문에 그 앞에 'to'를 붙여서 표현해야 한다.

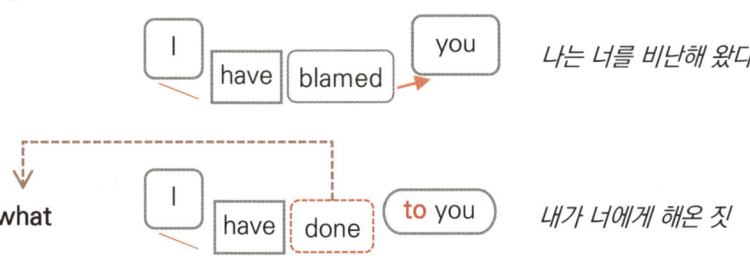

이 역시 명사처럼 쓸 수 있어야 하고, 의문문도 만들 수 있어야 한다.

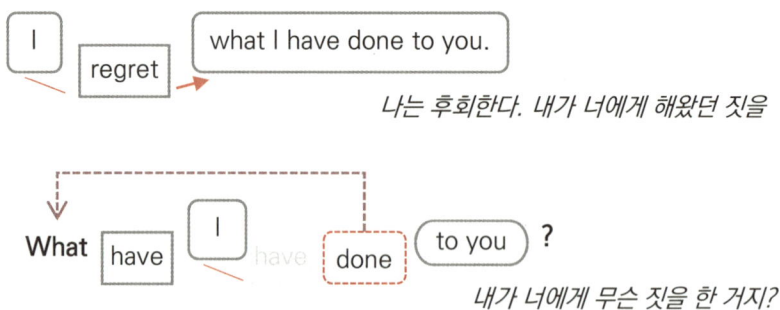

나는 후회한다. 내가 너에게 해왔던 짓을

내가 너에게 무슨 짓을 한 거지?

'to do' 형태도 빈자리가 있을 수 있다.

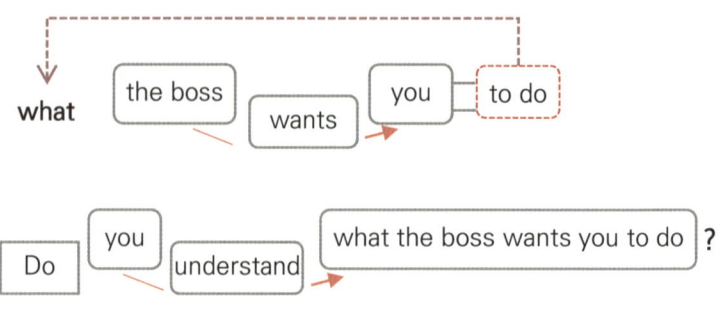

보스가 당신이 하길 원하는 게 뭔 지 이해하셨나요?

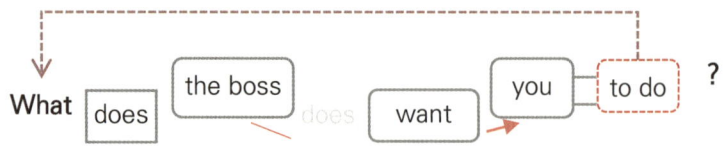

그 보스가 네가 하기를 원하는 게 뭐야?

생각보다 어려울 수 있기 때문에 제대로 이해를 하고 연습을 해야 한다.

17-3. 합성된 의문사들 (두 단어 이상으로 이루어진 의문사)

아래의 예문을 보자. 의문사 'what'에는 아무런 정보가 들어 있지 않다.

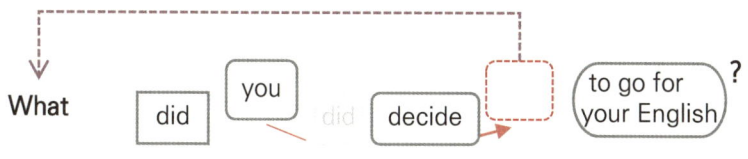

영어공부하러 가기 위해 무엇을 결정했니?

질문의 범위를 좀 줄여, 답변을 더 구체적으로 받고 싶다면 약간의 정보(나라 이름)를 추가해 주면 된다. 이렇게 되면 의문사가 한 단어가 아닌 <u>여러 개의 단어가 합성</u>되어 쓸 수 있다.

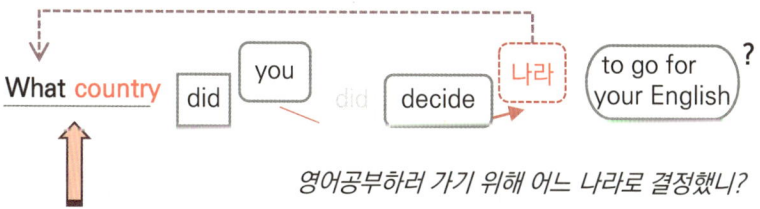

영어공부하러 가기 위해 어느 나라로 결정했니?

의문사에 약간의 정보가 추가된 형태

의문사에 특정한 정보를 추가한 것이다. 이런 의문사 들은 두 단어 이상으로 이루어져 있어서 한 번쯤 정리를 하는 것이 좋다. 아래와 같이 '기간'등을 나타내고 싶으면 'how long'을 의문사로 쓰면 된다.

여기 얼마나 오래 머물러 오고 있는 거니?

아래와 같이 세 단어 이상을 사용할 수도 있다. 얼마나(how) 많은(many) 횟수들(times)의 정보들이 모여서 만들어졌다.

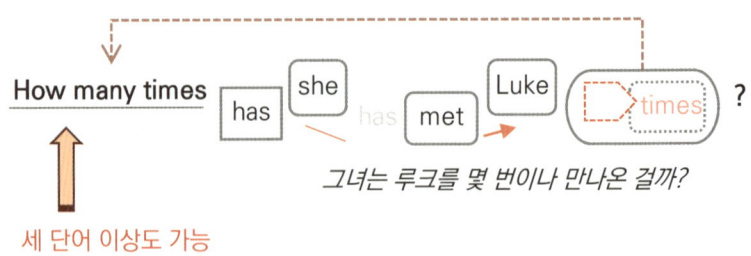

그녀는 루크를 몇 번이나 만나온 걸까?

전치사 'of'를 사용해 답변의 범위를 미리 정하기도 한다.

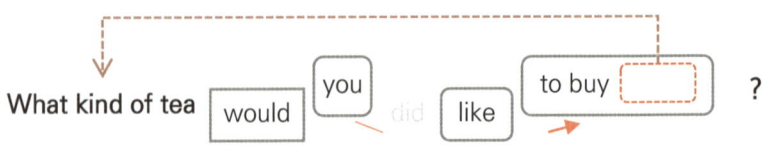

(차 중에서) 어떤 종류의 차를 사고 싶으신 가요?

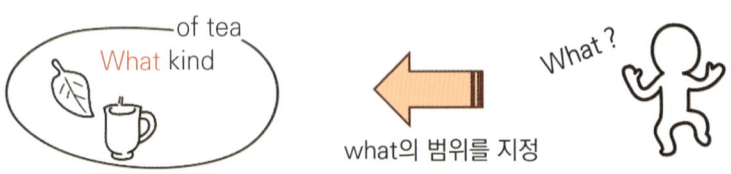

이번엔 아래의 문장에서 '누구의~'자리가 빈자리이면 그 자리에 whose를 넣는다.

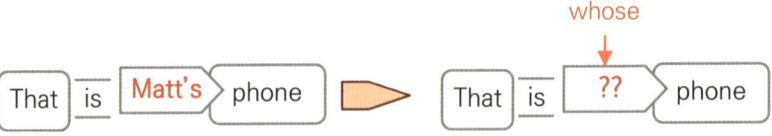

Ch 17. 의문사를 통해 문장의 빈자리를 느껴보자 | 257

그러면 아래와 같은 의문문을 만들어 볼 수 있다.

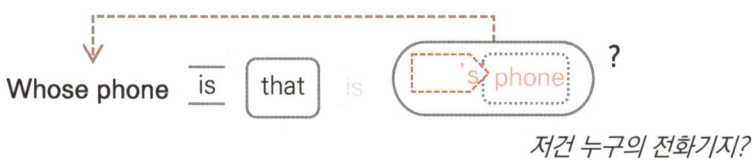

저건 누구의 전화기지?

문장 중간에 'whose~'가 들어가도 빈자리를 알아차려도 뒤에 단어를 붙여 써야 할 것이다.

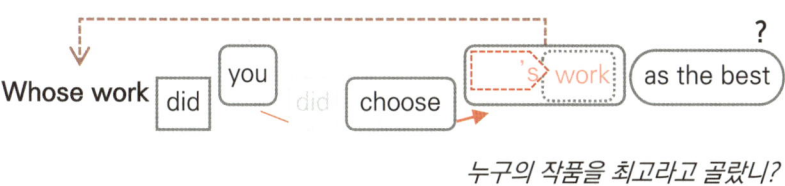

누구의 작품을 최고라고 골랐니?

아래와 같이 문장형태(whose work was the best) 중간에 빈자리가 생길 경우는 좀 어려워 보일 수 있다.

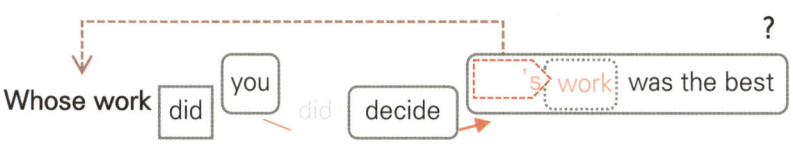

당신은 누구의 작품을 최고라고 선택하셨습니까?

이러한 의문문을 도형으로 보면 쉬워 보일 수 있지만 아래와 같이 글로만 보면 (익숙하지 않을 때는) 쉽게 이해가 되지 않을 수 있다. 의문사가 있는 문장의 빈자리를 빨리 알아차릴 수 있도록 많은 연습을 해야 한다.

Whose work did you decide was the best?

17-4. 특별한 문장 구조의 의문문

앞서 다룬 특별한 동사(예를 들어, 명사가 두 개 따라오는)들이 만드는 문장 구조의 의문문(빈자리)도 보자. 예를 들어, 'give'와 같이 동사 뒤에 두 개의 명사가 따라오는 구문도 의문문으로 만들 수 있어야 한다.

그에게 무얼 주었니?

같은 문장 구조에서 중간에 빈자리가 생길 수도 있고, 전치사 'to'를 붙여 다른 문장 구조를 만들 수도 있다(즉 'to'가 있어도 좋고, 없어도 된다).

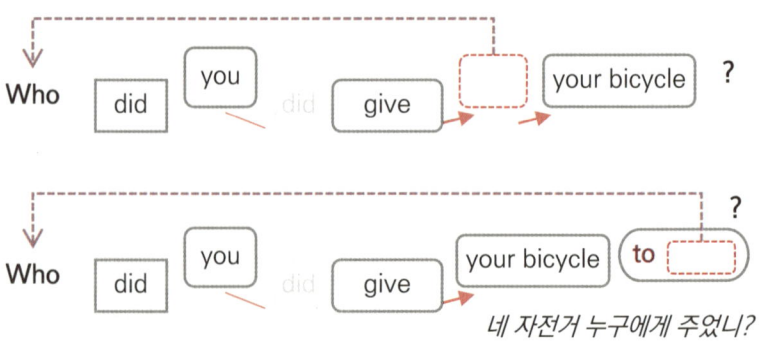

네 자전거 누구에게 주었니?

이렇게 명사자리가 비었을 때는 비교적 명확하게 그 빈자리가 느껴진다.

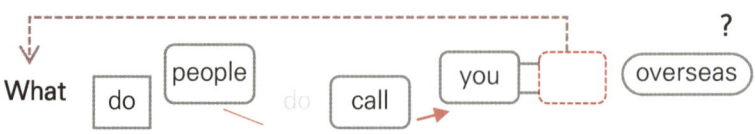

해외에서는 사람들이 너를 뭐라고 부르니?

I'm called "Ssam"   난 쌤이라고 불려

뒤에 형용사 등이 따라오는 문장 구조도 마찬가지이다.

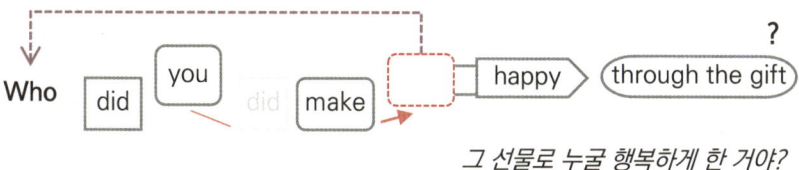

그 선물로 누굴 행복하게 한 거야?

문장 구조가 복잡해질수록 무엇을 묻는 것인지 정확해지지 않을 수도 있다. 이럴 경우 의문사를 좀 더 구체적으로 밝히면 된다.

그 노래가 너에게 어떤 기분을 주었니(만들었니)?

BE동사 문장도 보자.

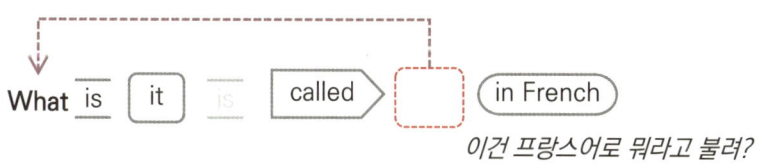

이건 프랑스어로 뭐라고 불려?

주어가 빈자리인 문장 구조의 의문문도 익숙해져야 한다. 이 경우 '동사의 성격'을 직접적으로 꺼낼 필요가 없다.

누가 그 프로젝트를 멈춘 상태로 있게 한 거야? (누가 지시한 거야?)

앞서 설명했듯이 위와 같은 문장은 의문문이 아닌 '구문'으로도 쓸 수 있다.

17-5. 문장 속의 또 다른 문장 덩어리

의문사(what 등)가 들어간 의문문을 처리하기 위해서는 ①모든 '문장 구조'를 파악할 수 있어야 하고, ②'동사의 성격'을 즉각적으로 꺼낼 수 있어야 한다. 게다가 한 문장 안에 'that~ 덩어리' 등을 이용해 문장 안에 **또 다른 '문장 덩어리'**가 포함되면 한층 더 어려워 보일 수 있다. 이 부분을 별도로 연습해 보자. 복잡한 것들도 순차적으로 보면 이해가 편해진다.

너는 이것을 책이라고 생각한다

위와 같은 기본 문장은 이제 어렵지 않을 것이다. 'a book'자리가 빈자리라면 'what'을 넣고 ('it is'의 앞으로 가는 것이 아니라) **문장 맨 앞**으로 이동시켜야 할 것이다. 그러면 아래와 같은 구문(what you think it is)이 만들어진다.

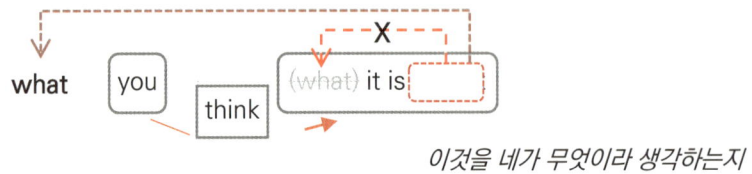
이것을 네가 무엇이라 생각하는지

이러한 구문은 또 다른 문장 안에 들어가 '명사 덩어리'나 '형용사 덩어리'의 역할을 할 수 있게 된다.

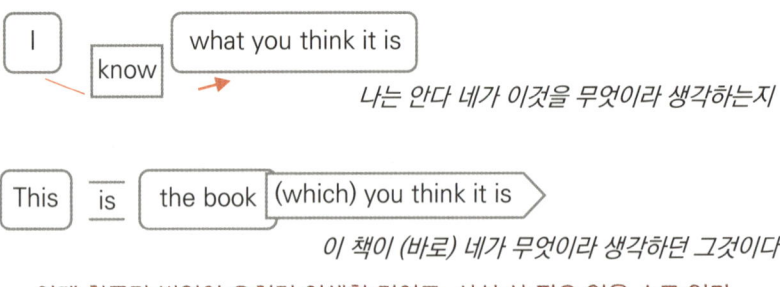
나는 안다 네가 이것을 무엇이라 생각하는지

이 책이 (바로) 네가 무엇이라 생각하던 그것이다

이제 한국말 번역이 오히려 어색할 것이고, 사실 상 필요 없을 수도 있다.

그리고 이 구문을 직접 의문문으로 바꿀 수도 있을 것이다(일상에서 자주 쓰이는 표현이니 소리 내어 읽고, 익숙하게 만든 후 지나가자).

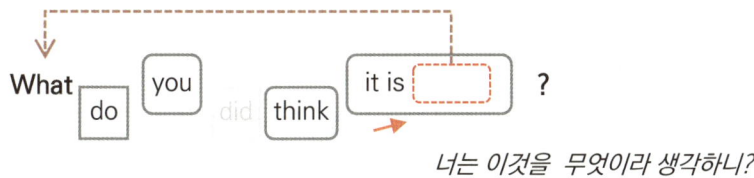

너는 이것을 무엇이라 생각하니?

조금 더 복잡해 보이는 예시들을 보자(차근차근 보면 어렵지 않다).

매트는 언어학에 매우 관심이 있다

위에서 보이는 'very' 부분이 궁금하여 우리말 '얼마나'에 해당되는 말을 넣으면 'how'나 'how much'를 넣을 수 있을 것이다. 그런데 'very'가 설명하는 'interested'가 함께 움직여야 한다.

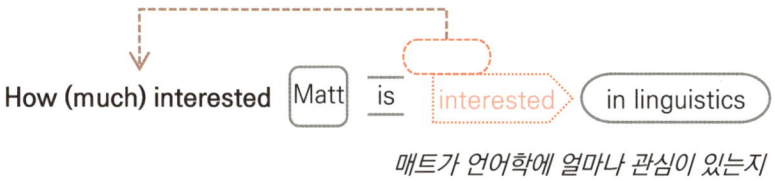

매트가 언어학에 얼마나 관심이 있는지

이렇게 만들어진 구문(how much interested Matt is in linguistics)은 아래와 같이 주어나 동사 뒤에 쓸 수도 있다.

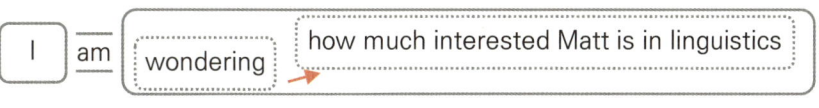

나는 궁금하다. 매트가 언어학에 얼마나 관심이 있는지

이러한 구문은 일반적인 명사(덩어리)처럼 전치사 뒤에도 쓸 수 있다.

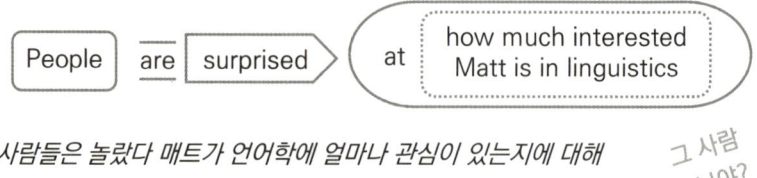

사람들은 놀랐다 매트가 언어학에 얼마나 관심이 있는지에 대해

그 사람 경영학자 아니야?

물론 의문문도 자유롭게 만들 수 있어야 한다(BE동사를 다루는 것에 대한 기초가 반드시 필요하다는 것을 알 수 있다).

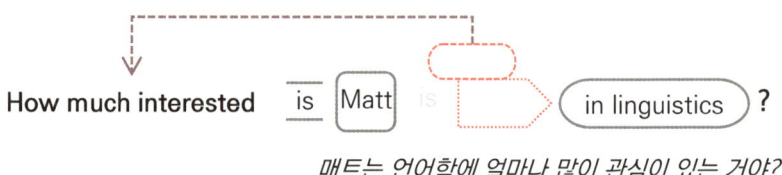

매트는 언어학에 얼마나 많이 관심이 있는 거야?

이번엔 우리가 좀 어려워할 수 있는 형태의 의문문을 마지막으로 보자. 아래의 의문문의 빈자리는 '명사'이지만, 그 뒤에 이 명사를 설명하는 ('관계대명사'라 부르는) 형용사 덩어리가 붙어 있을 수도 있다.

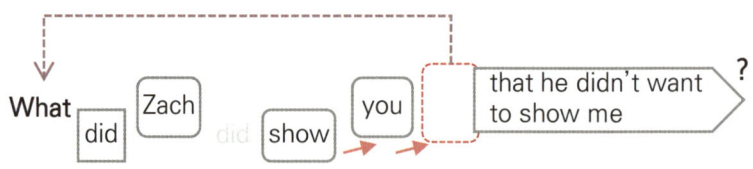

자크가 나에게는 보여주길 원하지 않았지만 너에게 보여준 게 뭐야?

이런 형태들도 문장 구조(와 빈자리)를 제대로 이해하고 있으면 어렵지 않겠지만, 그렇지 않을 경우는 당황스러울 수 있다. 문장 구조의 이해가 그만큼 중요한 것이다.

이 책에서 소개하는 과정들을 거쳐왔다면 이제 문장 어느 자리에 빈자리가 있든 문장 구조를 파악할 수 있을 것이다. 그러나 '이해'와 적응(감각 만들기)'은 어디까지나 다른 문제이다. 반드시 연습을 해야 한다(많은 시간이 필요하다). 아무튼 중요한 것은 '이해'없이는 이런 형태의 문장들이 무척 어려웠을 것이다. '이해'를 먼저 하고, '연습'을 하면 된다.

이제 도형을 사용하지 않고도 이런 종류의 문장을 이해할 수 있는지 확인해보자.

He thinks you are 22 because of your appearance.
그는 당신을 외모 때문에 22살로 생각한다

Let him guess how old you think I am.
그가 나를 몇 살로 생각하는지 추측하게 해 봐

How old do you think I am?
니는 나를 몇 실이라 생각하니?

It takes 42 hours from New York to L.A. by car.
뉴욕에서 엘에이까지 차로 42시간이 걸린다

I know how long it takes from New York to L.A. by car.
나는 뉴욕에서 엘에이까지 차로 몇 시간이 걸리는지 알아

How long does it take from New York to L.A. by car?
뉴욕에서 엘에이까지 차로 몇 시간이 걸리니?

Chapter 18. 특별한 부사 덩어리들

18-1. 비교를 하는 방법도 정확히 이해하자

비교를 나타내는 말의 대표 격인 'more'의 역할도 정확히 짚고 넘어갈 필요가 있다. (대)명사처럼, 형용사, 부사로 모두 쓰인다.

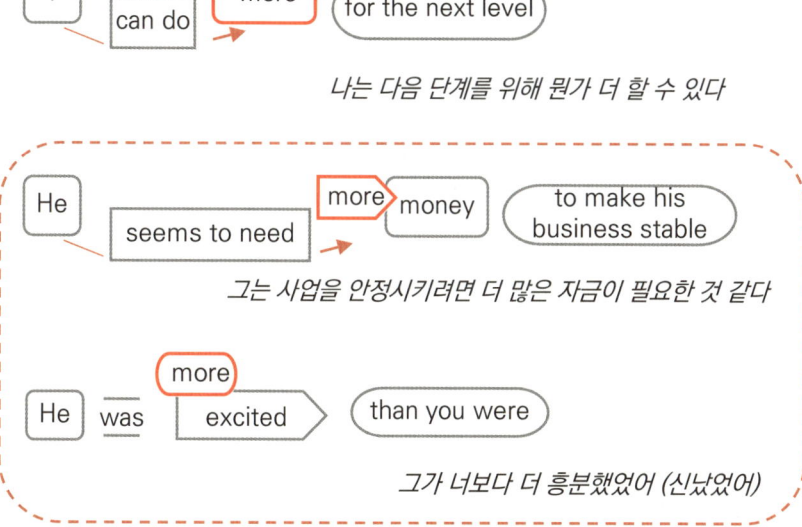

이렇게 문장 구조에서의 역할로 보면 더 이해가 쉬워진다. 단 비교는 정도를 나타내는 '형용사'와 '부사'에서 적용될 것이다.

이러한 비교 표현은 영어에서 꽤 많이 쓰는데, 단어들을 명확히 정리해서 이해하고 넘어가는 것이 좋다(more, less, better, worse에 집중하면 된다).

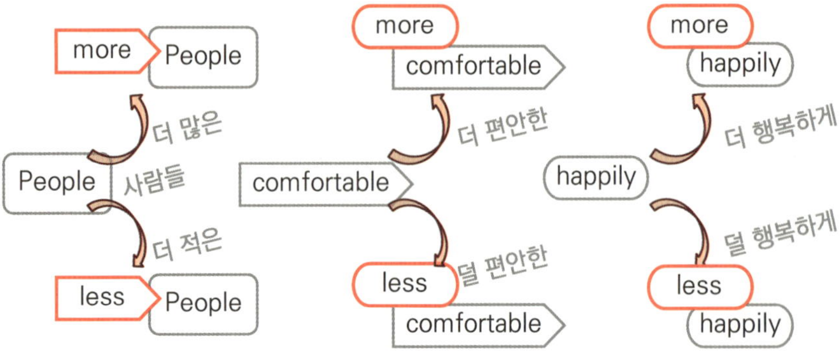

짧은 음절(2~3음절)의 단어들은 'more'를 흡수한다
(less는 그대로)

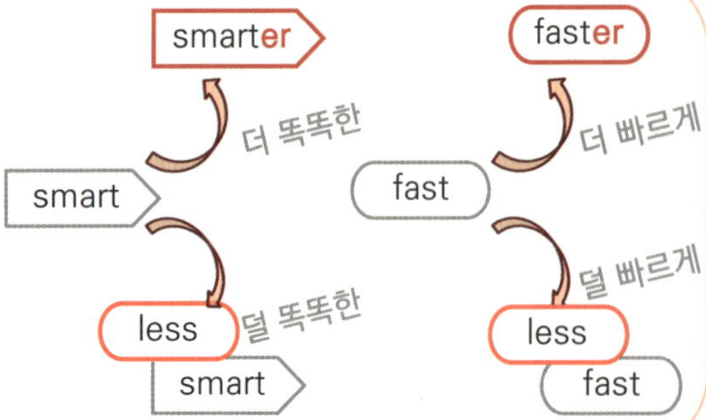

특히, 'good'과 'well'은 모두 'better'로 비교급이 통일되는데, 이 표현도 자주 사용됨으로 익숙해져야 한다.

'(the) best'와 '(the) worst'도 잘 알아 두자

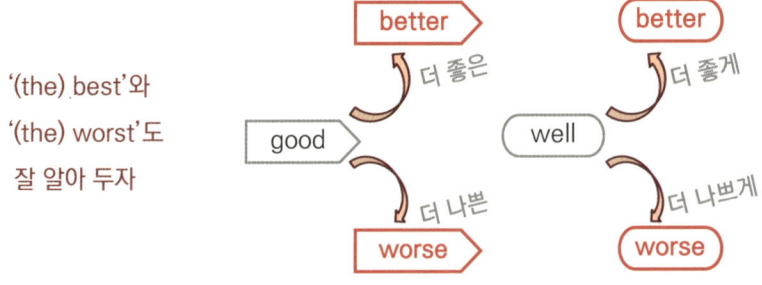

Ch 18. 특별한 부사 덩어리들 | 267

영어에서 보통은 형용사에 '~ly'를 붙여 부사를 만드는데, 형용사와 부사가 똑같은 모양으로 쓰는 단어들(fast, high, hard 등)이 일부 있으며, 이 경우를 제외하면 부사들 앞에는 'more'를 붙인다.

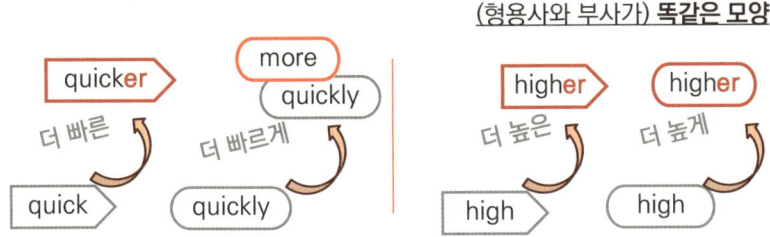

한편, 단어가 '~ly'로 끝날 때 (부사가 아닌) 형용사의 역할을 하는 단어들도 알아 두는 게 좋다(friendly, lovely, costly, likely).

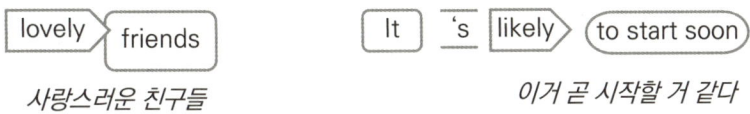

이런 비교 문장들은 비교의 대상을 'than~구문'을 사용하여 뒤에 붙여준다(결국 이것도 부사 덩어리).

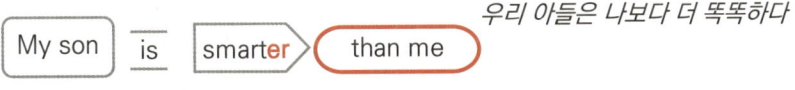

참고로, 'smart'와 같이 짧은 단어는 'smarter'를 사용하지만, 'clever'와 같이 어중간한 단어들은 'cleverer'와 'more clever'를 혼용하여 쓰기도 한다.

한편, 비교 대상을 내 아들의 상태(my son is~)로 따지면 아래와 같은 표현도 가능하다.

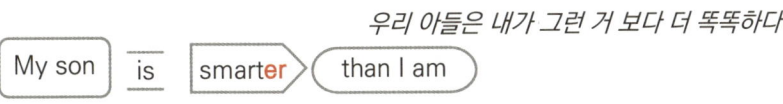

즉 'more'는 (부사처럼 쓰일 때) ①단 하나의 단어를 설명할 수도 있지만 ②문장 전체(동사)를 설명할 수도 있다는 것과, 'than 덩어리'에도 문장 형태가 들어갈 수도 있다는 것도 알자.

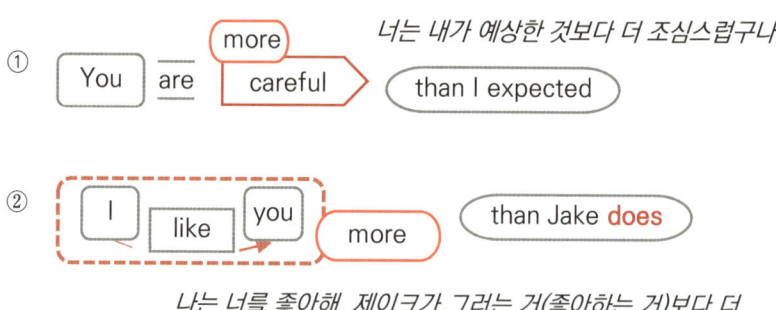

때론 than 뒤에 붙이는 구문이 바뀌면(does가 빠지면) 아래처럼 의미가 바뀌기도 한다.

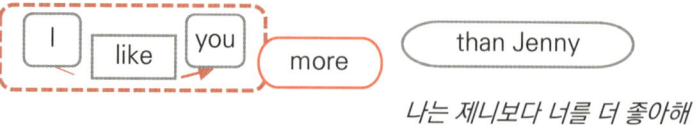

'than' 뒤에 'before'와 같은 단어도 많이 따라온다. 또한 이런 비교 대상을 강조하는 표현들(much, even 등)을 붙여 보는 것도 좋다.

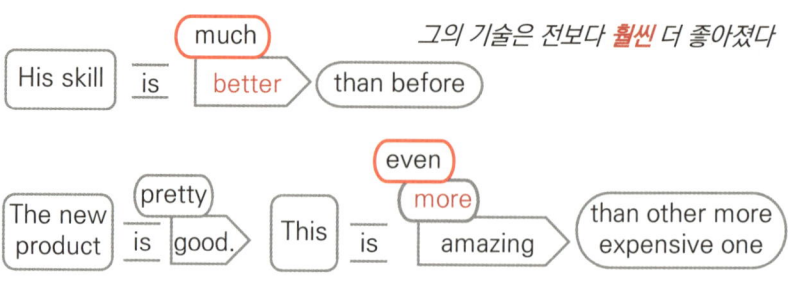

흔히 '최상급'이라고 표현하는 것은 'the most', 'the best' 등으로 표현한다.

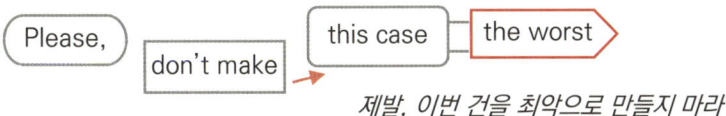

제발, 이번 건을 최악으로 만들지 마라

이러한 최상급도 문장 전체를 설명할 수도 있으며, '~보다'에 해당되는 'than~'이 아닌, '~ 중에서 최고'를 나타내야 하기 때문에 그 범위(in~ 등)가 따라온다.

나는 세상에서 네가 제일 좋아

이번엔 도형을 통하지 않고 예문들을 보자.

The views of the Gold Coast were much better than I had expected.

골드코스트(라는 도시의) 전경은 내가 예상했던 것보다 훨씬 좋았다

You are sweeter than I remember.   너는 내가 기억하는 것보다 다정하다

Matt has spent shorter time completing his articles than others have.

매트는 논문을 완성하는데 쓰는 시간이 다른 사람(학자)들 보다 짧다

This book makes you understand the principle of English faster than any other books (do).

이 책은 영어의 원리를 다른 어떤 책보다도 더 빨리 이해하게 해 준다

18-2. more 앞에 the를 붙이면?

영어는 기본적으로 동사를 기반으로 문장을 만들어 낸다. 즉 '동사의 성격'이 들어가야 의문문, 부정문 등을 자유롭게 만들어 낼 수 있다. 그러나 기본적으로는 명사(혹은 '감탄사'로 여기기도 한다)만으로도 문장을 구성할 수 있다.

이런 '명사 덩어리'의 조합으로 구성된 특이한 비교급 문장이 있다.

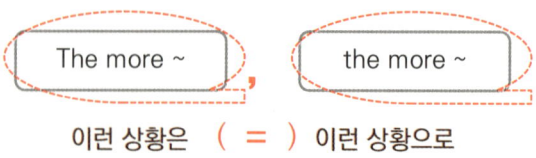

여기서는 관사 'the'와 콤마(,)의 역할을 이해하면 된다. 관사 'the'는 어떤 대상(혹은 상황)을 하나로 묶어주는 역할을 하기도 한다. 그래서 'the more~'는 그 상황의 경우만으로 상황을 한정하고, 콤마(,)로 인해 그다음 상황과 동일시(=)된다. 이를 우리말로 표현하면 '~가 더 될수록, ~도 더 된다'가 되는 것이다.

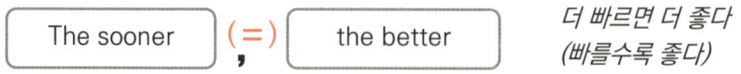

따라서 이런 종류의 문장은 굳이 동사를 억지로 넣어줄 필요는 없다. 그러나 필요하면 '문장형태'로 설명해야 더 명쾌해지기 때문에 문장형태가 많이 사용되긴 한다.

이런 표현방법은 두 가지의 경우('more'가 ①문장을 설명하는 경우와 ②단어를 설명하는 경우)로 나누어 생각하면 이해가 쉬워진다.

먼저, 'more'의 두 가지 역할을 다시 한번 그림으로 이해하고 넘어가자.

① 'more'가 문장(전체)을 설명하는 경우; 동사를 설명한다고 생각해도 됨

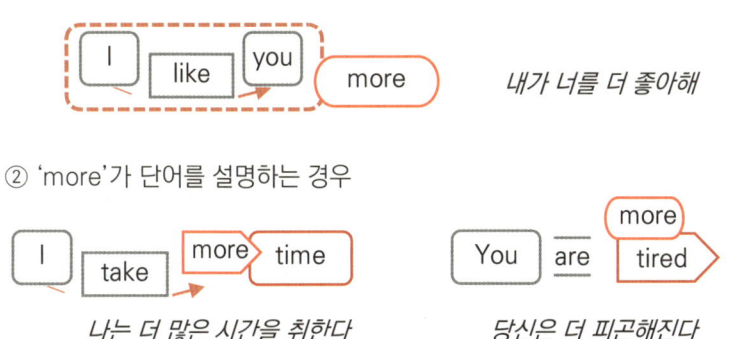

② 'more'가 단어를 설명하는 경우

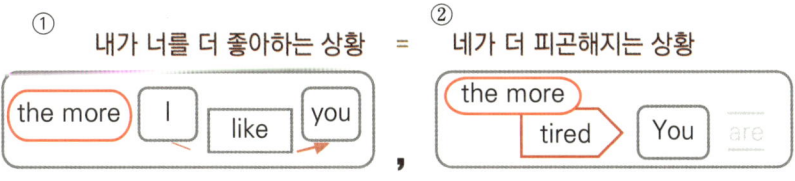

이제 적용해보자. ①번의 경우('more'가 문장 전체를 설명하는 경우)는 'more'만 앞으로 보내고 'the'를 붙여주면 되고, ②번의 경우는 'more'의 설명을 받는 단어와 **함께** 앞으로 이동하면 된다.

내가 너를 좋아하면 할수록, 너는 더 피곤해진다

그리고 위와 같은 표현방식에서는 동사가 필요 없기 때문에 별 역할을 하지 않는 BE동사(나 'get'과 같은 동사들)는 생략해도 된다. 즉, 여기서는 뒤의 구문 (the more tired you are)에서 'are'를 생략해도 된다는 뜻이다.

The more principle of English you understand, the less time you need to study it.

영어의 원리를 많이 이해할수록, 영어공부에 필요한 시간은 더 적어진다

아래는 앞의 문장을 도형으로 나타낸 것이다. 우리말 번역이 어색할 수도 있지만, 아래의 도형으로 문장의 의미가 이해가 된다면 굳이 우리말을 꺼내 받아들일 필요가 없을 수도 있다.

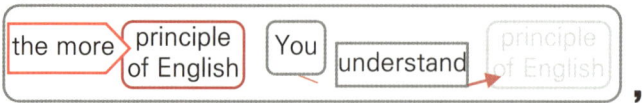,

영어의 원리를 더 이해하는 상황 = 영어공부를 하는데 더 적은 시간을 쓰는 상황

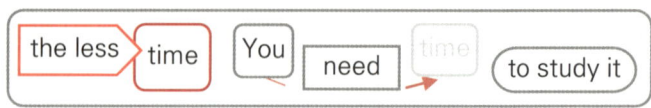

이러한 표현방법을 그리 중요하게 여기지 않아도 될 순 있으나, 문장 구조를 파악하고 자유롭게 활용하는 능력을 만드는 데 큰 역할을 할 수 있는 표현이니 많이 사용해보고 영작을 해보는 게 좋다. 이런 표현에 익숙해지면, 덤으로 영어를 무척 잘하는 인상을 줄 수도 있다(영어면접 등에서 혜택).
이제 도형 없이 예문을 더 보자.

The more you smile, the happier and healthier you (are 혹은 will get).
더 많이 웃을수록, 더 행복해지고 건강해진다

The more a person speaks to others, the better language skills they can get.
사람이란 다른 사람들에게 말을 많이 해볼수록, 더 나은 언어 스킬을 가지게 된다

The earlier, the better. 더 일찍일수록 좋다

18-3. 문장 덩어리도 그냥 부사다

영문법에서 부르는 '종속절' 혹은 '부사절'이라는 것은 결국 문장 형식으로 이루어진 '**부사 덩어리**(혹은 형용사 덩어리)'이다(이제 '종속절'이라는 용어는 본 책에서는 쓰지 않는다). 이런 부사 덩어리들은 주된 뼈대문장이 아니기 때문에 가급적 시제도 단순하게 쓴다.

'when you were calling me'라고 써도 틀린 표현은 아니지만, 이런 부사 덩어리에는 정성을 쏟지 않는다는 의미이다. 이러한 문장 덩어리를 <u>단순하게 하나</u>의 '부사 덩어리'로 인식을 하면 여러 모로 편해진다.

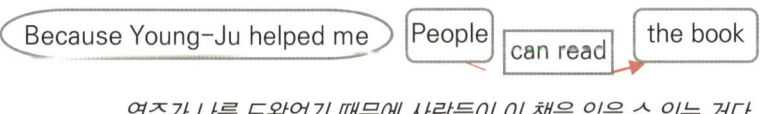

영주가 나를 도왔었기 때문에 사람들이 이 책을 읽을 수 있는 거다

문장형태인 'Young-ju helped me'부분이 '부사 덩어리'이므로 'people can~' 부분이 진짜 주어, 동사이다. 그래서 아래와 같이 요약(They can)이 되고, 의문문(Can people~), 부정문(People can't) 등도 쉽게 만들 수 있다.

그 외에도 문장을 단순하게 바라볼 수 있기 때문에 여러 가지 문법적인 문제가 쉽게 해결이 된다.

앞에서 다루었던 도치 문제도 아주 간단하게 처리할 수 있게 된다.

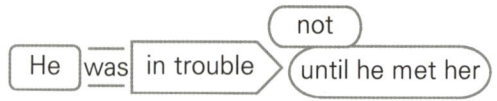

그는 그녀를 만나기 전까지만 어려움이 있던 것이 아니었다 (그 이후에도 어려웠다)

여기서 'he met her'부분을 문장으로 인식하는 게 아니라 'not until~'과 함께 하나의 부사 덩어리로 인식하면, 아래와 같이 쉽게 강조할 수 있다.

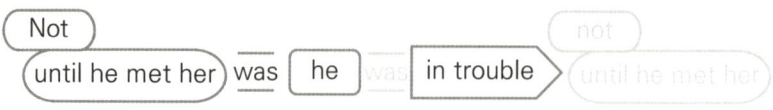

또한 아래와 같이 다루어도 된다. 아래의 문장을 보자.

제훈이는 영어를 통해 사람들을 변화시키는 목표 때문에 언어학을 연구한다

'because덩어리'를 강조하고 싶으면 문장 앞으로 보내면 된다.

그런데 문장의 첫 주어를 'Je-hoon's goal'로 두기 싫을 경우에도(틀린 것은 아니다), 여전히 'because~'를 강조하고 싶으면 아래와 같이 일반적인 부사처럼 동사 앞에 넣어도 된다(이제 문장을 유연하게 활용할 수 있다).

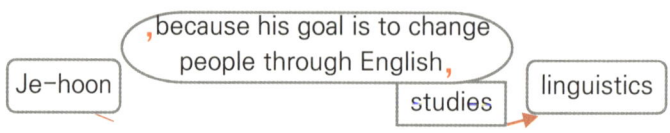

Ch 18. 특별한 부사 덩어리들 | 275

18-4. 시간의 개념이 들어간 특별한 부사 덩어리들

부사 덩어리가 뼈대문장의 **시간(때)**을 나타내는 경우는 가장 일반적으로 'when~(~할 때)'을 쓰면 된다. 'when덩어리'는 아래와 같은 여러 상황에서 폭넓게 쓸 수 있다. 우선 중요한 것은 'when덩어리'가 '문장'의 형태일지라도 앞서 설명한 바와 같이 '문장'이 아닌 하나의 '부사 덩어리'로 인식하면 좋다.

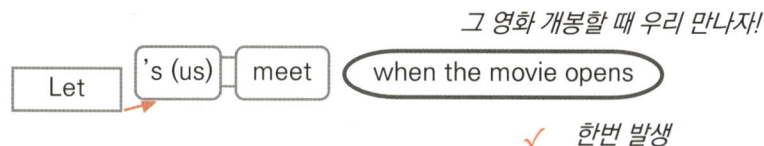

다시 언급하면, 부사 덩어리 내의 문장은 특별한 경우가 아니라면 시제를 굳이 상세하게 표현하지 않는다. '과거'와 '현재' 정도만 구분하고 미래의 일이라도 'when the movie will open'등으로 쓰지 않는다는 것이다(뼈대문장 시제에 집중 하자).

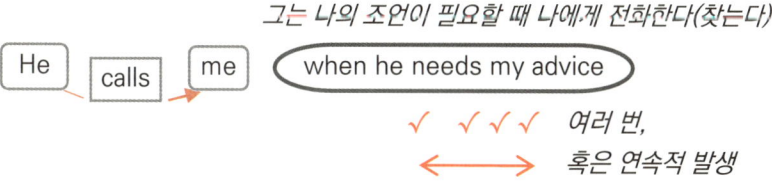

'when'은 위의 두 경우와 같이 발생 시점이 '단 한번'이든 '여러 번'이든 상관없이 다 쓸 수 있다. 그리고 'when'의 느낌을 강조하여 '할 때마다' 혹은 '할 때는 언제든' 등으로 느낌을 더 강조하고 싶으면 'whenever'로 써주면 된다.

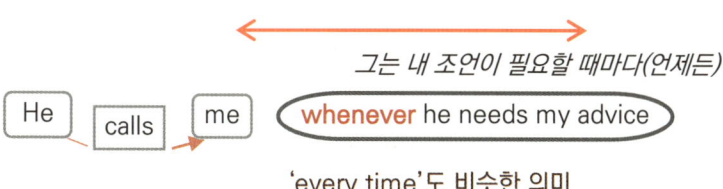

'every time'도 비슷한 의미

'whenever'과 'every time'은 비슷한 의미일 때가 있어서 서로 교차되어 쓸 수 있지만, 'whenever'에는 '언제라도'의 느낌을 넣어주면 되고, 'every time'은 그런 일이 발생 '할 때마다(그 순간마다)'의 느낌을 강조할 때 쓴다고 생각하면 된다.

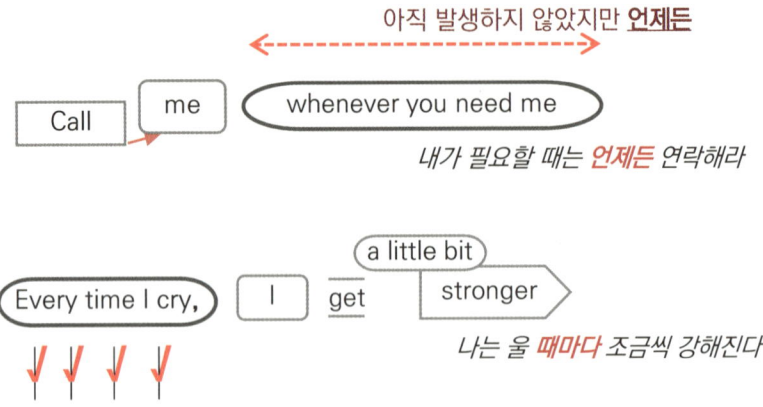

발생하는 그 순간을 '한 순간'으로 바꿔주고 싶으면 'once'를 써주면 된다(그 거 할 때, 딱 그 순간). 그래서 우리말 '~하자마자'로 받아들여도 될 때가 있다.

약간의 시간 간격을 두면서 말하고 싶으면('하자마자 → 가급적 빨리'로 확대) 'as soon as'로 바꿔도 된다.

이번엔 시간을 나타내는 '부사 덩어리'가 기준점이 되어 '전', '후' 등 시간에 제한을 두거나 추가적인 설명을 하는 것들을 보자. 'before'와 'after'를 사용하면 된다.

우리 모두는 우리가 원하는 무엇이든 할 수 있는 자격이 있다. 죽기 전에

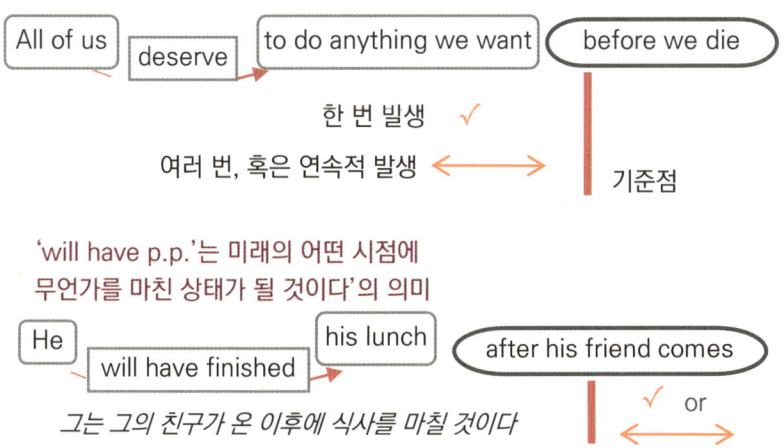

because he wants to show the friend what he is eating.

왜냐면, 그 친구에게 자기가 무엇을 먹는지 보여주려고

before는 그 기준점 전에 한 번(✓) 발생하거나 여러 번 혹은 연속적(⟷)으로 발생한다고 했는데, until은 기준점이 되는 시간까지 끊임없이 쭉 이어져가는 느낌(∿∿➤)을 표현할 때 쓴다.

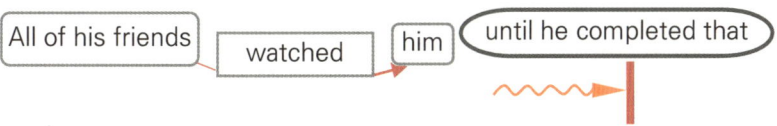

그의 모든 친구들이 그가 그것을 완성할 때까지 지켜보고 있었다

참고로, 만약 여기서 'until덩어리'에 부정의 의미인 'not'을 붙이면 어떤 의미가 될까? (문장 전체를 부정하는 것이 아니다)

이 경우는 (우리말로 번역을 한다면) 좀 특이해 보일 수 있다.

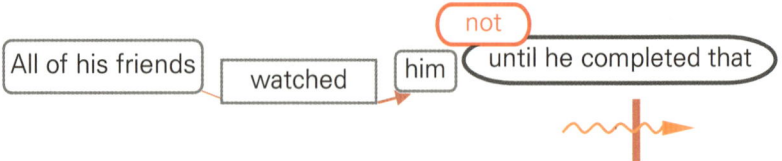

그의 모든 친구들이 그가 그것을 완성할 때까지만 지켜본 게 아니다
(그 이후에도 더 봤다)

그림(~~~▶)으로 받아들이거나 그 부분(not until he completed that)만 번역하면 (그가 마칠 때 까지가 아닌) 별 문제가 없어 보이지만, 문장 전체를 번역하면 우리말로는 부정문처럼 비친다. 우리말과 영어의 표현 차이를 명확히 보여주는 사례이다(서로 간에 번역이 어려울 때도 있다는 의미). 도치는 아래와 같이 한다.

'until'과 'by' 모두 우리말로 표현하면 '~까지'이지만 영어에서는 연속적인 경우는 'until', 그 제한 시간에 뭔가 (한번) 하는 일은 'by'를 쓴다.

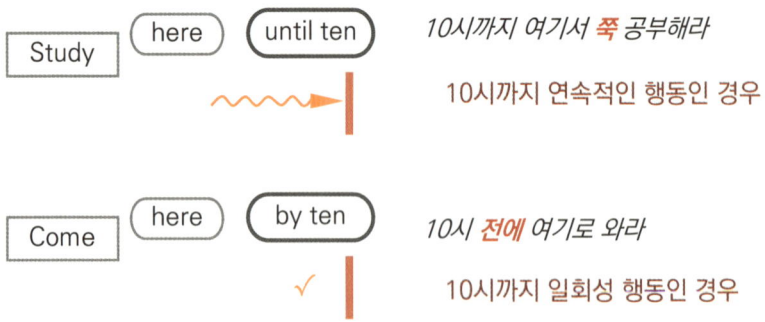

Ch 18. 특별한 부사 덩어리들 | 279

어떤 특정 시점 이후(로 쭉~)는 'since'를 쓰면 된다. 이러한 '부사 덩어리'들은 짧게 줄일 수 있다면 아래와 같이 굳이 '문장형태'로 쓰지 않아도 상관 없다 (my first date with her).

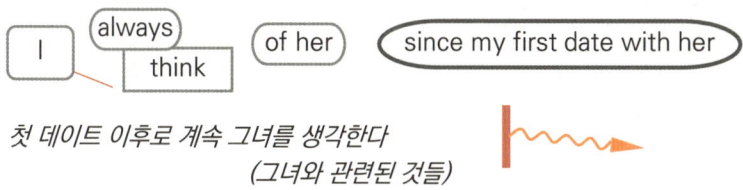

첫 데이트 이후로 계속 그녀를 생각한다
(그녀와 관련된 것들)

'since'는 위의 그림과 같이 어떤 특정 시점 이후로 뭔가 '자연스럽게' 흘러가는 느낌을 표현한 것이다. 그래서 뭔가 **자연스러운(당연한) 원인**이 되는 일에도 표현할 수 있다. 'since'의 의미에 두 가지 뜻이 있다고 생각할 수 있는데, 그것보다 영어식으로는 하나의 의미가 '확장'된 것으로 받아들이면 된다.

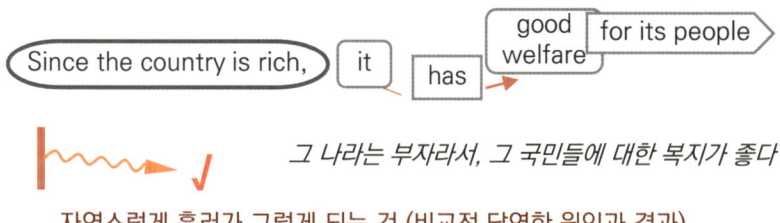

그 나라는 부자라서, 그 국민들에 대한 복지가 좋다

자연스럽게 흘러가 그렇게 되는 것 (비교적 당연한 원인과 결과)

'since'가 이런 역할(당연한 원인을 나타내는 덩어리)을 할 때는 (당연한) 원인에서 결과로 자연스럽게 흘러가는 그림이기 때문에 'since덩어리'를 문장 앞에 배치하는 것이 일반적이다.

Since she lives busy, it's hard to see her.

(당연한) 원인   (이로 인한) 결과

따라서, 인과관계를 명확히 표현하기에는 'since'는 부적당하다. 이 경우는 'because'를 써야 한다. 'since덩어리'와의 느낌을 비교하면 아래와 같다.

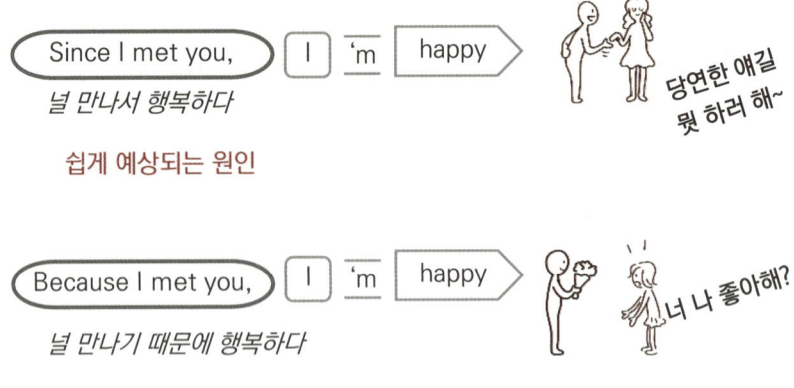

'while'도 시간을 나타낼 수 있는 단어이다. 'while'은 기본적으로 시간의 범위가 존재한다는 의미로 많이 사용되는데, 'a'를 붙이면 그 시간이 '약간'이라는 의미가 되어 '잠시만'의 의미가 된다.

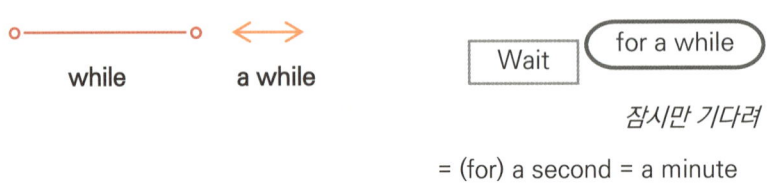

'while'도 부사 덩어리를 만들 수 있다. '~하는 동안'이 된다. 시간의 범위가 존재하기 때문에 '~하는 동안'에 '내내'라는 뉘앙스가 추가된다.

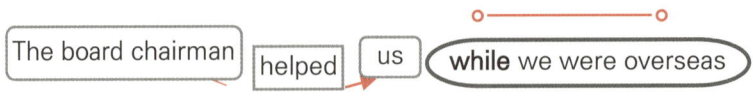

재단 이사장이 우리가 해외에 있는 동안 (내내) 우릴 도왔다

이런 시간의 범위가 존재한다는 느낌은 그 시간의 양쪽에 서로 다른 관점(이나 내용)이 존재한다는 의미로 확대되어 우리말 '~반면에'의 의미가 되기도 한다.

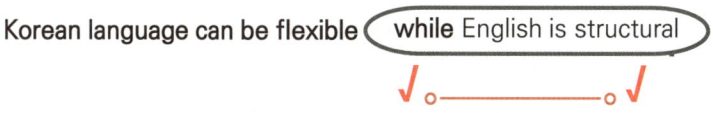

영어가 구조적인 (언어인) 반면에, 한국어는 유연한 언어일 수도 있다

'~동안'이라는 의미로 'during'과 'for'도 많이 사용한다. 그 차이는 뒤에 '어떤 종류의 단어가 따라오는지'로 구분하면 된다.

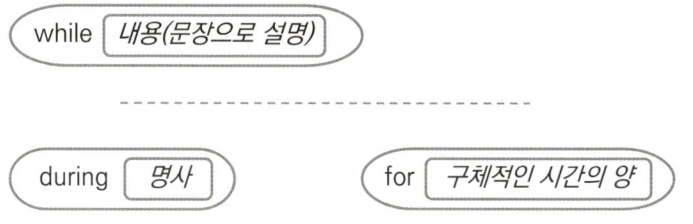

I have had a lot of exciting moments during my overseas life
　　　　　　　　　　　　　　　　　　　　　　　　　　　일반적인 명사
나는 '해외생활'동안 수많은 흥미로운 순간들을 경험해 왔다

I have been here for two years 　나는 여기 '2년' 동안 있어 왔다
　　　　　　　구체적인 시간의 양

I find that the harder I work, the more luck I seem to have.

—Thomas Jefferson

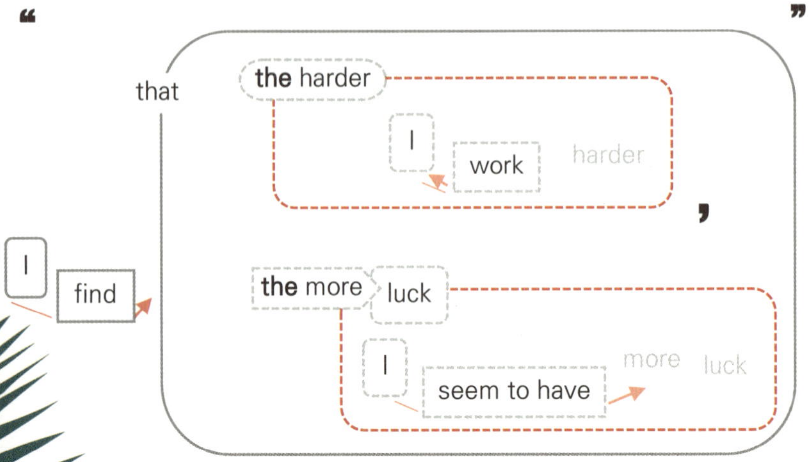

—Thomas Jefferson

Chapter 19. 가정법도 제대로 이해하자

19-1. 'if 덩어리'도 결국 명사나 부사 덩어리

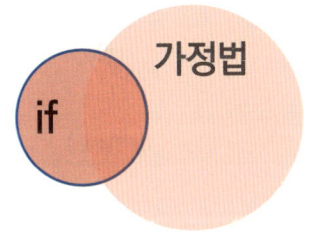

일반적으로 'if'를 접하면 우리는 '가정법'을 가장 먼저 떠올릴지 모른다. 하지만 옆의 그림과 같이 if와 '가정법'은 공통분모가 있는 것이지 동일한 개념이 아니다.

가정법을 보기 전에 'if'의 정확한 역할과 의미를 알고 시작하는 것이 좋다. 먼저, 'if'는 명사로도 사용될 수 있다는 것을 알자.

뭔가 정해지지 않은 것(**가정, 가설**)이나,
여러 가지 상황(**조건**)

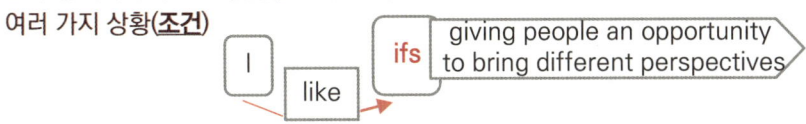

나는 사람들에게 다른 관점을 가져오게 하는 기회를 주는 *가설들*을 좋아한다

그 비밀 협약에는 받아들일 수 없는 **조건**이 하나 있다

즉 'if'의 의미는 뭔가 **'선택하는 상황'**이기 때문에 '가정(가설)'이나 '조건(혹은 '경우')'이 되는 것이고, 문맥 상 우리말로 분리(가정이냐, 조건이냐)되어 번역이 되는 것이다.

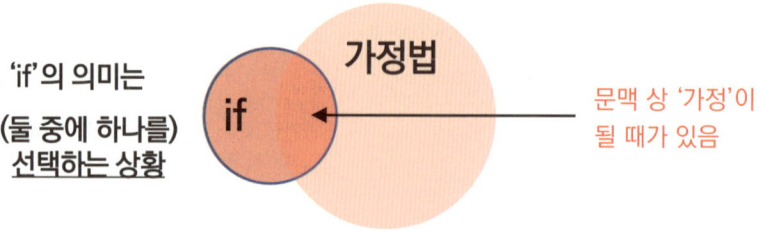

'if'는 (단독)명사로 쓰기보다는 'if (문장)덩어리'로 더 많이 사용된다. 'if 덩어리'는 '명사(덩어리)'처럼, 때론 '부사'처럼(경우에 따라서는 형용사처럼) 쓰인다.

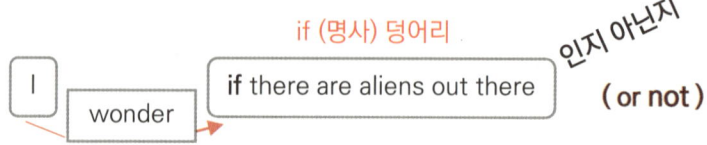

나는 바깥에 (지구 밖에) 외계인들이 있는지 (없는지) 궁금하다

'if'의 의미가 '조건'이기 때문에 좀 특이한 점이 발생한다. 조건이 '①맞는 경우' 뿐만 아니라 '②아닌 경우'도 동시에 고려해야 한다는 점이다.

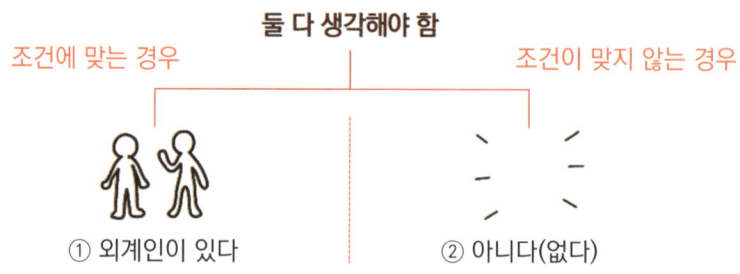

이렇게 조건을 따지는 경우는 'if 덩어리가' (명사 덩어리가 아닌) **부사 덩어리**로 쓰일 때 그 역할이 더 확연히 구분된다.

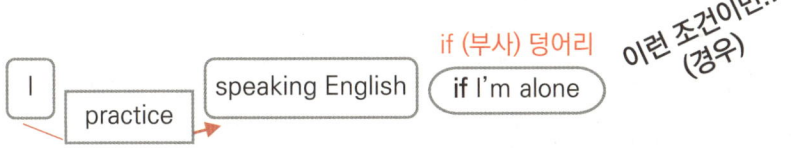

나는 혼자 있는 경우(조건)에 영어 말하기를 반복한다

위와 같은 문장은 아래와 같이 받아들여야 한다.

즉 다른 사람들이 있으면 연습을 하지 않는다는 뜻이다. 하지만 'if'를 'when'으로 바꾸면 혼자 있지 않는 경우는 고려의 대상이 아니다.

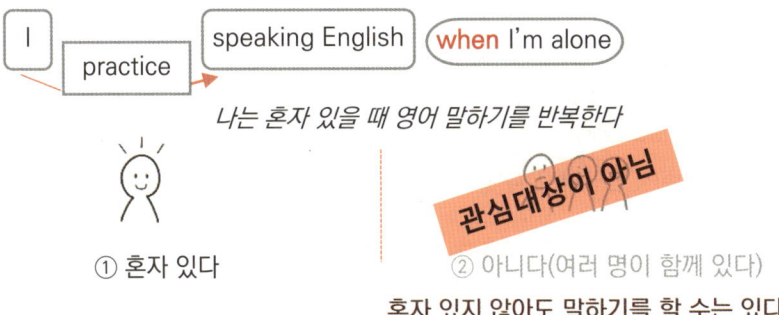

한편, 'if 덩어리'의 외형도 기본적으로 일반적인 '부사 덩어리'와 똑같이 취급하면 된다.

You will get many opportunities if Korea becomes the center of the world

한국이 세계의 중심이 되면, 당신은 많은 기회를 얻게 된다

if덩어리가 뒤에 오면 자연스러운 어순이므로 콤마(,)를 찍지 않는다

If Korea becomes the center of the world, you will get many opportunities

'if 덩어리'를 강조하기 위해 앞으로 이동하면 콤마(,)를 찍는다
('if 덩어리'가 짧은 경우는 콤마를 생략하기도 한다)

You , if Korea becomes the center of the world, will get many opportunities

'한 단어의 부사(absolutely와 같은)'처럼 동사 앞에 쓸 수 있으나, 덩어리가 길기 때문에 양 옆에 콤마(,)를 찍어주고, 동사의 성격(조동사)과 동사 사이에 넣지 않고 주로 주어 뒤에 넣는다

결국 'if 덩어리'의 조건이 맞지 않는 경우(거짓)를 함께 고려하는 특징으로 인해 '가정법'을 만들 수 있는 것이다.

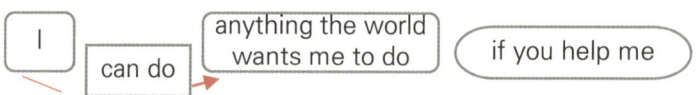

네가 도와주면, 난 세상이 나에게 원하는 어떤 것이든 할 수 있어 **(+ 아니면 못해)**

'if의 경우'가 아니라면(거짓) 뼈대문장이 **실현 불가**(할 수 없다, 하지 않는다 등)다는 뉘앙스가 들어간다.

19-2. if를 왜 '가정법'에 쓸 수 있는가?

'if'는 아래와 같이 하나의 문장이지만, 두 개의 상황을 모두 고려한 것이라 볼 수 있었다.

문장을 하나 더 보자. 모두 현재시제이다.

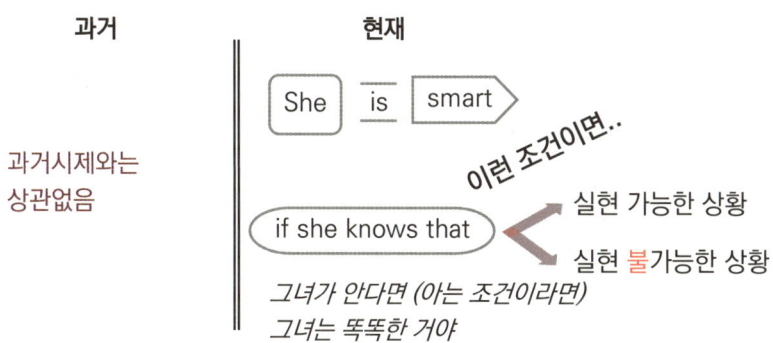

'if 덩어리'의 시제가 과거일 수도 있다. 그런데 뼈대문장(She is smart)는 현재시제인 예문이다.

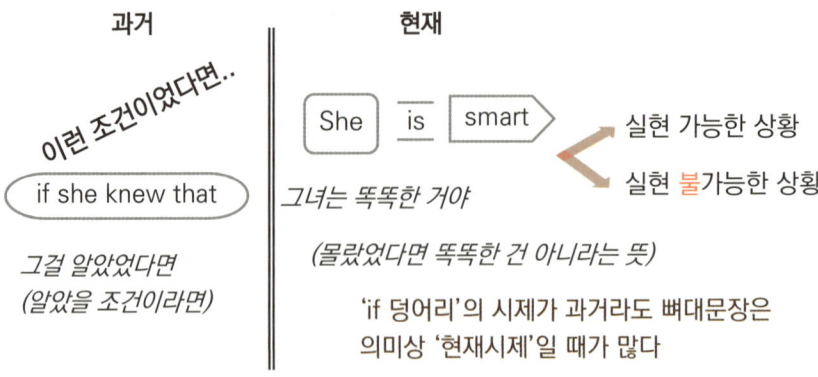

즉 위의 예문(She is smart if she knew that)을 말하는 화자는 그녀가 그것을 알았는지 몰랐는지 판단할 수 없는 상태이다. 그래서 두 가지 조건(가능, 불가능)을 모두 고려해야 하는 상황이다. (아직까지는 가정이 아닌 '**조건**')
하지만 아래의 예문(She would be smart if she knew that)은 완전히 다르다. 두 가지 조건이 아니라, 실현이 불가능하거나 희박한 상황이다. 즉 '(실제와 반대의) **가정**'이라는 의미이다.

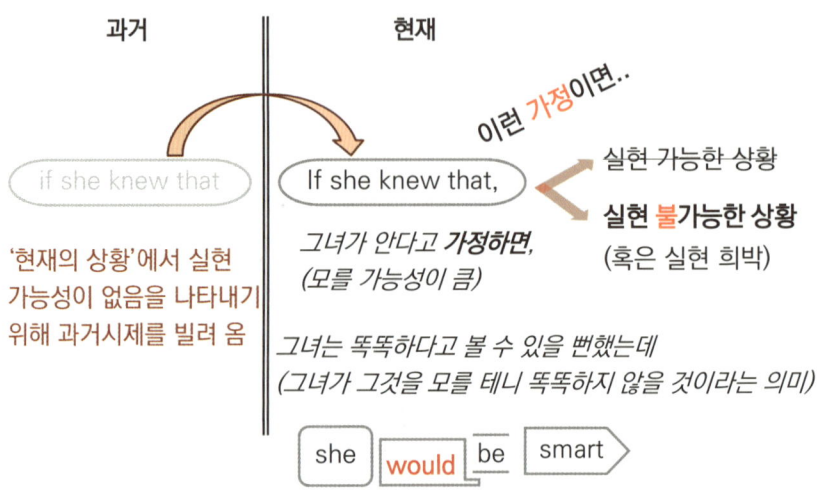

이제 아래와 같이 'if덩어리'가 '조건'이냐 '가정'이냐를 구분할 줄 알아야 한다.

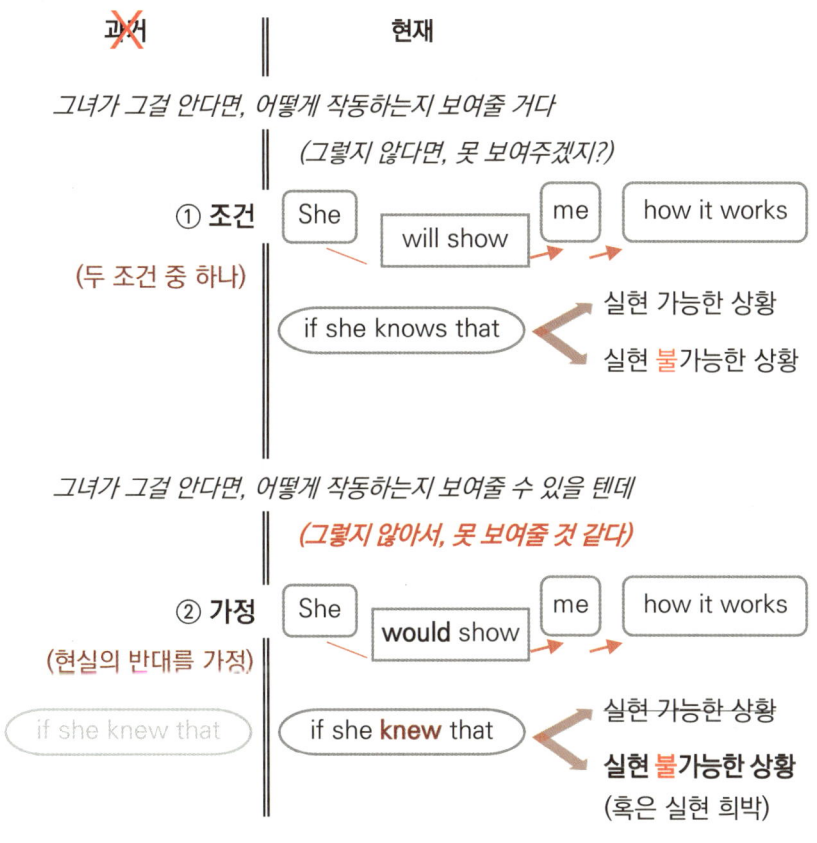

여기서 주의해야 할 점은 위의 두 문장 (①번과 ②번) **모두 현재시제**라는 점이다. 'if 문장 덩어리'의 시제를 **과거로 표현**하며 '**현실을 부정**'하는 것이라 생각하면 된다. 따라서 실현이 불가능(혹은 희박하거나 불확실한 상황)하기 때문에 뼈대문장에는 '불확실(혹은 희망사항)'을 나타내는 'would', 'could' 등이 들어간다.
'if 덩어리' 안의 문장의 시제가 '과거'로 표시되어도 '현재의 상황(에서 실현이 어려운 경우)'을 나타낸다는 감각을 많이 연습하면 된다.

즉, 'if'를 통해 (조건이 아닌) '가정'을 나타내려면 아래의 두 가지 특징(①과 ②)이 **함께** 쓰여야 한다. 둘 중 하나라도 없으면 가정법이 아니다.

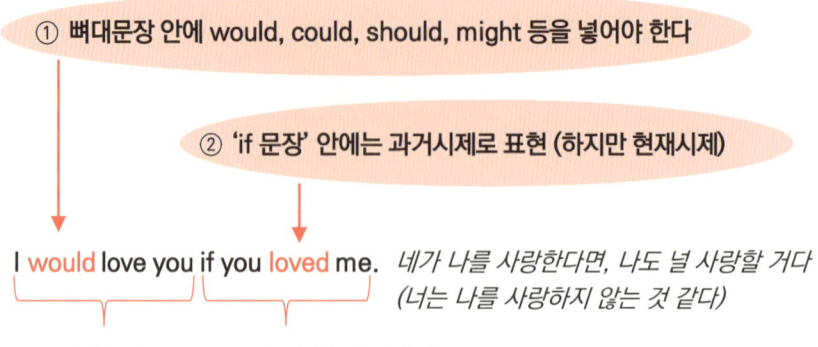

뼈대문장에 would 등이 없고, 'if 덩어리'의 시제가 과거이면 이때는 진짜 과거 (She is smart if she knew that처럼)

이 두 개념을 명확히 하면서 'if 덩어리'가 들어간 문장의 두 가지 경우(조건과 가정)를 모두 연습해 보자.

English is actually easy to use if people understand the differences from our language, Korean. **조건**

영어는 우리말과의 차이를 이해한다면, 쉬운 언어이다(그렇지 않으면 어렵다)

If you ask him what you want to know, he will kindly answer you.
조건 그에게 네가 알고 싶은 걸 물어보면, 그는 친절하게 답할 거다
충분히 발생할 수 있는 일 *(그는 좋은 사람이니 물어보라고 정보를 주는 경우)*

If you asked him what you want to know, he would help you.
가정 그에게 네가 알고 싶은 걸 물어보면, 그는 너를 도울 텐데
발생할 가능성이 별로 없는 경우 *(물어보면 잘 도와주실 텐데, 왜 못 물어보는 거야?)*

기존 문법에서 'if구문'을 'zero conditional', 'first conditional' 등의 용어로 구분하는데, 사실 상 별 의미는 없다. 'if'와 상관없이 **뼈대문장의 시제**만 생각하면 된다.

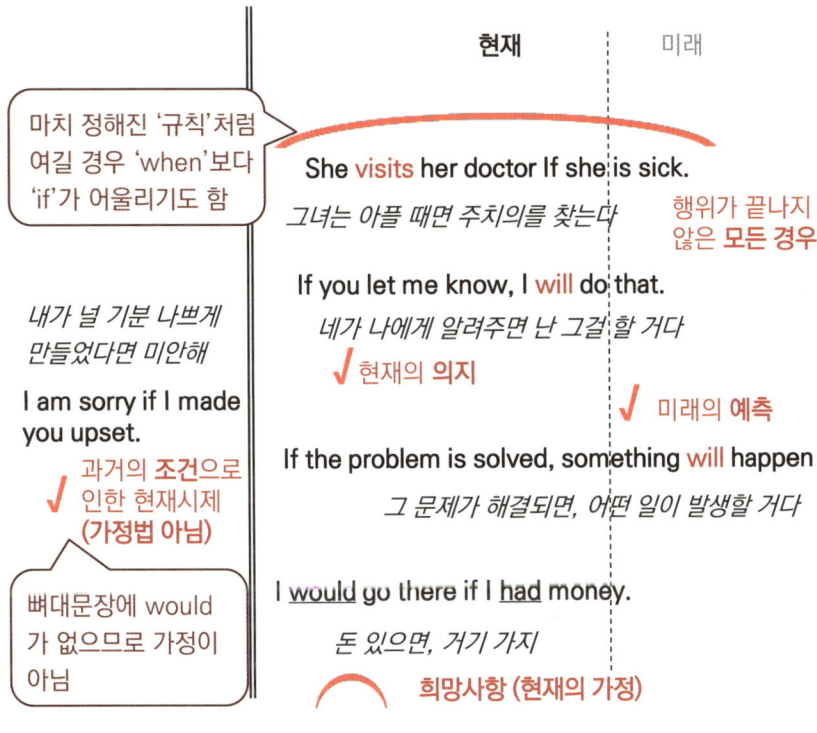

You look scary. No one could smile before you if you didn't smile.
너는 험상궂게 생겼잖아. 네가 웃지 않는다면 아무도 네 앞에서 못 웃는다
(계속 그렇게 웃고 다녀라, 안 웃으면 너 무섭게 생겼다_그나마 웃어서 다행이다)

The students wouldn't speak English if they studied in the wrong way.
그 학생들이 잘못된 방법으로 공부한다면, 그들은 영어를 말하지 못할 거다
(지금 제대로 된 방법으로 공부하고 있어서 영어를 잘하고 있다)

19-3. 과거에 대한 가정

'if 덩어리'의 시제가 '과거'라도 (뼈대문장의 실현이 어려울 때) 실제로는 '과거시제'가 아닌 '현재시제'일 수도 있다고 했다. 그렇다 보니, 진짜 과거에 대한 가정을 할 때 '과거시제'를 사용하면 불명확해질 수 있다.
이럴 때 'had p.p.'형식을 쓰면 된다(문맥 상 이해가 되는 상황이라면 '과거시제'로 표현해도 된다).

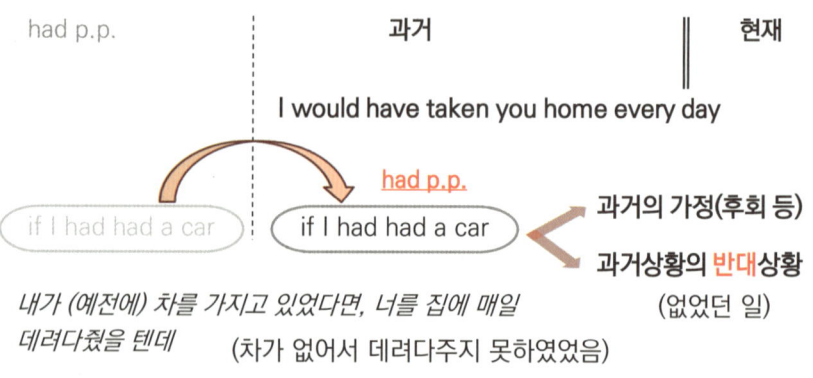

여기서 또 알아야 할 사항은 **뼈대문장에 would have p.p.** 등을 써야 한다는 것이다. 즉 '과거의 가정'은 아래의 두 가지를 고려하면 된다.

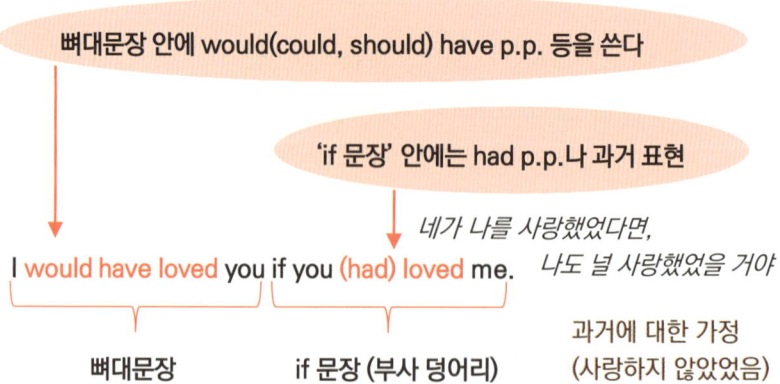

과거에 대한 가정(상상, 후회, 질책 등)은 우리든 영어권 사람들이든 일상에서 무척 많이 하는 표현이다. 많이 연습해보자.

I would have helped you if you (had) asked me

널 도와줬을 것이다. 네가 요청만 했다면 (네가 요청을 안 해서 못 도와줬다)

I would've helped you if you had asked me. (축약형도 반드시 연습!)

She should have been here if she had really wanted to get this.

(should've been) 그녀가 이걸 진짜로 얻기를 원했다면 여기 있었어야 했어

(여기에 없어서 그걸 못 얻었다)

I couldn't have completed what the boss ordered me if I hadn't understood what it meant.

이게 무슨 의미인지 몰랐다면 나는 보스가 지시한 것을 끝내지 못했을 거야

(다행히 알이시 잘 끝냈다)

Should I have told you in advance if I had known it before?

내가 그것을 전에 알았더라면 너에게 미리 말했어야 했었을까?

I would've been tired if you hadn't picked me up.

네가 날 태우러 오지 않았다면 나 피곤했을 거야 (덕분에 안 피곤하다)

You should've called me if you had wanted him to work with me.

그가 나랑 일하기를 원했다면 나에게 알려줬어야지 (전화했어야지)

19-4. if의 확장

'if 과거시제'는 시제를 뒤틀어 버리는 표현이다. 그래서 때로는 실현 가능성을 더 줄이기 위해 시제에 상관없이 'were' 나 'were to' 등을 이용할 때가 있다.

실현 가능성(밑으로 갈수록 떨어지는 느낌)

If I was rich, I would buy the best audio system.
　　　　　　　　　　　　　　내가 부자면 최고급 오디오를 살 거다

If I were you, I would marry her. 내가 너라면 그녀와 결혼할 거다

If I were to be the president, I would recommend you as a minister.
　　　　만약 내가 대통령이 된다면 너를 장관으로 추천할 거다
　　　　(보통 사람은 대통령이 될 수 없는 상황)

한편, **반쪽짜리 가정 문장**이 있다. 'as if'의 표현인데 'as'를 이용해 <u>마치 if 문장인 것처럼</u> 받아들이면 된다. 즉 **뼈대문장은 사실**을 나타내고(would 등을 쓰지 않는다), **'as if 덩어리'를 가정**하는 것이다.

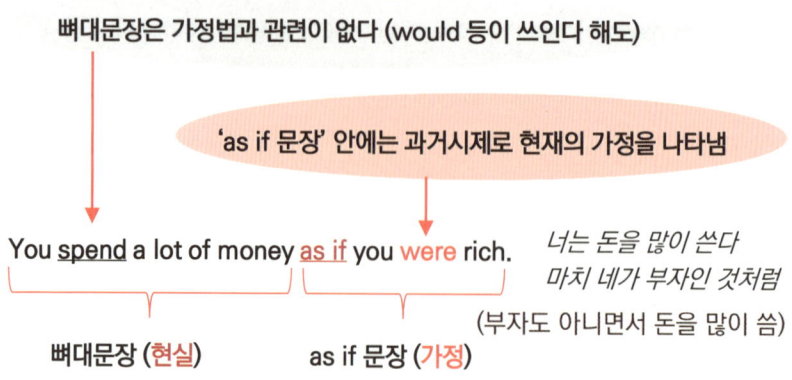

You spend a lot of money as if you were rich.　너는 돈을 많이 쓴다
　뼈대문장 (현실)　　　as if 문장 (가정)　마치 네가 부자인 것처럼
　　　　　　　　　　　　　　　　　　　(부자도 아니면서 돈을 많이 씀)

He is running fast as if he had a motor on his legs.
　　그는 다리에 모터가 달린 것처럼 빨리 달리고 있다 (다리에 모터는 없다)

'unless'는 'if~not'과 비슷한 의미를 갖지만 기본적으로 '가정'의 의미로는 쓰이지 않는다. 뼈대문장이 '기정사실'일 때 어울린다. 'if~not'과 구별해야 한다.

I wouldn't have lunch if you are not here.
≒ I won't (will not) have lunch if you are not here. (여기서는 조건)
네가 여기 오지 않는다면, 난 점심을 먹지 않을 거다 (온다면 먹을 거다)

만약 '상대방(you)이 오지 않을 것'이라고 말했거나 올 가능성이 낮다면 'unless'를 쓰는 것이 더 어울린다.

I won't have lunch unless you are here.
= I won't(will not) have lunch except if you are here.
(너 여기 안 온다며?) 난 점심 안 먹을래. 네가 여기 오는 경우를 제외하면

혹시 네가 온다면 모를까

가정법과 관련이 없다 (뼈대문장은 기정사실에 가까움)

'unless구문'은 뼈대문장이 아닐 여지를 주는 것

You have to work only in Korea unless you speak English well.

뼈대문장 (현실일 가능성이 큼) | unless 문장 (특별한 예외)

너는 국내에서만 일해야 한다. 네가 영어를 잘하는 경우를 빼고
(영어를 현재 잘 못하고 있는 사람에게 어울리는 말)

'unless'를 부정문(if~not)으로 받아들이기보다는 예외 상황으로 생각하는 것이 더 좋다.

19-5. if를 쓰지 않는 가정

'if'를 생략하며 '동사의 성격(조동사)'을 구문 앞으로 이동시키기도 한다. 의문문처럼 보일 수는 있으나, <u>조건(현재시제)</u>'이나 '<u>가정(과거시제로 현재의 불확실성)</u>'을 <u>강조하는 표현</u>이다(따라서 문장 맨 앞에 배치한다).

강조(밑으로 갈수록 강조의 느낌이 강함)

I would be in trouble if the boss chose me for the project.

If the boss chose me for the project, I would be in trouble.

Did the boss choose me for the project, I would be in trouble.

사장이 그 프로젝트에 나를 선택하면, 난 어려움에 빠질 거야
(다행이다. 선택 안 되고 있어서)

I would've been in trouble if the boss had chosen me for the project.

If the boss had chosen me for the project, I would've been in trouble.

Had the boss chosen me for the project, I would've been in trouble.

사장이 그 프로젝트에 나를 선택했다면, 난 어려움에 빠졌을 거야
(다행이다 선택되었으면 어쩔 뻔했어~)

아래와 같은 표현도 알아 두면 좋다.

If you need any help regarding the product, call the service team.

제품과 관련하여 도움이 필요하다면, 서비스팀에 연락하세요

발생할 가능성이 적은 일이라면 아래와 같이 'if 구문' 안에 불확실성을 나타내는 'should(될 수도 있다)'를 넣는다.

If you should need any help regarding the product, call the service team.

혹시라도 제품과 관련하여 도움이 필요하다면, 서비스팀에 연락하세요

이렇게 제품에 문제가 없다는 것(문제가 발생할 가능성이 적다는 것)을 표현하기 위해 'should'를 쓴 경우에는 '혹시라도'를 강조하기 위해 'if'를 생략하고 아래와 같이 표현한다(공식적인 레터에 자주 쓰이는 표현).

(= If you should need any help~)
Should you need any help regarding the product, call the service team.

혹시라도 제품과 관련하여 도움이 필요하다면, 서비스팀에 연락하세요

또한, 문장에 'if'가 없더라도 'wish' 뒤에 '과거시제'로 표현하면 현재의 반대되는 상황을 희망하는 '가정'이 된다.

I wish I were you. 내가 너였으면 좋겠다 ('부럽다'는 의미)

현재시제

I wish I had your hair. 내가 너의 머리카락(결)을 가지고 있다면 좋겠다

I wish I had finished the work at the time.

(지금 생각해 보니) 그때(과거) 그 일을 끝냈으면 좋았을 거라고 생각해

'wish' 이외에도 'It's time' 등도 이런 식으로 많이 쓰인다.

It is time that we had lunch.
≒ We have to have lunch but we do not have lunch now.

점심 먹었어야 할 시간이잖아 (시간이 지났는데 왜 안 먹고 있는 거야?)

It's about time (that) you completed your work.

너의 일을 끝냈어야 하는 시간이 다가온다 (일을 아직 못 끝냈음)

이런 식으로 '가정'에 반드시 'if'를 사용하지 않을 때도 많다는 것을 알 수 있을 것이다. 가장 대표적인 것이 'without'이다.

Without your help, I would be in trouble.
≒ If you didn't help me, I would be in trouble.
　　　너의 도움이 없으면, 나는 어려움에 빠져 있을 거야 (프로젝트 진행 중)

Without your help, I couldn't have made the performance.
≒ If you hadn't helped me, I couldn't have made the performance.
너의 도움이 없었다면, 나는 그 성과를 만들어 내지 못했을 거야 (프로젝트 종료 후)

'to~'나 '~ing' 등도 이렇게 사용될 수 있다.

To hear him speak English, you wouldn't think he is a native speaker.
= If you hear him speak English, ~
그가 영어를 하는 것을 (미래에) 듣는다면 그가 네이티브가 아니라고 생각할 것이다

특히 '~ing' 는 앞서 보았듯이 다양한 의미가 내포될 수도 있다는 것을 알면 된다(특별히 크게 강조하지 않으면서, 문맥상 자연스러울 때만 쓸 것이다).

Having known Boglish earlier, I would've been convinced that English was easy and fun.　　= If I had known Boglish earlier, ~

내가 보글리쉬를 더 일찍 알았더라면, 나는 (진작에) 영어가 쉽고 재미있다고 확신을 했었을 것이다.

위의 예문들을 보면 알 수 있듯이 '가정'을 이해하려면 'if 등'뿐만 아니라 'would'나 'would have p.p.'도 제대로 활용하는 것도 중요함을 알 수 있다.

Chapter 20. 문장들을 고급스럽게 연결해 보자

20-1. 문장을 이어주는 접속사

영어에서의 'and'의 역할은 매우 단순하다. 단어와 단어, 구문(혹은 문장)과 구문 사이를 이어준다. 서로 **같은 종류**의 단어(혹은 덩어리)를 연결해 준다고 생각하면 된다.

'and'는 우리가 자칫 쉬운 단어로 여길 수 있을 것이다. 하지만 영어에서의 'and'의 역할은 매우 다양하기 때문에 (문장 구조에 익숙하지 않다면) 다소 헷갈릴 수 있다. 특히 아래와 같은 경우는 간혹 어려워 보일 수 있다.

They didn't have any opportunities to solve the problem and were in trouble for a long time.

Paulo has read a lot of materials to understand English and written several books for people who find it difficult.

앞의 문장을 도형으로 나타내면 아래와 같다. 이렇게 주어가 같을 때 아래와 같이 두 문장을 하나의 문장으로 합쳐주는 역할을 하기도 한다. 이때 <u>주어가 생략</u>되거나, 동사나 '동사의 성격(조동사)'까지 동일할 경우 함께 생략되기 때문에 문장의 구조를 파악하지 못하고 있으면 어렵게 느껴지는 것이다.

이제는 (때로는) 품사 구분이 그리 중요하지 않을 수도 있다는 것을 알 수 있다.
to solve the problem 부사로 보든 형용사로 보든 별 의미 차이가 없다.

They didn't have any opportunities to solve the problem

and

They were in trouble for a long time

그들은 문제를 해결할 어떤 기회도 갖지 못했고, 오랜 시간 어려움에 빠졌다

Young-ju has read a lot of material to understand English

and

He has written several books for people who find it difficult

영주는 영어를 이해하기 위해 많은 자료를 읽어 왔고
영어가 어렵다는 것을 아는(어려워하는) 이들을 위해 몇 권의 책을 써오고 있다

하지만 주어마저 다르다면 'and'는 두 문장을 하나의 문장으로 합친 다기보다는 두 문장을 이어주는 역할을 한다고 생각하면 된다. 이런 느낌의 단어들을 '접속사'로 취급하고자 한다. 본 책에서는 흔히 '접속사'라 부르는 것들의 상당 부분은 단순히 '부사 덩어리'로 취급했다(문장 구조를 더 쉽게 이해하기 위해).

본책에서는 '접속(부)사'와 일반적인 '부사 덩어리'를 아래와 같이 구분한다.

> 본 책에서는 기존의 문법 용어에서 접속사(혹은 종속접속사)라 부르는 것들 중 대부분을 그냥 단순하게 아래와 같이 (예를 들어, because덩어리) '부사 덩어리'로 취급했었다.
>
> I couldn't speak anything in English because the way I studied English at the time was wrong.
>
> 나는 영어로 어떠한 말도 뱉을 수가 없었다. 왜냐면 그 당시 내가 영어공부 하던 방법이 잘못되어 있었기 때문이다
>
> 이에 일반적인 부사처럼 강조를 위해 자리 이동이 가능하다고 했다(순서가 바뀌니 콤마를 찍는다),
>
> Because the way I studied English at the time was wrong, I couldn't speak anything in English
>
> 만약 두 문장으로 나누어야 한다면 아래와 같이 명확하게 나눌 수도 있다.
>
> I couldn't speak anything in English
>
> It was because the way I studied English at the time was wrong
>
> 'It is because~', 'This is because~'등의 표현은 비문(문법적으로 틀린 표현)일 수는 있으나, 워낙 폭넓게 사용되는 표현이기 때문에 크게 신경 쓰지 않고 사용해도 좋다.

두 문장의 관계를 설명(이어주는)하는 단어를 '접속부사'라고 부른다. 우선 '접속부사'와 '일반적인 부사'를 비교하기 위해 'also(일반적인 부사)'를 보자.

이번엔 '접속부사(however)'를 보자.

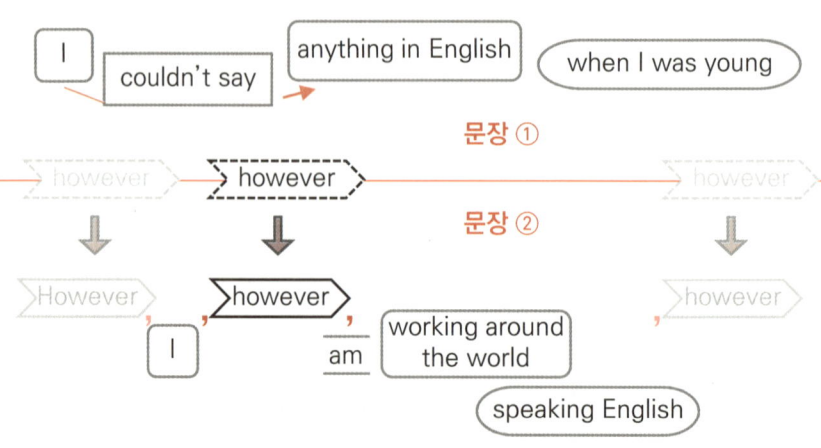

접속부사 'however'는 일반적인 부사와는 성격이 조금 다르다. 문장 ②에 붙어 있지만, 사실 상 문장 ①과 문장 ②를 연결시켜주는 역할을 하는 것이지 문장 ②의 <u>문장 구조에 포함되지 않는다</u>. 따라서 <u>어느 자리에 위치하든 **콤마(,)**를 붙인다</u>. 또한 일반적인 부사와는 달리 문장 중간에 오면 ('동사의 성격' 뒤가 아닌) <u>주어의 바로 뒤</u>에 위치하기도 한다(긴 덩어리의 부사와 마찬가지).

Ch 20. 문장들을 고급스럽게 연결해 보자 | 303

20-2. 접속부사와 일반 부사의 의미 차이

두 문장으로 인식하냐 한 문장으로 인식하냐의 차이로 어감이 달라지는 예시를 하나 보자. 아래와 같은 문장(I finished it)에 붙는 'even though 덩어리' 등은 아래와 같이 '일반적인 부사'처럼 취급했었다.

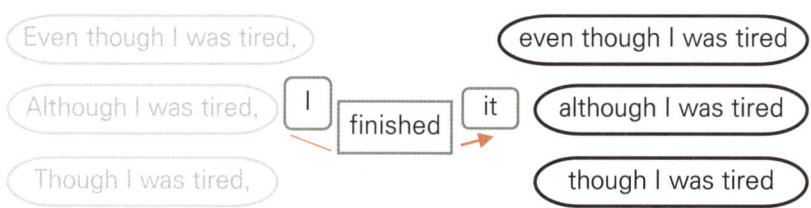

강조하기 위해 문장 앞에 쓸 수도 있고,   나는 피곤했는데도, 그걸 끝냈다
이때는 (순서가 바뀌었으니) 콤마(,)를 뒤에 찍는다

위의 세 경우(even though, although, though)는 약간의 어감 차이(강약)는 있을 수는 있어도 의미 차이는 거의 없다고 볼 수 있다. 그러나 'though'와 같은 단어(드물게는 'although'도)는 다른 용도로 사용될 수 있다. '일반부사'가 아닌 '접속부사'의 역할을 할 수도 있다. 그때는 전달하고자 하는 의미가 달라진다.

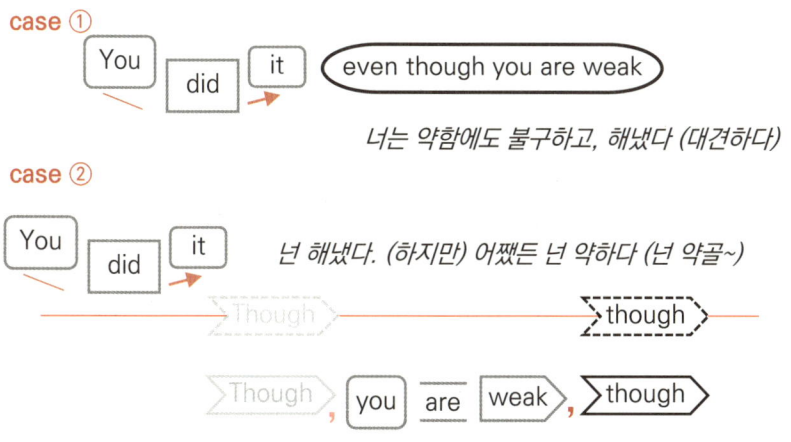

case ①은 '당신이 약한 것'이 문제가 안 된다는 것을 **강조하는 표현**('even though'를 이용하여 부사 덩어리를 강조하여 '문제가 없다'는 의미)이고, case ②는 문장을 두 개로 분리하여 두 번째 문장의 내용을 '**기정사실**'로 받아들이는 셈이 된다. 이런 경우는 의미가 변하기 때문에 한번쯤 정리를 해 두는 것도 좋다. 이 경우 별것 아닌 것처럼 보이는 콤마(,)가 중요한 역할을 하기도 한다.

한편, 아래와 같이 'however'의 강한 어감(주로 <u>앞부분에 위치</u>)과 'though'의 약한 어감(주로 <u>문장 뒤에 위치</u>)의 차이로 이들의 위치가 결정되기도 한다.

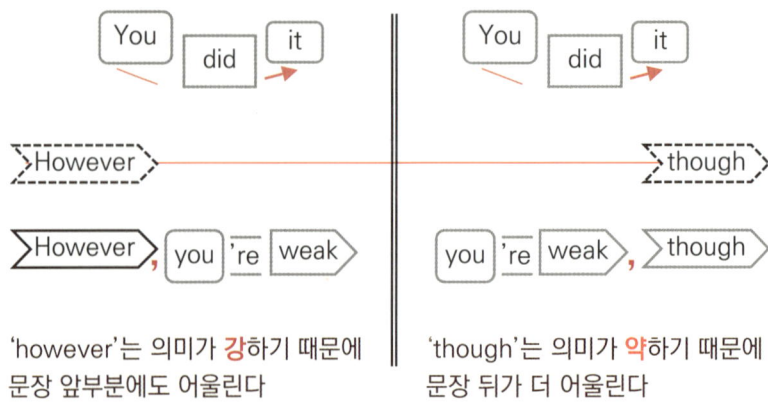

'however'는 의미가 **강**하기 때문에 문장 앞부분에도 어울린다

'though'는 의미가 **약**하기 때문에 문장 뒤가 더 어울린다

'too'와 같은 표현도 'also 등'보다 부드러운 표현(약한 표현)이므로 주로 문장 뒤에 쓰는 것이다.

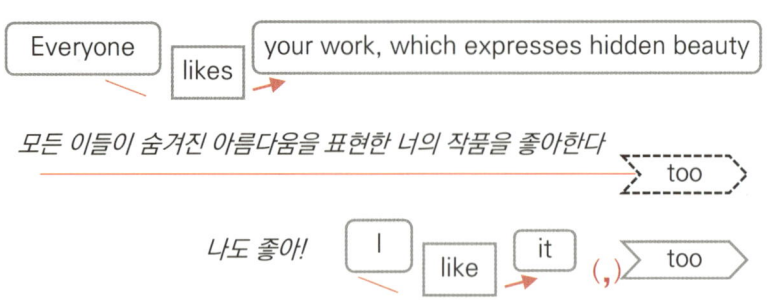

참고로, 앞의 예문에서 제시된 (소위 관계대명사의 계속적 용법이라 부르는) ',which'에 대해 언급하고자 한다. 콤마(,)가 없는 'which'(관계대명사의 제한적 용법이라 부르는)와 비교해서 이해하면 된다.

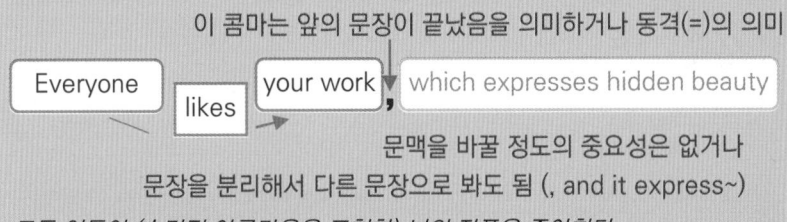

이 콤마는 앞의 문장이 끝났음을 의미하거나 동격(=)의 의미

문맥을 바꿀 정도의 중요성은 없거나 문장을 분리해서 다른 문장으로 봐도 됨 (, and it express~)

모든 이들이 (숨겨진 아름다움을 표현한) 너의 작품을 좋아한다

위의 ',(콤마) which 구문'은 (앞의 명사(your work)를 단순히 부연 설명하는) 문장의 뜻을 바꿀 정도의 역할을 못하기 때문에 위의 우리말 해석과 같이 괄호( ) 안에 들어간 느낌으로 받아들여도 좋다. 그러나 아래와 같이 콤마(,)가 없을 경우는, 앞의 명사(your work)를 설명하는 **'형용사 덩어리'**로 봐야 하기 때문에 단순한 '부연설명'이 아닌 '중요한' 메시지이다.

≒ 이 경우는 위의 문장과 큰 의미차이가 없다

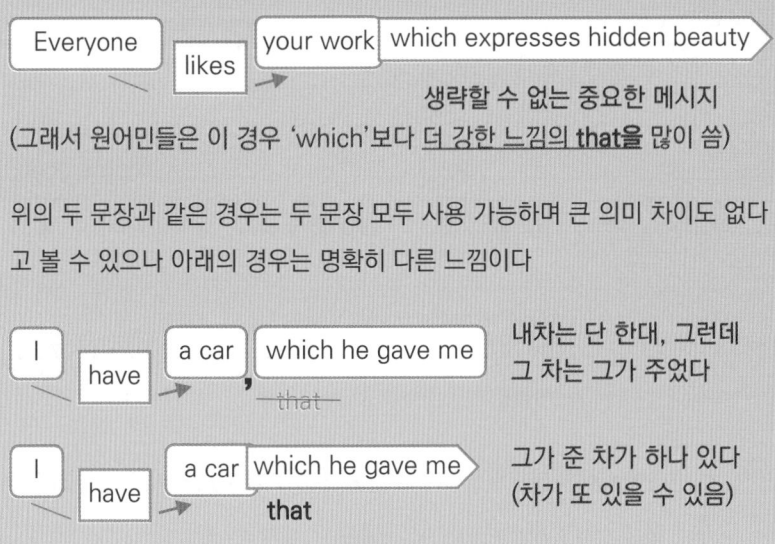

생략할 수 없는 중요한 메시지

(그래서 원어민들은 이 경우 'which'보다 더 강한 느낌의 that을 많이 씀)

위의 두 문장과 같은 경우는 두 문장 모두 사용 가능하며 큰 의미 차이도 없다고 볼 수 있으나 아래의 경우는 명확히 다른 느낌이다

내차는 단 한대, 그런데 그 차는 그가 주었다

그가 준 차가 하나 있다 (차가 또 있을 수 있음)

20-3. 문장의 논리력을 강화해주는 접속부사들

이러한 접속부사 단어들은 주로 인과관계, 대비되는 상황, 예시들을 나열하는 의미이기 때문에 문장의 의미를 한층 깊게 만들어 준다. 따라서 수준 높은 언어를 구사하는데 필요한 요소가 되기 때문에 알아 둘 가치가 있다.

The Korean language is outstanding compared to others.
Thus, the future of Korea can be bright, especially in terms of creativity.
 (therefore,)
한국어는 다른 언어와 비교하여 매우 탁월하다
결과적으로, 특히 창의력과 관련해서 한국의 미래는 밝다고 볼 수 있다
(그러므로)

The athlete won the match. Moreover, she set a new world record.
　　　　　　　　　　　　　　(besides,)　'beside'와 구별 (~s 붙이기)

그 선수는 그 경기에서 이겼다. **게다가**, 세계기록도 세웠다

혹은 아래와 같이 한 단어가 아닌 여러 단어가 합성된 경우도 이와 같이 사용되기도 한다.

The school helps its students advance overseas. Alex, for example, is in Sydney.　　　　　　　　　　　　　　　　　(, for instance,)

그 학교는 학생들의 해외진출을 돕는다. **예를 들어** 알렉스는 (지금) 시드니에 있다

　　　　　　　　　　(In contrast,)
He is too kind. On the other hand, sometimes it's uncomfortable.
그는 매우 친절하다. **반면에** 가끔은 불편하다

It looks fun for my children. In fact(indeed), I like it more than they do.
이거 우리 아이들에게 즐거워 보인다. **사실은** 내가 더 좋아한다

20-4. 조금은 특별한 접속부사들

앞에서 설명한 접속사나 접속부사들 중에서 조금 더 특별하게 쓰이는 경우들을 더 살펴보자. 먼저 'otherwise'이다. 일반적으로는 'otherwise 구문'은 뼈대 문장의 반대되는 상황(그렇지 않으면~)을 설명할 때 쓴다.

Stop making me laugh. Otherwise, my stomach is about to hurt.
그만 웃겨라. 그렇지 않으면, 나 배 아플 거 같다

위의 문장은 '가정'과는 관련이 없다. 그런데 'otherwise 구문' 뒤에 'would 등'의 표현을 넣어(그리고 문맥상) '그렇지 않으면 ~ 이렇게 될 것 같다'라는 '가정'의 표현을 만들어 낼 수 있다.

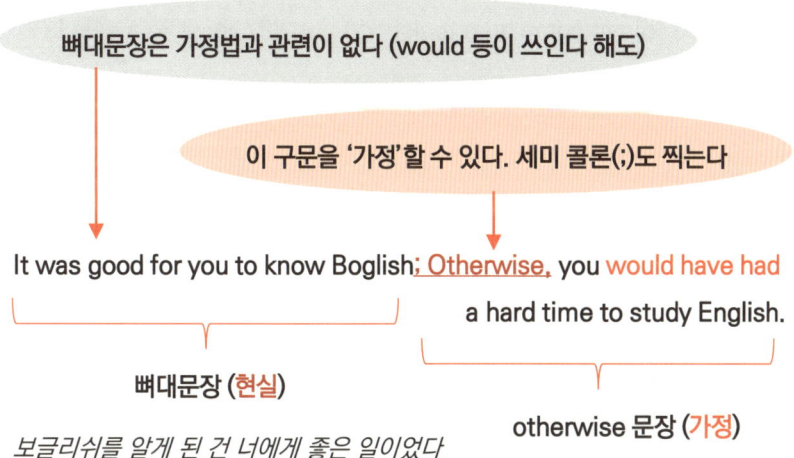

보글리쉬를 알게 된 건 너에게 좋은 일이었다

그렇지 않았으면, 영어공부하는 것이 힘들었을 것이다

Do not lose your confidence; Otherwise, you couldn't do anything.
자신감을 잃지 마라. 그렇지 않으면, 너는 아무것도 못하게 될 거다

'if' 뒤에 'so'나 'not' 등을 붙인 표현도 상당히 많이 쓴다. 먼저 'if so'는 '~그렇게 하면'의 의미로 쓸 수 있다.

Help him. **If so,** you'll feel like helping lots of people.

그를 도와라. *그러면* 당신은 마치 여러 사람을 돕는 것 같은 기분이 들것이다

You need to be aware of how important the language you use is. **If so,** you will begin to be more interested in your mother tongue.

당신은 당신이 사용하는 언어가 얼마나 중요한 가를 깨달을 필요가 있다. *그렇게 되면* 당신은 당신의 모국어에 더 많은 관심이 가게 될 것이다.

'if not'도 일상 표현으로 많이 사용한다.

Are you able to come here tonight? **If not,** I'll cancel your seat in advance.

오늘 밤에 여기 올 수 있는 거야?. *안 그러면* 네 자리는 미리 취소 할게

'if any'는 '만약에 있다면' 혹은 '있다 하더라도'의 의미로 사용될 수 있다. 그리고 아래와 같이 문장 맨 뒤에 쓰기도 한다.

He is diligent and does what he has to do. So there will be a minimum mistake from him**, if any.**

그는 부지런하고 자기가 해야 할 일을 해. 실수가 *있더라도* 최소한으로 나올 거야

이 책은 읽을 때마다 느낌이 달라집니다
(여러 번 읽을 수록 좋은 책)